U0500401

"一带一路"国家
知识产权法律译丛

（第六辑）

重庆知识产权保护协同创新中心
西南政法大学知识产权研究中心 / 组织翻译

"YIDAIYILU" GUOJIA
ZHISHI CHANQUAN FALÜ YICONG

知识产权出版社
全国百佳图书出版单位
——北京——

图书在版编目（CIP）数据

"一带一路"国家知识产权法律译丛.第六辑/重庆知识产权保护协同创新中心，西南政法大学知识产权研究中心组织翻译.—北京：知识产权出版社，2023.7

ISBN 978－7－5130－8626－4

Ⅰ.①—…　Ⅱ.①重…　②西…　Ⅲ.①知识产权法—汇编—世界　Ⅳ.①D913

中国国家版本馆 CIP 数据核字（2023）第 002794 号

内容提要

本书收录了"一带一路"沿线地处亚洲的斯里兰卡、哈萨克斯坦、以色列、巴基斯坦、马来西亚与地处欧洲的希腊和匈牙利共七个国家相关著作权法中文翻译文本，可以为研究以上国家知识产权法律的人员提供参考。

责任编辑：王玉茂　章鹿野　　　　责任校对：王　岩

执行编辑：房　曦　　　　　　　　责任印制：孙婷婷

封面设计：棋　锋

"一带一路"国家知识产权法律译丛（第六辑）

重庆知识产权保护协同创新中心
西南政法大学知识产权研究中心　　组织翻译

出版发行：知识产权出版社有限责任公司		网　址：http：//www.ipph.cn	
社　址：北京市海淀区气象路 50 号院		邮　编：100081	
责编电话：010－82000860 转 8541		责编邮箱：wangyumao@cnipr.com	
发行电话：010－82000860 转 8101/8102		发行传真：010－82000893/82005070/82000270	
印　刷：北京九州迅驰传媒文化有限公司		经　销：新华书店、各大网上书店及相关专业书店	
开　本：720mm×1000mm　1/16		印　张：21.25	
版　次：2023 年 7 月第 1 版		印　次：2023 年 7 月第 1 次印刷	
字　数：370 千字		定　价：118.00 元	

ISBN 978－7－5130－8626－4

翻译团队

译者（以章节为序）

王广震　田晓玲　陈　岚　康添雄

吴奕雯　王　娇　马海生　牟　萍

郭　泰　廖志刚　秦　洁　刘天松

审校　牛奔林　易健雄

序　言

　　自国家于 2013 年提出"一带一路"倡议以来,截至 2023 年 1 月,我国已与 180 多个国家和国际组织签署了 200 多份共建"一带一路"合作文件。"一带一路"的核心理念已被纳入联合国、二十国集团、亚太经合组织、上合组织等诸多重要国际机制成果文件,成为凝聚国际合作共识、持续共同发展的重要思想。国际社会业已形成共建"一带一路"的良好氛围,我国也在基础设施互联互通、经贸领域投资合作、金融服务、人文交流等各项"一带一路"建设方面取得显著成效。国家也号召社会各界对"一带一路"各国的基本状况、风土人情、法律制度等多加介绍,以便更好地了解"一带一路"各国,也为投资、合作等提供参考。

　　基于此背景,重庆知识产权保护协同创新中心与西南政法大学知识产权研究中心响应国家号召,结合自身的专业特长,于 2017 年 7 月启动了"一带一路"国家知识产权法律制度的翻译计划。该计划拟分期分批译介"一带一路"国家的专利法、商标法、著作权法等各项知识产权法律制度,且不做"锦上添花"之举,只行"雪中送炭"之事,即参考与中国的经贸往来、人文交流的密切程度,优先译介尚未翻译成中文出版的"一带一路"国家的知识产权法律制度,以填补国内此类翻译的空白。确定翻译方向后,中心即选取了巴基斯坦、斯里兰卡、马来西亚、哈萨克斯坦、澳大利亚、以色列、希腊、匈牙利、罗马尼亚、捷克等十国的专利法、商标法、著作权法作为翻译对象。第一期的专利法、第二期的商标法翻译工作完成,并各分为两辑先后于 2018 年 10 月、2021 年 7 月出版。这四辑出版后得到了良好的社会评价,《中国知识产权报》2022 年 1 月 14 日第 11 版还对该译丛作了专题报道。中心随后按计划启动了第三期著作权法的翻译工作。著作权法的内容相对复杂,翻译难度也更高。根据各国法律、文化传统等差别,分别使用了"版权法""著作权法"的译法。经历初译、校对、审稿、最终统校等多道程序后,第三期的翻译工作终于完成，译稿仍分两辑（即第五辑、第六辑）出版。

众所周知，法条翻译并非易事。尽管译校者沥尽心血，力求在准确把握原意基础之上，以符合汉语表达习惯的方式表述出来，但囿于能力、时间等各方面因素，最终的译文恐仍难完全令人满意，错漏之处在所难免。在此恳请读者、方家批评指正。无论如何，必须向参与此次译丛工作的师生表示衷心的感谢。按照章节国别顺序对译者记录如下：郑重、陈嘉良（罗马尼亚）、张惠彬、刘诗蕾（捷克）、曹伟（澳大利亚）、王广震（斯里兰卡）、田晓玲、陈岚（哈萨克斯坦）、康添雄、吴奕雯、王娇（以色列）、马海生（巴基斯坦）、牟萍、郭泰（马来西亚）、廖志刚（希腊）、秦洁、刘天松（匈牙利）。尤其感谢牛奔林老师为此次译稿统校所付出的辛勤努力！此外，易健雄老师承担了此次翻译的主要组织工作，并为译稿作了最后的审校。最后，感谢知识产权出版社的大力支持，使译稿得以出版。

至此，中心已完成对"一带一路"上列十国专利法、商标法、著作权法的译介。后续中心仍将按步骤推进"一带一路"国家知识产权法律制度的译介工作。唯愿中心的译介能为"一带一路"的建设稍尽绵薄之力，也好在中国式现代化建设中实现中心的专业价值。

重庆知识产权保护协同创新中心

西南政法大学知识产权研究中心

2023 年 5 月 25 日

目　录

亚　洲

斯里兰卡知识产权法（版权、集成电路布图设计） …………………… 3

哈萨克斯坦著作权法 ………………………………………………… 28

以色列版权法 ………………………………………………………… 67

巴基斯坦版权条例 …………………………………………………… 89

马来西亚版权法 ……………………………………………………… 126

欧　洲

希腊著作权、邻接权和文化事务法 ………………………………… 185

匈牙利著作权法 ……………………………………………………… 245

亚　洲

斯里兰卡知识产权法（版权、集成电路布图设计）[1][2]

（经 2021 年第 8 号法律修订）

王广震[*] 译

2021 年第 8 号法律于 2021 年 1 月 18 日批准，根据政府命令印制，作为 2021 年 1 月 22 日斯里兰卡民主社会主义共和国公报第二部分的补充内容发布。

本法由斯里兰卡民主社会主义共和国议会制定，内容如下。

第 1 条

本法可称为 2021 年第 8 号知识产权法。

第 2 条

对（2003 年第 36 号知识产权法）第 5 条进行如下修改：

（1）在"视听作品"一词的定义之前，直接插入下列定义：

无障碍格式，是指采用替代形式或方式使受益人使用该作品的复制件，包括允许受益人能够与没有残疾的人一样切实可行、舒适地使用。无障碍格式应仅由受益人使用，并应尊重原作品的完整性，同时考虑到为使作品在替代格式中无障碍而需要做出的改变以及受益人的无障碍需求。

（2）在"作者"一词的定义之后，紧接着插入下列定义：

---

[*] 译者简介：法学博士，西南政法大学知识产权学院副教授，硕士生导师。

[1] 本法根据世界知识产权组织官网公布的斯里兰卡知识产权法英语版本翻译。——译者注

[2] 现行斯里兰卡知识产权法于 2003 年 11 月 12 日批准，为 2003 年第 36 号法律；该法于 2021 年 1 月 18 日进行了修订，为 2021 年第 8 号法律。

受益人,是指具有下列情况的任何人:

(a)盲人;

(b)患有视力障碍或感知或阅读障碍,且无法通过改善使其视觉功能与无此障碍或残疾的人基本相同,并且无法在与无此障碍或残疾的人基本相同的程度上阅读印刷作品;

(c)因身体残疾无法手持或者翻阅图书,或者将眼睛集中或移动到可接受的阅读程度,无论是否患有其他残疾;

第3条

(1)在本法第12条之后紧接着新增加一条,作为该法第12A条生效:

(a)第12A条(1)款(a)项规定,尽管本部分有任何规定,任何获授权实体均可为受益人的利益对任何无障碍格式的作品进行改编、复制和发行,以方便该受益人获取该作品,包括与任何其他受益人分享该作品,但复制仅限于受益人自己使用、用于其教育目的或研究,且该作品的原始格式妨碍该受益人使用。获授权实体对任何作品的该等改编、复制和发行,不构成侵犯版权;

(b)(a)项规定只有作品无法在合理条件下以无障碍格式通过商业渠道获得的情况下才适用。在该情况下,部长应向世界知识产权组织总干事交存一份通知,宣布对该作品的限制或例外情况(视属何情况而定)。

(2)获授权实体应符合下列条件:

(a)是由部长与世界知识产权组织总干事协商后确定的个人或组织;

(b)以非营利形式向任何受益人提供作品无障碍格式复制件,仅收取制作无障碍格式复制件的成本;

(c)确保无障碍格式的任何作品的复制件仅由受益人使用,并采取合理措施防止其进入普通商业渠道;

(d)限制无障碍格式任何作品的复制件的供应,使其仅用于改编、复制和向受益人或代表受益人行事的任何其他人员发放该作品的复制件;

(e)阻止复制、发行和提供未经授权的无障碍格式任何作品的复制件;

(f)在尊重受益人隐私的前提下,处理无障碍格式任何作品的复制件时应保持应有的谨慎,并予以记录。

第4条

本法的僧伽罗语和泰米尔语文本有任何不一致之处的,以僧伽罗语文本为准。

第 2 部分

第 1 章　版　权

第 5 条　解释

在本部分中：

视听作品，是指由一系列有伴音或无伴音给人以运动感觉的画面构成且能够使人看到或听到的作品；

作者，是指创作作品的自然人；

广播，是指通过无线电（包括卫星）向公众传播作品、表演或录音；

集体作品，是指由两个或两个以上的自然人在一个自然人或法律实体的倡议和指导下创作的作品，创作者知道该作品将由后者以自己的名义公开，并且不会显示参与创作者的身份；

向公众传播，是指通过有线或无线向公众传播作品、表演或录音的图像或声音，或者两者皆有，使公众可以在其个人选择的时间和地点获得该作品、表演或录音；

计算机，是指具有信息处理能力的电子设备或类似装置；

计算机程序，是指以文字、代码、方案或任何其他形式表达的一组指令，当其被纳入计算机可读取的媒介时，能够使计算机执行或实现特定的任务或结果；

财产权，是指第 9 条所述权利；

民间文学艺术表达，是指群体或个人以群体为导向、以传统为基础反映社群期望的创作，是对其文化和社会特性、其标准和价值观的充分表达，通过口头、模仿或其他方式传播，包括：

（a）民间故事、民间诗歌和民间谜语；

（b）民间歌曲和民间器乐；

（c）民间舞蹈和民间戏剧；

（d）民间艺术作品，特别是图画、绘画、雕刻、雕塑、陶器、陶俑、镶嵌工艺、木制品、金属制品、珠宝、手工艺品、服装和本土纺织品；

侵权，是指侵犯受本部分保护的任何权利的行为；

人身权，是指第 10 条所述权利；

表演者，是指歌手、音乐家和其他演唱、宣讲、朗诵、演奏或以其他方式表演文学、艺术作品或民间文学艺术表达的人；

摄影作品，是指将光或其他辐射物记录在其任何产生图像或可能由其产生图像的媒介上，而不考虑进行此类记录的技术（化学、电子或其他），但从视听作品中提取的静止画面不应视为"摄影作品"，而应视为相关视听作品的一部分；

视听作品或录音制品的制作者，是指制作该视听作品或录音制品并承担主动权和责任的自然人或法律实体；

公开展示，是指以下列方式展示作品的原件或复制件：

（a）直接展示；

（b）利用电影、幻灯片、电视图像或其他方式在屏幕上展示；

（c）以任何其他装置或程序展示；

（d）就视听作品而言，在家庭及其最亲密的社会熟人的正常圈子以外的人在场或可能在场的一个或多个地方非连续地展示单个图像，无论他们是在同一地点和时间还是不同地点或时间在场。在"向公众传播"一词的定义的范围内，该作品可以在不向公众传播的情况下展示。

公开出借，是指公共图书馆或档案馆等向公众提供服务的机构，以非营利为目的在一定期限内转移对作品、录音制品的原件、复制件的占有；

公开表演：

（a）就视听作品以外的作品而言，是指直接或通过任何装置或程序公开朗诵、演奏、舞蹈表演或以其他方式表演该作品；

（b）就视听作品而言，是指公开依次展示图像或播放伴音；

（c）就录音制品而言，在家庭及其熟人的正常圈子以外的人在场或可能在场的一个或多个地方播放该录音制品，无论他们是在同一地点和时间，还是在不同地点或时间在场，且该表演无须在"向公众传播"一词的定义范围内向公众传播便可被感知；

出版，是指符合下列条件的作品或录音制品：

（a）已向公众提供合理数量的复制件，供其销售、出租或公开出借或转让所有权或占有；

（b）已经通过电子系统向公众提供，

但就作品而言，向公众提供须经该作品版权人同意；就录音制品而言，向公众提供须经录音制品制作者或其权利继受人同意；

出租，是指以营利为目的在有限时间内转移对作品、录音制品的原件或复制件的占有；

复制，是指以任何物质形式制作作品或录音制品的一份或多份复制件，包括以电子形式永久或临时储存作品或录音制品；

录音制品，是指对表演的声音或其他声音的专门固定，而不论固定声音的方法和媒介；但不包括声音和图像的固定，如视听作品中的声音；

作品，是指第 6 条所述的任何文学、艺术或科学作品；

实用艺术作品，是指具有实用功能或包含在有用物品的艺术创作，不论是手工制作还是工业生产；

合作作品，是指由两个或两个以上的作者参与创作的作品，但该作品不符合集体作品的要求。

第 6 条　受保护的作品

（1）下列属于文学、艺术和科学领域独创性知识创造的作品应作为文学、艺术或科学作品（以下简称"作品"）受到保护，其中特别包括：

（a）图书、小册子、文章、计算机程序和其他著作；

（b）演讲、讲座、讲话、布道和其他口述作品；

（c）戏剧、音乐作品、哑剧、舞蹈作品和其他为舞台演出创作的作品；

（d）（c）项规定的作品的舞台制作以及适合于该制作的民间文学艺术表达的舞台制作；

（e）有词或无词的音乐作品；

（f）视听作品；

（g）建筑作品；

（h）图画、绘画、雕塑、雕刻、摄影、挂毯和其他美术作品；

（i）摄影作品；

（j）实用艺术作品；

（k）与地理、地形、建筑或科学有关的插图、地图、设计图、草图和三维作品。

（2）本条第（1）款规定的作品，仅根据其创作的唯一事实受到保护，不论其表达方式或形式，也不论其内容、质量和目的如何。

第7条 演绎作品

（1）下列各项也应作为作品受到保护：

（a）对作品的翻译、改编、汇编和其他转化或修改；

（b）作品集和单纯的数据集（数据库），无论是机器可读的还是其他形式，只要该集合因其内容的选择、协调或整理而具有独创性。

（2）对第（1）款所述任何作品的保护，不得妨碍对纳入或用于制作该作品的原有作品的保护。

第8条 不受保护的作品

尽管有第6条和第7条的规定，本部分的保护范围不包括：

（a）任何观点、程序、系统、操作方法、概念、原则、发现或纯数据，即使其在作品中被表达、描述、解释、说明或体现；

（b）任何立法、行政或法律性质的正式文本及其任何官方译文；

（c）发布、广播或以任何其他方式向公众传播的当日新闻。

第9条 财产权

（1）在不违反第11条至第13条规定的情况下，作品版权人应享有对作品实施或授权实施下列行为的专有权：

（a）复制该作品；

（b）翻译该作品；

（c）对作品进行改编、汇编或者其他转化；

（d）通过销售、出租、出口或其他方式公开发行该作品的原件和复制件；

（e）出租视听作品、以录音形式表现的作品、计算机程序、数据库或记谱形式的音乐作品的原件或复制件，不论有关原件或复制件的所有权如何；

（f）进口该作品的复制件（即使进口的复制件是经版权人授权而制作）；

（g）公开展示该作品的原件或复制件；

（h）公开表演该作品；

（i）广播该作品；

（j）以其他方式向公众传播该作品。

（2）本条第（1）款的规定应适用于整个作品和作品的实质部分。

（3）当计算机程序本身不是出租的主要标的时，第（1）款（e）项规定的出租权不适用于计算机程序的出租。

（4）尽管有第（1）款（d）项的规定，作品或合法制作的作品的复制件的所有人或由该所有者授权的任何人，有权在未经版权人授权的情况下销售或以其他方式处置该复制件。

第 10 条 人身权

（1）作品的作者独立于其财产权，即使他不再是该等财产权的所有人，仍享有下列权利：

（a）在切实可行的范围内，在作品复制件上和与公开使用其作品有关的情况下，在显著位置显示其姓名；

（b）有权使用笔名，不在复制件上和与公开使用其作品有关的情况下显示其姓名；

（c）反对对其作品的任何歪曲、毁损或其他篡改，或与之有关的有损于其荣誉或名誉的贬损行为。

（2）第（1）款所述任何权利在作者有生之年不得转让，但在作者死亡时，行使任何该等权利的权利应通过遗嘱处置或者法律规定予以转移。

（3）作者可以放弃第（1）款所述人身权，但该放弃必须以书面形式作出，并明确说明放弃的权利及放弃所适用的情况；

但是，如果根据第（1）款（c）项对权利的任何放弃规定了修改的性质和范围或有关权利放弃的其他行为，则在作者死后，人身权所归属的自然人或法律实体应有权放弃该等权利。

第 11 条 合理使用

（1）尽管有第 9 条第（1）款的规定，为批评、评论、新闻报道、教学（包括供课堂使用的多份复制件）、学术或研究等目的而合理使用作品，包括制作作品复制件或该条所规定的任何其他方式，不构成侵犯版权。

（2）在确定任何特定情况下对作品的使用是否属于合理使用时，应考虑以下因素：

（a）使用的目的和性质，包括是否具有商业性质或用于非营利性教育目的；

（b）版权作品的性质；

（c）相对于整个版权作品而言，所使用部分的数量和质量；

(d) 使用对该版权作品的潜在市场或价值的影响。

(3) 合理使用行为应包括第 12 条规定的情形。

第 12 条 合理使用行为

(1) 尽管有第 9 条第 (2) 款 (a) 项的规定，在符合本条第 (2) 款规定的情况下，未经版权人授权，允许自然人仅为个人目的，用已发表作品的合法复制件制作该作品的单一复制件。

(2) 本条第 (1) 款规定的允许，不应延伸至以下情形的复制：

(a) 以建筑物或其他构筑物的形式复制建筑作品；

(b) 以复印的形式复制图书或记谱音乐作品的全部或实质部分；

(c) 复制数据库的全部或实质部分；

(d) 复制计算机程序，但第 (7) 款规定的情形除外；

(e) 复制会与任何作品的正常利用发生冲突，或以其他方式不合理地损害版权人的合法利益。

(3) 尽管有第 9 条第 (1) 款 (a) 项的规定，应允许在未经版权人授权的情况下以引文的形式复制已出版作品的少量内容；

但是该复制必须符合合理使用，且在为达到目的的正当需要范围内。如果引用的作品中有作者姓名，引用时应同时注明来源和作者姓名。

(4) 尽管有第 (9) 条第 (1) 款 (a) 项的规定，未经版权人授权，应允许下列行为：

(a) 为教学目的，以书面或声音或录像的方式，复制已出版作品的少量内容，但该复制必须符合合理使用，且在为达到目的的正当需要范围内；

(b) 在其活动不是直接或间接为商业利益服务的教育机构中，为面对面教学而对已发表的文章、其他短篇作品或作品的短篇摘录进行印刷复制，但复制行为是单独发生孤立行为，如果重复的话，必须是在单独或不相关的场合；

但是，根据本款制作的所有复制件，应尽可能标明被复制作品来源和作者姓名。

(5) 尽管有第 (9) 条第 (1) 款 (a) 项的规定，但对于其活动不为任何直接或间接商业利益服务的任何图书馆或档案馆，可以在未经版权人授权的情况下，对下列作品以复印的方式制作作品的单一复制件：

(a) 所复制的作品是已发表的文章、其他短篇作品或作品的短篇摘录，且复制目的是满足自然人需求，但条件是：

（i）图书馆或档案馆确信该复制件仅用于学习、学术或私人研究目的；

（ii）复制行为是单独发生的，如果重复的话，是在单独和不相关的场合；

（b）复制的目的是保存及在必要时取代复制件，或取代另一个类似的图书馆或档案馆的永久收藏中已遗失、毁坏或无法使用的复制件；

但条件是在合理条件下已不可能取得该复制件；如果在单独和不相关的场合重复进行，则复印和复制的行为是孤立发生的。

（6）尽管有第（9）条第（1）款（a）项、（h）项和（j）项的规定，在尽可能标明来源和作者姓名的条件下，允许未经版权人授权，对作品进行下列行为：

（a）以报纸、期刊、广播或以其他向公众传播的方式，复制在报纸、期刊上已经发表的关于当前经济、政治或宗教主题的文章、与之相关的广播或通讯，但如果版权人在复制件已明确保留作品复制、广播或其他向公众传播的权利，或者与广播和其他向公众传播作品相关的权利，则该允许不适用；

（b）为了报道时事，复制和广播或以其他方式向公众传播在该等事件中看到或听到的作品的简短摘录，但应在达到该复制目的的正当需要范围内；

（c）以报纸、期刊、广播或以其他向公众传播的方式，复制在公众场合发表的政治演说、演讲、讲话、布道或者类似性质的其他作品，或者在法律诉讼过程中发表的演说，但应在提供当前信息的事实为理由的正当需要范围内。

（7）（a）尽管有第9条第（1）款（a）项、（c）项的规定，未经版权人授权，允许计算机程序复制件的合法所有人复制一份或改编该计算机程序，但该复制或改编应对下列行为是必要的：

（i）为在计算机上使用该计算机程序，以达到获取计算机程序的目的和程度；

（ii）用于存档和替代合法拥有的计算机程序复制件，以防止上述计算机程序复制件丢失、损毁或无法使用。

（b）除（a）项规定的目的外，计算机程序的任何复制件或改编本不得用于任何其他目的，且当继续拥有该计算机程序复制件不再合法时，应销毁该等复制件或改编本。

（8）尽管有第9条第（1）款（f）项的规定，允许自然人为其个人目的进口作品的复制件，而无须版权人的授权。

（9）尽管有第9条第（1）款（g）项的规定，允许公开展示作品的原件或复制件，而无须版权所有者的授权；

但该展示是以非电影、幻灯片、电视图像或其他方式在屏幕上或通过其他任何装置或程序进行的；

且作者或其权利继受人已出版该作品，或已将所展示的原件或复制件销售、赠送或以其他方式转让给他人。

（10）尽管本部分有任何规定，下列行为不属于侵犯版权：

（a）政府或非营利教育机构为教育或教学目的，在教室或为教育而设置的类似场所表演或展示作品；

但是，就视听作品而言，表演或展示单个图像，应是通过合法制作的复制件进行的，或表演负责人不知道或者没有理由相信该复制件不是合法制作的。

（b）公众通过在私人家庭常用的单一接收设备接收体现作品的表演或展示的传输信号，不包括：

（i）观看或收听该传输需要直接收费；

（ii）如此接收的传输被进一步传输给公众。

第 13 条　版权期限

（1）除第（2）款、第（3）款、第（4）款和第（5）款的规定以外，财产权和人身权的保护期限为作者终生及从其死亡之日起的 70 年。

（2）就合作作品而言，其财产权和人身权的保护期限为最后一位在世作者终生及其死亡之日起 70 年。

（3）就集体作品（实用艺术作品除外）和视听作品而言，其财产权和人身权保护期限为自作品首次发表之日起 70 年，作品未发表的，其保护期限为自作品完成之日起 70 年。

（4）就匿名或者笔名发表的作品而言，其财产权和人身权的保护期限为自作品首次发表之日起 70 年。

但是，如果在上述期间届满前，作者的身份被披露或者确定的，其权利保护期限视具体情况适用第（1）款或第（2）款的规定。

（5）就实用艺术作品而言，财产权和人身权的保护期限为自作品完成之日起 25 年。

（6）上述各款规定的每一期限应持续至该期限到期的日历年年底。

第 14 条　财产权的原始权利人

（1）除本条第（2）款、第（3）款、第（4）款和第（5）款的规定以外，创作作品的作者应是财产权的原始权利人。

（2）就合作作品而言，合作作者应是财产权的原始权利人。但是，如果合作作品由可以单独使用的部分组成，并且可以确定各部分的作者，则每个部分的作者应是其所创作部分的财产权的原始权利人。

（3）就集体作品而言，由其发起创作且在其指导下创作作品的自然人或法律实体是财产权的原始权利人。

（4）就自然人或法律实体雇佣的作者在受雇期间创作的作品而言，除非合同另有约定，财产权的原始权利人应是雇主。作品是受委托创作的，除非合同另有约定，财产权的原始权利人应是委托人。

（5）就视听作品而言，除非合同另有约定，财产权的原始权利人应是制作者，但视听作品的共同作者和为制作视听作品而包含或改编的原有作品的作者，应保持对其参与部分或原有作品的财产权，只要该等参与或原有作品可以独立于视听作品成为财产权所涵盖行为的对象。

第 15 条　作者身份的推定

（1）在作品上以通常方式标明作者姓名的自然人，在没有相反证据的情况下，应被推定为该作品的作者。即使该姓名是笔名，只要该笔名不会影响作者身份的确定，本条规定仍然适用。

（2）姓名或名称出现在视听作品上的自然人或法律实体，在没有相反证据的情况下，应被推定为该作品的制作者。

第 16 条　版权的许可或转让

（1）版权人可以：

（a）向自然人或法律实体授予许可，以实施与第 9 条所述财产权有关的所有或任何行为；

（b）转让或转移第 9 条所述全部或任何部分财产权。

（2）任何财产权的转让或转移，以及经版权人授权实施该行为的任何许可，应由转让人和受让人、让与人和承让人或许可人和被许可人（视属何情况而定）签署书面协议。

（3）任何财产权的全部或部分转让或转移，或经版权人授权实施该行为的任何许可，不包括或被视为包括其中未明确提及的任何其他权利的转让、转移或许可。

第2章　邻接权
（保护表演者、录音制作者和广播组织的权利）

第17条　表演者权

（1）在不违反第21条规定的情况下，表演者应享有实施或授权实施以下任何行为的专有权：

（a）以广播或其他方式向公众传播其表演或表演的实质部分，除非该广播或其他传播方式属于下列任一情形：

（i）是根据表演的录像制作的，但根据第21条规定制作的录像除外；

（ii）是由最初广播该表演或其实质部分的组织进行或授权进行的转播；

（b）固定其未固定的表演或其实质部分；

（c）复制固定的表演或其实质部分。

（2）一旦表演者授权将其表演纳入视听作品，第（1）款的规定将不再适用。

（3）表演者有权就其表演以更有利的条款及条件签订合同，本条任何内容均不得解释为对此项权利的剥夺。

（4）本条规定的权利自表演发生之时起受到保护，至表演发生之时起的第50个日历年结束时终止。

第18条　录音制作者权

（1）在不违反第21条规定的情况下，录音制品制作者应享有实施或授权实施下列任何行为的专有权：

（a）直接或间接复制录音制品或其实质部分；

（b）进口录音制品的复制件或其实质部分的复制件，即使该等进口的复制件是在录音制作者的授权下制作的；

（c）改编或以其他方式转化该录音制品或其实质部分；

（d）出租录音制品复制件或其实质部分的复制件，不论该出租的复制件归谁所有；

（e）向公众销售或许诺销售录音制品或其实质部分的原件或复制件。

（2）本条第（1）款规定的权利的保护期限为自录音制品出版之日起至出版年份后第 50 个日历年结束时终止；录音制品尚未出版的，其保护期限为录音首次固定之日起至固定年份后第 50 个日历年结束时终止。

第 19 条　使用录音制品的报酬

（1）将为商业目的出版的录音制品或其复制件，直接以广播或其他形式向公众传播或公开演出的，使用者应向表演者和录音制品制作者支付一次性合理报酬。

（2）除表演者或制作者另有约定以外，制作者根据第（1）款规定收取款项的一半应由制作者支付给表演者。

（3）依据本条规定获取合理报酬的权利的保护期限，为自录音制品出版之日起到出版年份之后第 50 个日历年结束时终止；录音制品尚未出版的，该权利保护期限为自录音制品首次固定之日起至固定年份之后第 50 个日历年结束时止。

第 20 条　广播组织权

（1）在符合第 21 条规定的情况下，广播组织应有实施或授权实施以下任何行为的专有权：

（a）转播其广播或广播的实质部分；

（b）向公众传播其广播或广播的实质部分；

（c）固定其广播或广播的实质部分；

（d）复制固定的广播或广播的实质部分；

（2）本条规定的权利应从广播发生之时起受到保护，至表演发生之年后的第 50 个日历年结束时终止。

第 21 条　保护的限制

第 17 条、第 18 条、第 19 条和第 20 条所述行为涉及下列情况的，该等条款不适用：

（a）自然人仅为个人目的的使用；

（b）为报道时事而使用简短的摘录，但应以提供时事信息的目的为合理范围；

（c）仅为面对面教学或科学研究的目的而使用；

（d）根据版权法的规定，未经版权人授权可以使用作品的情况。

第22条　财产权和纠纷解决

（1）侵犯或即将侵犯本部分所保护的任何权利的，应当通过禁令予以禁止并由其承担损害赔偿责任。该等权利所有人有权寻求法院认为适当的其他救济。

（2）（a）法院具有以下权力和管辖权：

（i）发出禁令，禁止对本部分所保护的任何权利实施侵害或继续实施侵害行为；

（ii）在制作、销售、出租或进口复制件须经本部分所保护的任何权利人授权的情况下，命令扣押涉嫌制作、销售、出租、进口的作品或录音制品的复制件，以及扣押该等复制件的包装、可能用于制作复制件的工具，以及提及该等复制件的文件、账目或商业文件。

（b）此外，法院还有权命令侵权人支付权利人因侵权行为而遭受损失的损害赔偿，以及因侵权产生的费用，包括诉讼费。损害赔偿的数额，除其他事项以外，应考虑权利人遭受的物质和精神损害的重要性，以及侵权人因侵权行为而获得的利益。侵权人不知道或没有合理理由知道其在实施侵权行为的，法院可以将损害赔偿限于侵权人因侵权而获得的利益或预先确定的损害赔偿额。

（c）法院有权命令销毁或其他合理方式处置在侵害本部分所保护的任何权利而制作的复制件（如可获得）及其包装，禁止其进入商业渠道，以避免对权利人造成损害，但权利人另有要求的除外。第三人善意取得复制件及其包装的，不适用本条规定。

（d）工具有被用于实施或继续实施侵权行为的危险的，法院应在合理时间和范围内，命令将其销毁或采用其他合理方式禁止其进入商业渠道，以尽可能降低进一步侵权的风险，包括将其交给权利人。

（e）存在继续侵权行为的危险的，法院应作出必要的命令，以防止该等行为的发生。

（f）本法第35章关于侵权和救济的规定应比照适用于受本部分保护的权利。

（g）侵犯或试图侵犯本部分所保护的任何权利，构成犯罪的，一经定罪，按本法第 38 章和第 41 章的规定进行惩罚。

（3）（a）因本部分规定的任何权利受到侵犯或因任何其他方式受到影响而感到不满的人可以按规定形式和方式提出申请，局长经其任何合适的调查后，可决定与该申请有关的任何必要或有利的问题，该决定在符合本款（b）项规定的情况下对各方均有约束力。

（b）对局长的决定感到不服的，可以向法院提起上诉，除非法院发布临时命令暂停执行局长的决定，否则在法院就该事项作出决定前，该决定继续有效。

第 23 条　滥用技术手段的判断、救济和制裁

（1）下列行为应被视为违法行为，且在适用第 22 条时，应视为对侵犯版权人权利的侵犯：

（i）为销售或出租而制造或进口任何专门设计或改造的装置或手段，以规避任何旨在防止或限制复制作品或损害复制件质量的装置或手段（以下称为"复制保护或复制管理的装置或手段"）；

（ii）为销售或出租而制造或进口任何可能促成或协助无权接收加密节目的人接收该节目的广播，或以其他方式向公众传播（包括通过卫星接收的装置或手段）。

（2）在适用第 22 条时，本条第（1）款所述任何非法装置和手段等同于作品的侵权复制件。

（3）在下列情况下，作品版权人亦有权获得第 22 条规定的侵权损害赔偿：

（a）作品的获授权复制件已经以电子形式制作完成并许诺销售或出租，该电子形式与复制保护或复制管理装置或手段以及为规避上述装置或手段而专门设计或改造的装置或手段（为制作或进口用于出售或出租）相结合；

（b）作品已获授权纳入加密节目，向公众广播或以其他方式传播，包括通过卫星以及为销售或出租而制作或进口使无权接收该节目的人能够或协助其接收该节目的装置或手段传播的情况。

第 24 条　民间文学艺术表达的保护和损害赔偿

（1）根据本条第（4）款的规定，民间文学艺术表达应受到保护以防止

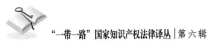

发生下列任一行为：

（a）复制；

（b）通过表演、广播、有线传播或其他方式向公众传播；

（c）改编、翻译或其他转化，如果该等表达是出于商业目的或超出其传统或习惯的范围进行的话；

（2）根据本条第（1）款规定的权利，如果其中所述行为涉及下列任一情况的，不予适用：

（a）自然人专为个人目的的使用；

（b）为报道时事而使用简短的节选，但以提供时事信息的目的为限；

（c）仅为面对面教学或科学研究目的而使用；

（d）第 11 条和第 12 条所述情况，可以在未经版权人授权的情况下使用作品。

（3）在所有印刷出版物中，以及在向公众传播任何可识别的民间文学艺术表达时，应以适当的方式并符合合理使用，通过提及所使用表达的社区或地点来表明其来源。

（4）对本条第（1）款中所述行为进行授权的权利，属于部长确定的主管当局，但应缴纳规定的费用。

（5）根据第（4）款收取的款项，应用于文化发展事业。

（6）未经本条第（4）款所述主管当局许可，以本条不允许的方式使用民间文学艺术表达的，即为违反本条规定，应承担损害赔偿责任，并受法院根据具体情况认为合理的禁令和任何其他救济措施的约束。

第 25 条　注册协会、协会对权利的管理、权利控制和报告提交

（1）（a）在本法生效后，除根据或符合本条（c）项规定以外，任何自然人、法人或非法人团体不得就本部分所保护的权利开展颁发或授予许可证的业务；

但是，权利人是个人的，有权继续就其自身权利授予许可；权利人是根据本条注册的协会会员的，授予许可应与其作为该协会会员的义务相符。

（b）符合规定条件的任何法人或非法人团体，可向局长申请从事（a）项规定的业务，并注册该协会。

（c）局长可考虑本部分所保护权利人的利益、公众的利益和便利，尤其是最有可能就相关权利申请许可的群体的利益和便利，以及申请人是否有能

力和专业技能，批准开始或进行第（1）款（a）项规定的业务，并在符合可能规定的条件的情况下将该人或团体注册为集体协会；

但局长通常不得注册一个以上的此类协会就同一类权利开展业务。

（d）局长认为协会的管理方式有损于有关权利人的利益的，在进行必要调查后，可以取消或暂停该协会的注册以及开展本款（a）项规定的开始或开展业务的许可。

（e）局长可通过命令取消或暂停该协会的注册和开展业务的许可，以待调查，期间不超过本款（d）项规定的命令中所确定的一年时间。

（f）局长暂停协会注册的，应当指定一名管理人履行该协会的职能。

（2）（a）在符合可能规定的条件的情况下：

（i）协会可接受权利人的独占授权，通过发放许可或收取许可费或者两者兼有的形式，管理本部分规定的任何权利；

（ii）权利人有权撤销上述授权，但不得影响协会基于会员与协会之间的合同所享有的权利。

（b）协会有权同与管理本部分所保护权利有关的任何外国协会或组织签订协议，并委托该外国协会或组织在外国管理该协会在斯里兰卡管理的任何权利，或在斯里兰卡管理由外国协会或组织在外国管理的该等权利；

但该等协会或组织不得在许可条款或与本部分保护的权利有关的费用在外国分配方面有歧视行为。

（c）在符合规定的情况下，协会可以：

（i）就本部分所保护的权利发放许可；

（ii）收取许可费；

（iii）扣除其自身费用后，在权利人之间分配该等费用；

（iv）履行第（4）款规定的任何其他职能。

（3）（a）每个协会都应接受本部分规定的对权利人的集体控制，其权利按规定的方式管理，以便：

（i）得到权利人对其收费和分配程序的授权；

（ii）得到权利人授权，将收取的任何费用用于向权利人分配以外的任何目的；

（iii）定期、全面和详细地向权利人提供与权利管理有关的所有活动信息。

（b）在权利人之间分配费用时，应尽可能按照其作品的实际使用比例进行分配。

（4）（a）每个协会应向局长提交可能规定的报表。

（b）局长可要求任何协会提交任何报告或记录，以确信该协会就其管理的权利所收取的费用正在按照本部分的规定加以利用或分配。

第 26 条　适用范围

（1）本部分关于保护文学、艺术或科学作品的规定适用于以下情况：

（a）属于斯里兰卡国民或在斯里兰卡有经常居住地的作者的作品；

（b）首次在斯里兰卡出版的作品，或者首次在另一国家出版且在自该出版之日起 30 日内在斯里兰卡出版的作品，不论作者的国籍或居住地为何地；

（2）本部分规定适用于根据斯里兰卡加入的任何国际公约或国际协定在斯里兰卡受到保护的作品。

第 27 条　保护表演者

（1）本部分关于保护表演者的规定应适用于下列情况：

（a）属于斯里兰卡国民的表演者；

（b）非斯里兰卡国民但其表演符合下列条件的表演者：

（i）发生在斯里兰卡境内；

（ii）被纳入受本部分保护的录音制品中；

（iii）未固定在录音制品中，但包含在符合本部分保护的广播中。

（2）本部分关于保护录音制品的规定应适用于下列情况：

（a）其制作者为斯里兰卡国民的录音制品；

（b）首次在斯里兰卡录制的录音制品；

（c）首次在斯里兰卡出版的录音制品。

（3）本部分关于保护广播节目的规定应适用于下列情况：

（a）注册办事处位于斯里兰卡的广播组织的广播节目；

（b）由位于斯里兰卡的发射台传送的广播节目。

（4）本部分的规定还应适用于受斯里兰卡加入的任何国际公约或国际协定保护的表演者、录音制品制作者和广播组织。

第七部分●

第 31 章　集成电路布图设计

第 146 条　保护权

（1）布图设计保护权应属于布图设计的创作者。多人共同创作布图设计的，应为受保护权利的共有人。

（2）在履行雇佣合同或执行工作时制作或创作的布图设计的保护权，除非该雇佣合同或执行工作的合同条款另有约定，应属于雇主或委托人，视属何情况而定。

第 147 条　独创性

（1）本法规定的保护应适用于任何具有独创性的布图设计，就本条而言，布图设计在下列情况下具有独创性：

（a）并非通过简单复制另一布图设计或其实质部分而完成；

（b）是创作者智力活动的成果，且对布图设计创作者和集成电路制造者而言该布图设计在创作时是不常见的；

（2）如果一项布图设计由布图设计创作者或集成电路制造者中常见的元素和互连的组合组成，只有当该组合作为一个整体满足第（1）款所述条件时，该布图设计才应受到保护。

第 148 条　保护的范围

（1）根据本部分给予布图设计的保护，不应取决于将纳入布图设计的集成电路是否在某物品中。除第（2）款规定情形以外，布图设计权利人具有实施或授权他人实施下列任一行为的专有权：

（i）复制受保护的布图设计的全部或任何部分，不论是通过纳入集成电路或其他方式，但复制任何不符合第 147 条第（1）款和第（2）款所述独创

　　● 斯里兰卡的知识产权法典包括专利、商标、版权、地理标志、集成电路布图设计、外观设计等内容。其集成电路布图设计和版权的保护理念、规则、方式有较多相似之处，一并翻译有助于读者查阅。——译者注

性要求的任何部分的行为除外；

（ii）为商业目的进口、许诺销售、销售或以其他方式分销受保护的布图设计或该受保护纳入的布图设计的集成电路或者该集成电路纳入的物品，只要它不包含非法复制的布图设计。

（2）本部分对布图设计的保护范围不得扩大到下列情形：

（i）为评估、分析、研究、非营利性教学或教育目的而复制受保护的布图设计；

（ii）将根据第（1）项所述分析、评估或研究而创作的布图设计纳入集成电路，如果该布图设计本身符合第 147 条第（1）款和第（2）款意义上的独创性，或者是为实施本条第（1）款所述的任何与该布图设计有关的行为；

（iii）实施第（1）款（ii）项所述行为，而该行为是就受保护的布图设计或就纳入该布图设计的集成电路实施的，且该布图设计或集成电路已由权利人或经权利人同意而投放市场；

（iv）就纳入非法复制的布图设计的集成电路或纳入该集成电路的任何物品实施第（1）款（ii）项所述任何行为，而实施或命令实施该行为的人在不知情的情况下实施或下令实施该行为，并且在获得该集成电路或纳入该集成电路的物品时没有合理理由知道其含有非法复制的布图设计；

但是，行为人在实施或命令实施本项规定的行为时，被告知该布图设计是非法复制的，行为人只能就在被告知前的存货或订购的货品实施或命令实施上述行为，并应向权利人支付一笔相当于在自由协商的情况下就该布图设计须支付的许可使用费的款项；

（v）在本法生效前，已在斯里兰卡境内或境外进行商业利用 2 年以上的任何布图设计，不受本部分的保护。

第 149 条　保护的开始和期限

（1）本法对于布图设计的保护自下列时间开始：

（i）由权利人或经其同意在斯里兰卡境内或境外对布图设计进行首次商业利用之日，条件是权利人在第 150 条第（2）款规定的时间内向局长提出保护申请。

（ii）布图设计之前未在斯里兰卡境内或境外进行过商业利用的，在权利人提交布图设计登记申请的备案之日。

（2）本部分对于布图设计的保护应在该保护开始之日起的第 10 个日历年结束时终止。

第 150 条　申请登记的条件

（1）布图设计的登记申请应采用规定格式，缴纳规定费用，并应提交给办事处。每个不同的布图设计均应提交一份单独的申请。

（2）布图设计未在斯里兰卡境内或境外进行商业利用的，任何人均可申请布图设计的登记；已进行商业利用的，应在该布图设计被商业利用之日起两年内提出登记申请。

（3）申请应符合下列要求：

（a）载有要求在布图设计登记册中登记布图设计的请求，以及对该布图设计的简短和准确描述；

（b）说明申请人的姓名、地址和国籍，申请人居住在斯里兰卡境外的，应提供斯里兰卡的邮政地址；

（c）附带一份布图设计的图纸，以及定义集成电路意图执行的电子功能的信息；但是，申请可以在复制件或图纸中省略与集成电路的形式或制造有关的部分，只要提交的部分足以让人识别布图设计；

（d）说明该布图设计是在斯里兰卡境内还是境外利用的，以及其首次商业利用的日期；

（e）提供确立根据第 146 条获得保护权利的详细资料；

（f）附有一份关于布图设计独创性的声明；

（g）申请是通过代理人提出的，应附上申请人授予代理人的授权书。

（4）（a）申请人没有遵守本条第（3）款的规定要求的，局长应将有关事项通知申请人，并要求其在通知之日起 2 个月内纠正申请中的缺陷。

（b）申请人遵守本款（a）项规定的，局长应将申请日期作为收到申请的日期；

但是，该申请应包含对布图设计登记必要性的书面声明，以及可以确定申请人身份的信息，并应附有布图设计的图纸复制件。

（c）申请人未将布图设计图纸与原申请一并提交，但在（a）项规定的期限内补正布图设计登记申请的，收到补正的日期视为申请的提交日，局长应以书面形式向申请人确认申请的提交日。

（d）申请人在收到局长通知后没有在（a）项规定的期限内补正申请的，

该申请视为未提交。

第151条　在登记簿登记布图设计

（1）局长应备存布图设计登记簿，登记或安排登记已接受登记申请的应受保护的布图设计。

（2）申请符合第150条要求的，局长应在布图设计登记簿上登记该布图设计，而无须审查布图设计的独创性、申请人的保护权或申请书中所述事实的正确性。

（3）布图设计登记簿应记录布图设计的编号、名称、申请日期、（根据第150条的规定申请）在斯里兰卡境内或境外首次商业利用的日期，以及权利人的姓名和地址，与转让、转移、许可合同有关的详细信息和其他规定的详细信息。

（4）任何人在缴纳规定费用后均有权查阅布图设计登记簿并摘录有关信息。

（5）每项布图设计的登记应当在公报中公布。

第152条　转让权和更正登记簿的权利

（1）布图设计的基本要素来自他人的布图设计，但未获得该人书面同意的，该人可以以书面形式，连同证明其主张所需的所有相关材料和规定的费用，要求局长将该申请转移给他。申请已被登记的，在登记公布之日起1年内，该人可以以书面形式，连同证明其主张所需的所有相关材料和规定的费用，要求局长将布图设计的登记转移给他，并相应地更正登记簿中的有关事项。

（2）局长应立即将该请求文本送交申请人或登记的权利人（视属何情况而定），要求其在收到通知之日起2个月内以规定的方式提出反请求，并附上其所拥有的证明其对有关布图设计拥有所有权的任何材料（如有）和规定的费用。申请人或登记的权利人可以向局长提出反请求。

（3）登记的权利人或申请人在规定期限内未达到本条第（2）款所要求的任何信息，局长应允许后者的请求并更正登记簿中的有关事项。

（4）申请人或权利人按第（2）款的规定提出反请求的，局长应在听取双方意见并考虑案情后作出决定，并将决定通知各方。

（5）在申请提交后若享有保护权的人同意提交该申请的，就所有目的而言，该同意应被视为自提出该申请之日起有效。

第 153 条　所有权和合同许可证的变更

（1）受保护的布图设计可以转让或让与，该转让或让与应采用书面形式，并由合同双方或其代表签字。

（2）经布图设计的转让人或让与人或其代表签署书面请求，局长应在其支付规定费用后，在登记簿上登记所有权变更的详细情况，并予以公告。在登记前，该变更对第三方不发生效力。

（3）布图设计权利人可向另一自然人或企业授予许可，授权其实施第 148 条第（1）款所述任何所有行为。该许可合同应采用书面形式，并由合同双方或其代表签字。布图设计登记后，该许可合同应连同规定的费用一并提交给局长，局长应在登记簿中登记或安排登记该许可合同的存在。许可合同在登记前对第三方不发生效力。

第 154 条　布图设计登记的撤销

（1）对根据第 151 条登记的布图设计有疑问的任何利害关系人，包括局长在内的有关机构，可基于以下理由向法院申请撤销登记：

（a）该布图设计不受第 147 条的保护；

（b）权利人无权根据第 146 条获得保护；

（c）在提交布图设计登记申请前，有关的设计已在斯里兰卡境内或境外被商业利用，且该申请未在第 148 条第（2）款和第 150 条第（2）款规定的期限内提交。

（2）在撤销布图设计的一部分的理由成立时，仅应撤销适用于该对应部分的登记。

（3）应利害关系人或包括局长在内的适当机构提出的书面申请，法院应将布图设计的登记所有人和记录在册的每一受让人、被许可人和分许可人列为当事人，可命令撤销或部分撤销该登记。

（4）布图设计全部登记或部分登记被撤销的，该布图设计登记全部或部分无效（视属何情况而定）。无效自该布图设计受保护之日起生效。

（5）法院应将其裁决通知局长，局长应将该裁决记录在案，并在公报上予以公布。

第 155 条　代理人

申请人的经常居住地或主要营业地在斯里兰卡境外的,应当委托根据本法第 175 条登记的代理人代理申请。

第 156 条　侵权

(1) 违反第 148 条规定的任一行为的,构成侵权。

(2) 法院可在下列情形下向相关当事人颁发禁令、判给损害赔偿或采取其他适当救济:

(a) 权利人,以阻止侵权或即时侵权,如果权利人提出申请,有理由相信布图设计侵犯了本法第 148 条保护的权利;

(b) 被许可人,如果权利人在被许可人向其告知存在侵权行为后未能或因疏忽未能向法院提起诉讼,而由被许可人向法院提起诉讼。

(3) 针对侵权行为和对权利人或被许可人的救济,适用本法第 35 章的规定。

(4) 只有在向局长提交布图设计登记申请后,才能根据本条第 (2) 款提起诉讼。

第 157 条　犯罪

知情或故意违反第 148 条规定的,即为犯罪,经法院审判后定罪的,可处以不超过 50 万卢比的罚金或处以不超过 6 个月的监禁,或并处罚金和监禁;被两次或多次定罪的,可在前述刑罚基础上加倍惩罚。此外,法院还可命令扣押、没收和销毁用于犯罪或实施犯罪的布图设计、集成电路、物品或任何材料或工具。

第 158 条　相关条款的适用

海关条例第 125A 条和第 125B 条以及本法第 163 条至第 174 条,第 177 条、第 180 条、第 187 条、第 191 条、第 195 条至第 204 条的规定,应适用于集成电路布图设计。

第 159 条　解释

在本部分中,除上下文另有要求以外:

集成电路，是指中间产品或最终产品，其中的元件（至少有一个是有源元件）和部分或全部互连线路集成在材料中或材料上，以执行电子功能；

布图设计，或称"拓扑图"，是指无论采取何种表达方式，集成电路中至少有一个是有源元件的多个元件和部分或全部互连线路的三维配置，或者是为制造集成电路而准备的三维配置；

权利人，是指被视为第146条所述的利益受到保护的自然人或法律实体。

·1996 年 6 月 10 日第 6 号法律·

哈萨克斯坦著作权法●

（经哈萨克斯坦 2018 年 6 月 20 日第 161 - 6 号法律修订）

田晓玲[*]　陈　岚^{**}　译

第 1 章　总　则

第 1 条　本法规定范围

本法规定了知识产权领域因创作和使用科学、文学和艺术作品（著作权）以及舞台表演、录音制品、无线广播和有线广播组织传播（邻接权）而产生的各种关系。

第 2 条　本法中使用的主要术语❷

在本法中使用的主要术语如下：

1）作者，指创作科学、文学和艺术作品的自然人；

2）著作权，指作者的财产权和人身权；

3）著作权和邻接权保护的技术措施，指能控制接触著作权作品或邻接权客体，阻止或限制被作者、邻接权权利人或其他著作权或邻接权独占权人禁止的行为的技术（软件技术）或其组成部分；

---

　*　译者简介：西南政法大学副教授，硕士生导师，重庆大学法学博士。

　**　译者简介：四川外国语大学图书馆馆员，长期从事西文编目和俄语、日语翻译。

　❶　本法根据世界知识产权组织官网公布的哈萨克斯坦著作权法英语版本翻译，同时参照了哈萨克斯坦知识产权局于 2018 年发布的哈萨克斯坦著作权法俄语版本。——译者注

　❷　第 2 条根据哈萨克斯坦以下法律予以修订：2009 年 7 月 10 日第 179 - 4 号法律（实施程序见第 2 条）、2012 年 1 月 12 日第 537 - 4 号法律（在其首次正式发布后 10 个日历日届满时实施）、2012 年 1 月 18 日第 546 - 4 号法律（在其首次正式发布后 10 个日历日届满时实施）、2015 年 4 月 7 日第 300 - 5 号法律（在官方颁布日起 10 个日历日届满时实施）、2015 年 11 月 24 日第 419 - 5 号法律（自 2016 年 1 月 1 日起生效）和 2018 年 6 月 20 日第 161 - 6 号法律（在其首次正式发布后 10 个日历日届满时实施）。

4）著作权和/或邻接权客体的盗版，指违反本法或由哈萨克斯坦批准的国际条约，制造、销售或以其他方式使用的作品复制件、录制的表演、录音制品、无线和有线广播组织的广播；未经著作权人许可，删除或变更著作权和/或邻接权客体复制件的权利管理信息，或非法使用设备规避著作权和/或邻接权的技术保护措施的，也应视为盗版；

5）著作权合同，指旨在转让财产权而能使用一项或多项著作权客体的合同。著作权合同是许可协议的一种；

6）非专有权，指除本法另行规定外，经作者许可允许他人与权利人共同使用作品的权利；

7）专有权，指作者和/或其他所有人许可或禁止他人在规定期限内以任何方式使用作品和/或邻接权客体的财产权；

8）认证，指本法规定由集体管理权利组织授权机构进行认定的程序。

8-1）由2015年11月24日颁布的哈萨克斯坦法律废除（第419-5号法律于2016年1月1日生效）；

9）数据库，指按对材料的选择和/或安排能体现创作活动的数据（文章、计算、事实等）集合，经系统化后能使用计算机查询和存储。数据库不适用于计算机程序，其能够以电子方式访问存储在数据库中材料；

10）视听作品，指由一系列有关联的镜头或图像（有伴音或无伴音）组成的作品，通过使用适当的设备能被视觉和听觉（当有伴音时）感知。视听作品包括电影作品和所有用类似于摄制电影表现的作品（录像影片、幻灯片电影、幻灯片和其他类似作品），不论其最初和将来的固定形式；

11）视听作品制作者，指创作并对该作品承担责任的自然人或法人；除非另有证据，在作品上标明姓名或名称的人应被认定为制作者；

12）录制，指借助机器设备将声音和/或影像用任何方法以任何形式固定，使其能被重复感知、复制或传播；

13）信息网络传播（向公众提供），指利用无线或有线方式传播著作权客体和/或邻接权客体，使公众能在个人选定的任何时间和任何地点访问（交互机制）；

14）发行，指在作者或其他著作权客体或邻接权所有人的同意下，通过出售、出租（租赁）或以其他方式转让作品或录音制品的所有权或占有权，向公众提供数量满足公众合理需要的作品或录音制品复制件；

14-1）互联网资源，指以文本、图形、视听或其他形式显示并置于硬件—

软件系统上，具有唯一的网络地址和/或域名，运行在互联网上的电子信息资源；

15）通过有线方式向公众传播，指通过电缆、电线、光纤或类似的传输方式向公众发送作品信息，广播公司或有线电视公司的录音制品表演；

16）公开表演，指在非家庭成员出席或可能出席的地方，通过朗诵、演奏、舞蹈或任何其他方式，也可借助技术手段（就视听作品而言，用连续镜头展示，有伴音）表演作品；

17）公开展览，指在非家庭成员出席或可能出席的地方，直接或借助其他任何技术手段以幻灯片、电影镜头、电视镜头的形式，或以其他方式在屏幕上演示作品的原件或复制件（就视听作品而言，展示不连续的单独镜头）；

18）复制（印刷复制），指通过影印或使用出版以外的其他技术手段，以任何大小和形式将文字和其他图形作品的原件或复制件复制为一份或多份。印刷复制不包括以电子（包括数码）、光学或其他可机读形式存储或复制所述复制件；

19）复制，指以任何方式或任何形式，整体或部分，直接或间接制作一份或多份永久或临时的著作权或邻接权客体的复制件。复制的种类包括将二维或三维作品制成一份或多份音频或视频制品，以及任何形式永久或临时存储著作权或邻接权客体，包括在公开信息和通信网络中；

20）权利所有人，就著作权而言，指作者（遗嘱中指定的人或其继承人）；就邻接权而言，指表演者（其继承人）、录音制作者、无线和有线广播组织，以及根据合同或依本法规定取得使用作品和/或邻接权客体权利的其他自然人或法人；

21）权利管理信息，指识别作品、作品作者、表演者、表演者的表演、录音制品的制作者、录音制品、录音制品的任何权利所有者，或使用作品、表演或录音制品条件的信息；权利管理信息也指附在公开广播或发行的作品、录制的表演或录音制品上的数字和代码；

22）汇编作品，指通过选择和/或安排呈现创造性活动的作品和其他材料的集合（百科全书、选集、数据库）；

23）表演，指通过现场演奏、唱歌、跳舞或使用技术设备（电视节目、广播、有线电视等）展示作品、录音制品、表演、舞台表演；展示连续的、有伴音或无伴音的视听作品；

24）表演者，指演员、歌手、音乐人、舞者和任何其他表演、唱歌、朗诵、演讲、器乐表演或以其他方式表演文学和/或艺术作品（包括流行音乐、马戏或木偶戏）或民间文学的人及指挥；

25）使用者，指使用或组织使用著作权及邻接权客体的自然人或法人；

26）出租（租赁），指为获得直接或间接商业利润而提供作品或录音制品的复制件供临时使用；

27）邻接权，指表演者、录音制品制作者、无线和有线广播组织的财产权以及表演者的人身权；

28）工艺美术作品，指用于日常使用的二维或三维艺术品，包括手工作品或通过工业手段制成的作品；

29）戏剧制作人，指戏剧、马戏、木偶戏、流行音乐演出或其他演出（表演）的执行制作人；

30）翻译作品，指用与原作品不同的语种表达的作品；翻译时，译文须可信，且不歪曲原作的内容和风格；

31）作品复制件，指以任何形式制作的作品的复制件，包括包含在开放信息和通信网络中的作品复制件；

32）发表作品，指经作者授权通过出版、公开展览、公开表演、信息网络传播或其他手段首次向公众公开作品；

33）作品的改编，指将原作品从一种表达形式转变为另一种表达形式；在此情况下，对作品改编的类型有演绎、修饰、加工；

34）演绎作品，指将原作品进行独创性的再创作而产生的新作品；

35）授权机构，指由哈萨克斯坦政府确定并在著作权和邻接权领域行使国家监管的国家机构；

36）录音制品，指对表演或其他声音的录制，也指包括以任何形式呈现的声音，但纳入视听作品的除外；

37）录音制品的复制件，指录制在任何形式之上的录音制品的复制件，包括在开放信息和通信网络中直接或间接由录音制品制成的复制件，以及录制于录音制品中所有或部分声音的复制件；

38）录音制品的制作者，指对首次将某种表演或其他声音录制下来并承担责任的自然人或法人；

39）民间艺术作品，指具有传统艺术遗产元素（民间神话传说、民间故事、民间诗词、民间器乐、民间舞蹈、民间戏曲、民间传统仪式等）的艺术作品；

40）计算机程序，指一组以文字、图表或任何其他形式表达的写在机器可读材料介质上的命令以确保计算机完成或实现特定任务或结果，包括准备材料，其性质是计算机程序是其在以后阶段的结果；

41）计算机程序的反编译，指一种包括将目标代码转换为源代码以研究计算机程序的结构和编码的技术；

42）计算机或数据库程序的调试，指仅为确保计算机或数据库程序在用户的特定技术手段上或在特定用户程序的监督下运行而对电子计算机或数据库程序进行的修改；

43）计算机或数据库程序的修改（返工），指计算机程序或数据库中任何非调试的更改；

44）广播，指通过收音机或电视（有线电视除外）传播作品、表演、录音制品、无线和有线广播组织的广播（包括展示或表演）；在通过卫星传送作品、表演、录音制品、无线和有线广播组织的广播时，广播指从地面站接收卫星信号和从卫星发送信号，通过该信号可以传送作品、表演、录音制品、广播和有线广播组织的广播，无论公众是否实际接收到这些信号；如果解密手段由无线广播组织或经其许可提供给公众，则传输加密信号仍是广播；

45）转播，指广播先前向公众广播的作品或邻接权客体；

45－1）无线和有线广播组织，指从事电视和无线电频道的无线和/或有线广播的自然人和法人，电视和无线电节目（电视和无线电传输）包括作品、表演、录音制品；无线和有线广播是通过模拟无线广播和多频道广播（数字无线、卫星、有线广播）进行的；

46）无线和有线广播组织的广播，指无线和有线广播组织本身以及根据其指令由另一组织收取费用而进行的广播。

第 3 条　哈萨克斯坦关于著作权及邻接权的立法

哈萨克斯坦关于著作权和邻接权的立法包括民法典、本法和根据本法颁布的其他法律。

第 4 条　国际协定

哈萨克斯坦批准的国际条约的规定与本法规定不一致的，适用该国际条约的规定。

第 2 章　著作权

第 5 条　著作权的效力范围●

1. 根据本法，著作权适用于：

1）在哈萨克斯坦境内出版或未出版并以任何形式留存于哈萨克斯坦境内的作品，不论作者和其受让人的国籍；

2）在哈萨克斯坦境外出版或未出版并以任何形式留存于哈萨克斯坦境外的作品，应视为属于作者（哈萨克斯坦公民）和其受让人；

3）在哈萨克斯坦境外出版或未出版并以任何形式留存于哈萨克斯坦境外的作品，应视为属于作者（根据哈萨克斯坦批准的国际条约未获得哈萨克斯坦公民身份的外国人）和其受让人。

2. 作品在哈萨克斯坦领土外首次出版之日起 30 日内在哈萨克斯坦领土内出版的，该作品应被视为在哈萨克斯坦领土内出版。

3. 作品在哈萨克斯坦境内根据国际条约受到保护的，应根据据以享有著作权的行为或情况发生地的国家法律确定作品的作者。

4. 根据哈萨克斯坦批准的国际条约，作品在来源国的著作权保护并未到期，作品未进入公有领域，而且根据哈萨克斯坦著作权法关于著作权的期限规定，作品也未进入公有领域的，应向该作品提供著作权保护。

第 6 条　著作权客体❷
一般规定

1. 只要是独创性活动而产生的科学、文学、艺术作品，不论其名称、内容和价值，以及表达方法和形式，均享有著作权。

2. 著作权应延伸至已发表（出版、公开表演、公开展览）的作品，以及以某种客观形式存在的未发表作品：

1）书面形式（手稿、打印稿、笔记、乐谱等）；

2）口头形式（公开宣布、公开演奏）；

3）录音或录像（机械、数字、磁性、光学等）；

● 第 5 条根据哈萨克斯坦 2004 年 7 月 9 日第 586 号法律予以修订。

❷ 第 6 条根据哈萨克斯坦 2004 年 7 月 9 日第 586 号法律和 2005 年 11 月 22 日第 90 号法律（实施程序见第 2 条）予以修改。

4）图像（图片、素描、绘画、平面图、图画、电影、电视、录像或照片等）；

5）立体形式（雕塑、图案、模型、建筑等）；

6）其他形式。

3. 作品的一部分（包括作品名称和人物名称）具有本条第 1 款规定的性质并可独立使用的，可视为著作权客体。

4. 著作权不适用于思想、概念、原则、方法、制度、程序、发现、事实。

5. 除本法明确规定的情况以外，作品的著作权与载有作品的实物的所有权无关。

第 7 条　受著作权保护的作品❶

1. 下列作品是著作权保护的客体：

1）文学作品；

2）戏剧和音乐剧作品；

3）情景作品；

4）舞蹈作品、哑剧；

5）有歌词或无歌词的音乐作品；

6）视听作品；

7）绘画、雕塑、图形等美术作品；

8）应用艺术作品；

9）建筑、城镇规划、设计和园艺作品；

10）摄影作品和以类似摄影手段创作的作品；

11）与地理、地形和其他科学有关的地图、示意图、草图、插图和三维作品；

12）计算机程序；

13）其他作品。

2. 计算机程序的保护适用于可以用任何语言和形式表达的所有类型的计算机程序（包括操作系统），包括源代码和目标代码。

3. 下列作品亦应视为著作权保护的客体：

---

❶ 第 7 条根据哈萨克斯坦 2004 年 7 月 9 日第 586 号法律、2005 年 11 月 22 日第 90 号法律（实施程序见第 2 条）和 2015 年 4 月 7 日第 300－5 号法律（在其首次正式发布后 10 个日历日届满时实施）予以修订。

1）演绎作品（对科学、文学、艺术作品的翻译、改编、注释、摘要、概括、评论、表演、音乐编排和其他处理）；

2）根据材料的分类和/或排列体现创造性活动结果的汇编（百科全书、文集、数据库）和其他复合作品。

演绎作品、汇编作品，不论其所依据的作品或者所包含的作品是否为著作权客体，均受著作权保护。

第8条　不受著作权保护的作品

下列内容不受著作权保护：

1）官方文件（法律、法院判决、其他立法、行政、司法和外交性质的文本）及其官方译文；

2）国家象征和标志（旗帜、徽章、装饰品、钞票及其他国家徽记和标志）；

3）民间艺术作品；

4）具有信息性质的事件和事实。

第9条　著作权的产生❶
作者推定

1. 科学、文学、艺术作品的著作权，依创作而产生。著作权的产生和实施，无须办理作品登记或履行特定的作品合法化的正式手续。

作者和/或权利所有人为表明其专有财产权有权使用著作权保护标志，该标志置于每份作品复制件上，必须包括三个要素：

1）带圆圈的拉丁文字母"C"；

2）专有著作权人的姓名（名称）；

3）作品首次出版发表的年份。

作者为了证明对未发表作品的人身权，权利人为了证明对作品拥有专有财产权，在著作权保护期内或者相关协议有效期内的任何时候，有权在国家登记机关进行著作权保护客体的登记。登记由授权机构根据本法规定办理。

1-1. 本法未规定的，根据哈萨克斯坦2012年1月12日第537-4号法

---

❶　第9条根据哈萨克斯坦2004年7月9日第586号法律（在其首次正式发布后10个日历日届满时实施）、2005年11月22日第90号法律、2012年1月12日第537-4号法律和2015年4月7日第300-5号法律（实施程序见第2条）予以修订。

律执行（在其首次正式发布后 10 个日历日届满时执行）。

2. 除非另有证据，在作品原件或复制件上注明为作者的人应被视为该作品的作者（作者推定）。作者身份的推定仅适用于作者本人。

3. 以匿名或笔名发表作品（除非作者的笔名使其身份毫无疑问），除非有另外的证据，根据本法，出现在作品上的出版商被视为作者的代表人，有权保护作者的权利并确保其实施。本规定在该作品作者披露和声称自己的作者身份之前适用。

4. 认为自己是未发表作品作者的自然人，为防止其原稿被非法使用或盗用，认为有必要交存的，授权机构有义务接受原稿，并向提交原稿的人提供一份交存日期证明。稿件的交存、接受和保存程序由授权机构确定。

第 9-1 条　著作权保护的国家登记❶

1. 著作权保护的国家登记（以下简称"国家登记"）由主管部门在收到作者或著作权人申请后 20 个工作日内办理。

国家登记以作者或权利人的申请为基础。

著作权登记申请书由主管机关核准。

2. 国家登记申请书应包括关于作者的资料、姓名❷、住所、联系电话、证明申请人身份的文件资料。

申请由权利人提交的，应写明其法定地址。

著作权作品是演绎的，须说明所使用作品的作者姓名。

3. 文学、科学、戏剧、情景作品的权利登记，应提供下列文件：

1）申请书；

2）作品复制件；

3）证明申请人身份的文件复印件；

4）国家登记费缴纳证明文件的原件。

4. 有歌词或无歌词的音乐作品和音乐剧作品的权利登记，应提交下列文件：

---

❶ 第 9-1 条根据哈萨克斯坦 2012 年 1 月 12 日第 12 号第 537-4 号法律、2012 年 12 月 24 日第 60-5 号法律（在其首次正式发布后 10 个日历日届满时实施）、2015 年 4 月 7 日第 300-5 号法律（在其首次正式发布后 10 个日历日届满时实施）和 2015 年 11 月 24 日第 419-5 号法律（自 2016 年 1 月 1 日起实施）予以修订。

❷ 在俄文版本中其翻译应为名字、父称和姓氏，此处统一为姓名，下同。——译者注

1）申请书；

2）以乐谱或钢琴声乐谱形式记录的作品、文本、音符；

3）证明申请人身份的文件复印件；

4）国家登记费缴纳证明文件的原件。

对于合作创作的音乐作品的权利，可以分别或共同登记合作作者。

5. 登记舞蹈作品、哑剧作品、视听作品的权利，应提交下列文件：

1）申请书；

2）摄制的作品；

3）作品说明；

4）证明申请人身份的文件复印件；

5）国家登记费缴纳证明文件的原件。

6. 登记建筑设计、城市规划、园艺作品的权利，应提交下列文件：

1）申请书；

2）草图、蓝图、图纸；

3）作品的详细说明；

4）证明申请人身份的文件复印件；

5）国家登记费缴纳证明文件的原件。

7. 登记绘画、雕塑、图形、美术和应用艺术作品的权利，应提交下列文件：

1）申请书；

2）作品复制件或作品的照片；

3）作品的详细说明；

4）证明申请人身份的文件复印件；

5）国家登记费缴纳证明文件的原件。

8. 登记摄影作品和通过类似摄影的方法获得的作品，以及地图、平面图、草图、插图和涉及地理学、地形学和其他科学有关的三维作品的权利，应提供下列文件：

1）申请书；

2）作品复制件；

3）证明申请人身份的文件复印件；

4）国家登记费缴纳证明文件的原件。

9. 登记计算机程序或数据库的权利，应提供下列文件：

1）申请书；

2）带有计算机或数据库的程序和源代码（源文本）的介质（软盘或其他电子介质）；

3）计算机程序或者数据库的摘要，包括计算机程序或者数据库的名称、申请人的姓名、创建日期、范围、目的、功能、基本技术、实现该类型计算机的编程语言；

4）证明申请人身份的文件复印件；

5）国家登记费缴纳证明文件的原件。

包含多个计算机程序（软件系统）的一个计算机程序应作为整体进行登记。

10. 旨在将自然人或法人的商品（服务）与其他自然人或法人的类似商品（服务）区分开来的作品，不得进行著作权登记。

11. 对因执行公务或履行单位职责而创作的职务作品进行著作权登记时，除提交登记文件以外，还须提交劳动合同复印件；作者与雇主之间就使用职务作品的财产权签订了附加协议的，须提交该合同和法人实体的国家登记（重新登记）证书。

作品的著作权人是法人的，除提交登记文件以外，还须提交法人实体的国家登记（重新登记）证书。

12. 汇编作品或者演绎作品的权利登记，应提交与原作者或者权利人订立的著作权合同复印件。

13. 提交登记的材料应编号、装订并由作者或权利人签名。

14. 审查所提交文件的完整性和准确性应在 10 个工作日内完成。授权机构在规定时间内发现文件不完整的，应驳回并给出合理理由，退回所提供的文件。在授权机构指出的问题解决后，作者或权利人有权重新申请登记。

15. 提交国家登记的作品应接受检查，以确认它们是否适当地固定在介质上。

16. 受著作权保护的作品的国家登记，应颁发国家登记证书，并将数据录入国家著作权保护登记簿。国家著作权登记证书的格式和国家著作权保护登记簿所载数据清单，由授权机构批准。

17. 国家登记证书发生遗失或损坏的，根据作者或权利人申请，授权机构在 10 个工作日内发给其副本。

18. 根据哈萨克斯坦法律，对受著作权保护的作品进行国家登记、重新登记、签发证明受著作权保护的作品权利登记的文件副本，应收取费用。

第10条　合作作品❶

1. 由两人或多人共同创作的作品的著作权，由合作作者共同享有，无论作品是由一个不可分割的整体还是由每个具有独立意义的部分组成。

作品的一部分可以独立于该作品的其他部分使用的，该部分被认为具有独立意义。

除合作作者协议另行约定以外，合作作者均有权自行决定使用其创作的作品中具有独立意义的部分。

2. 作品整体使用权属于合作作者共同所有。合作作者之间的关系可由其之间的协议约定。合作作者的作品构成一个整体的，任何合作作者均无权在没有充分理由的情况下禁止使用该作品。

3. 任何一个合作作者均有权代表自己，无须征得其他合作作者的许可，采取本法和其他哈萨克斯坦法律规定的措施维护其权利，除非他们之间的协议另有约定。

第11条　汇编作品的著作权❷

1. 文集和其他汇编作品的作者（汇编者）对其因创作活动（编辑）而完成的材料的选择和/或编排拥有著作权。

汇编者在尊重作者权利的前提下，享有汇编作品的著作权。

除另行约定外，被纳入汇编作品的作者无须考虑汇编作品，有权使用其作品。

汇编者的著作权不得妨碍他人独立选择和/或编排相同材料创作汇编作品。

2. 出版百科全书、百科全书参考书、定期和连续的科学论文集、报纸、杂志和其他期刊的编辑，享有整体使用该等作品的专有使用权。不论以任何方式使用该等作品，编辑有标明或要求标明其姓名的权利。

该等期刊中包含的作品的作者保留使用其作品的专有权，无论出版物整体如何。

---

❶ 第10条根据哈萨克斯坦2004年7月9日第586号法律予以修订。

❷ 第11条根据哈萨克斯坦2004年7月9日第586号法律予以修订。

第 12 条　演绎作品的著作权❶

1. 译者和演绎作品的作者对翻译、改编、整理或者其他加工享有著作权。

译者和其他演绎作品的作者在尊重作品被翻译、修改、整理或其他加工的作者著作权的前提下，对其创作的作品享有著作权。

2. 译者和其他演绎作品作者的著作权，不得妨碍他人对同一作品的翻译和加工。

第 13 条　视听作品的著作权❷

1. 下列人员是视听作品的作者（合作作者）：

1）剧本作者；

2）专门为该视听作品创作的音乐作品（有歌词或无歌词）的作者（作曲家）；

3）制作人；

4）摄影导演；

5）戏剧导演。

经加工后纳入视听作品成为其整体组成部分的先前创作作品的作者，应视为视听作品的共同作者。

2. 除本条第 3 款规定的情形以外，签订著作权协议创作视听作品（或者转让先前创作作品的权利），应当由该作品的作者（或者先前创作作品的作者和其他权利人）向视听作品的制作者转让使用该视听作品的专有权，但著作权协议另行约定的除外。

无论如何使用视听作品，其制作者有权标明或要求标明其姓名或名称。

3. 为视听作品专门创作的音乐作品（有词或无词）的作者，有保留在该视听作品的每次公开演出、公开广播以及出租（租赁）该视听作品复制件时使用该音乐作品获得报酬的权利。

4. 作为整体组成部分而包含在视听作品中的作品的作者（作为情节基础的小说作者等），以及在视听作品创作过程中创作作品的作者（摄影指导、艺术指导等），各自对其作品享有著作权。

---

❶ 第 12 条根据哈萨克斯坦 2004 年 7 月 9 日第 586 号法律予以修订。

❷ 第 13 条根据哈萨克斯坦 2004 年 7 月 9 日第 586 号法律（在其首次正式发布后 10 个日历日届满时实施）和 2005 年 11 月 22 日第 90 号法律（实施程序见第 2 条）予以修订。

第 14 条　职务作品的著作权❶

1. 在履行公职或完成雇主指派任务过程中创作的作品（职务作品）的人身非财产权，属于职务作品作者。

2. 除作者与雇主签订的协议另行约定外，职务作品的财产权属于雇主。

3. 雇主在使用雇员职务作品时享有标明或要求标明其姓名于作品上的权利。

4. 本法未规定的，根据哈萨克斯坦 2009 年 7 月 10 日第 179 - 4 号法律实施（实施程序见第 2 条）。

5. 百科全书、百科全书参考书、定期和连续的科学论文集、报纸、杂志和其他期刊的创作，不适用本条规定（本法第 11 条第 2 款）。

第 15 条　人身权❷

1. 下列针对作品的人身权属于作者：

1）被认定为作品的作者并要求这种承认的权利，也可以通过在作品复制件上适当标明作者的姓名以及在适当情况下公开使用时署名（署名权）；

2）有权标明和要求标明虚构姓名（笔名）而非真实姓名，或拒绝署名，即匿名的权利（姓名权）；

3）作品包括姓名不受侵犯的权利，反对任何对作品的歪曲、篡改或其他更改的权利，以及反对可能对作者的荣誉和名誉造成损害的任何其他侵权行为的权利（作者名誉保护权）；

4）除在履行公职或雇主任务过程中创作的作品以外，向不特定的人公开作品的权利（发表权）。

2. 在对使用者造成损害（包括利润损失）进行赔偿的前提下，作者有权放弃其先前就发行所作的决定（撤回权）。作品已发表的，作者有义务公开通知召回。对此，其有义务承担费用而从流通领域撤回已制成的作品复制件。

创作职务作品的，不适用本条规定。

---

❶ 第 14 条根据哈萨克斯坦 2009 年 7 月 10 日第 179 - 4 号法律（实施程序见第 2 条）予以修订。

❷ 第 15 条根据哈萨克斯坦 2004 年 7 月 9 日第 586 号法律、2012 年 1 月 12 日第 537 - 4 号法律（在其首次正式发布后 10 个日历日届满时实施）和 2015 年 4 月 7 日第 300 - 5 号法律（在其首次正式发布后 10 个日历日届满时实施）予以修订。

3. 人身权属于作者，不论其财产权为何，在特许作品独占使用权的情况下保持不变。

4. 本条规定的人身权不可让与。

5. 作者死亡后的人身权，根据本法第 30 条规定的程序执行。

第 16 条　财产权❶

1. 作者或权利人享有以任何形式和手段使用作品的财产（专有）权。

2. 作者使用作品的专有权，指许可或禁止从事下列行为的权利：

1）复制作品（复制权）；

2）以任何方式发行作品的原件或复制件：出售、更改、出租（租赁）、进行其他经营，包括在公开的电信网络上（发行权）；

3）为发行目的进口作品的复制件，包括经作者或其他权利人同意制作的复制件（进口权）；

4）公开展览作品（公开展览权）；

5）公开表演作品（公开表演权）；

6）信息网络传播（向公众传播作品），包括无线和有线传播（公众传播权）；

7）广播作品，包括首次和/或随后的广播（广播权）；

8）通过有线方式传播作品，包括首次和/或随后向公众有线传播（有线广播权）；

9）翻译作品（翻译权）；

10）修改、改编或以其他方式加工作品（加工权）；

11）其他不违反哈萨克斯坦法律的行为。

3. 合法出版的作品复制件通过销售流通的，后续的发行无须经作者同意，也无须支付报酬。

无论作品载体的所有权如何，通过出租（租赁）方式发行作品原件或复制件的权利属于以下作品的作者或权利人：

1）音乐作品（音乐文本）；

---

❶ 第 16 条根据哈萨克斯坦 2004 年 7 月 9 日第 586 号法律、2005 年 11 月 22 日第 90 号法律（实施程序见第 2 条）、2009 年 7 月 10 日第 179 - 4 号法律（实施程序见第 2 条）、2012 年 1 月 12 日第 537 - 4 号法律（在其首次正式发布后 10 个日历日届满时实施）和 2015 年 11 月 24 日第 419 - 5 号法律（自 2016 年 1 月 1 日起实施）予以修订。

2）固定在录音制品中的作品；

3）视听作品；

4）数据库；

5）计算机程序。

4. 建筑、城镇规划和景观工程的专有使用权，还应包括此类工程的实际施工。

5. 作者或其他权利人有权就作品的各种使用获得报酬，使用费的数额和计算办法由作者与集体管理组织签订的合同确定。

6. 本条第 2 款规定的财产权限制，在不损害作品正常使用、不侵害作者和权利人合法权益的前提下，由本法第 18 条至第 26 条规定。

第 16 - 1 条　最低使用费费率❶

因作品的性质或其使用的特殊性［公开表演（包括广播和电视），通过机械、磁力复制作品或以其他方式录制、复制作品，用于个人目的无须经过作者同意］而无法在个人基础上实际实现财产（专有）权的，按哈萨克斯坦政府规定的最低报酬标准。

第 17 条　美术作品的权利❷

1. 美术作品的作者有权向作品所有人要求其给予机会，行使复制他/她的作品的权利（接触权）。对此，不能要求作品的所有人将作品交付给作者。

2. 首次转让美术作品所有权后，在每一次公开（通过拍卖、美术画廊、艺术沙龙、商店等）的情况下转售美术作品原件的，作者或其继承人有权从出卖人处获得再出售价格的 5% 的报酬（追续权）。该权利作者终生不可转让，并在著作权有效期内根据法律或遗嘱仅可转让给作者的继承人。

3. 将美术作品所有权由作者转让（有偿或无偿）给他人的，属于作品的首次转让。

---

❶　第 16 - 1 条根据哈萨克斯坦 2004 年 7 月 9 日第 586 号法律和 2012 年 1 月 12 日第 537 - 4 号法律（在其首次正式发布后 10 个日历日届满时实施）予以补充。

❷　第 17 条根据哈萨克斯坦 2004 年 7 月 9 日第 586 号法律予以修订。

第18条　为个人目的复制作品无须作者或其他著作权人同意且无须支付使用费❶❷

1. 除本法第26条规定的情形以外，允许自然人未经作者或权利人同意，不支付使用费，仅供个人使用，不以牟利为目的复制合法出版的作品。

2. 本条第1款规定不适用于：

1）参照建筑物的形式和类似建筑结构复制建筑作品；

2）复制数据库或其实质部分；

3）复制计算机程序，但本法第24条规定的情形除外；

4）复制（印刷复制）图书（全文）和音乐文本。

第19条　使用作品无须作者或权利人同意且无须支付使用费❸❹

1. 属于下列任一情形的，允许使用作品，无须作者或权利人同意，且无须支付使用费，但必须注明该使用作品作者的姓名和借用来源：

1）为科学、研究、辩论、批评和信息目的，从合法出版的作品原文和译文中进行引用，包括以评论形式摘录报纸和杂志的文章，其引用程度对该引用而言属于正当引用即可；

2）为说明目的，在期刊、广播和电视节目、培训性质的音频和视频记录中使用合法出版的作品及其摘录，其使用程度对该目的而言属于正当使用即可；

3）在报纸上复制，通过无线广播或有线广播向公众传播在报纸和杂志上合法发表的，关于当前经济、政治、社会和宗教问题的文章或作品，只要该等复制、无线或有线广播未被作者明确禁止即可；

4）为信息传播目的，而在报纸、无线或有线广播传播公开发表的部分政治演说、演讲、报告和其他类似作品。同时作者保留在作品集上发表该等作

---

❶　第18条的标题根据哈萨克斯坦2009年7月10日第179-4号法律（实施程序见第2条）予以修订。

❷　第18条根据哈萨克斯坦2004年7月9日第586号法律、2005年11月22日第90号法律（实施程序见第2条）和2009年7月10日第179-4号法律（实施程序见第2条）予以修订。

❸　第19条的标题根据哈萨克斯坦2009年7月10日第179-4号法律（实施程序见第2条）予以修订。

❹　第19条根据哈萨克斯坦2004年7月9日第586号法律、2009年7月10日第179-4号法律（实施程序见第2条）和2015年4月7日第300-5号法律（在其首次正式发布后10个日历日届满时实施）予以修订。

品的权利；

5）在评论时事时通过摄影或拍摄方式，经由无线或有线广播，向公众复制或广播部分作品内容，同时，作者保留在作品集上发表该等作品的权利；

6）不以营利为目的，通过浮雕印刷或其他特定方式为盲人复制合法出版的作品，但专门为复制目的创作的作品除外；

7）图书馆和档案馆为替换丢失或损坏的作品版本，不以营利为目的，将合法出版的作品转换为数字形式，收取适当合理的费用后向因任何原因丢失该作品的其他图书馆提供该作品的复制件。

第20条　通过复制使用作品❶

允许下列机构不以营利为目的对下列作品制作单一复制件，无须获得作者或其他权利人同意且无须支付报酬，但必须标注被使用作品的作者以及借用来源：

1）图书馆和档案馆对其馆藏的合法出版的作品，以恢复、更换丢失或损坏的文本为目的，向因任何原因丢失该作品的其他图书馆提供复制件，费用由丢失该作品的图书馆自行承担；

2）由图书馆和档案馆应自然人的要求，为培训和研究目的，复制在文集、报纸和其他期刊上合法发表的单独文章和小型作品，合法发表的书面作品（带或不带插图）的简短摘录；

3）教育机构以教学为目的，复制在文集、报纸和其他期刊上合法发表的单独文章和小型作品，合法发表的书面作品（带或不带插图）的简短摘录。

第21条　免费使用永久坐落于公开场合可自由接触的作品❷

未经作者或权利人同意，无须支付报酬，允许复制、无线广播和/或有线广播那些永久位于公开场合可免费访问、可自由接触的建筑作品、摄影作品、美术作品，除非作品的主题形象是通过无线广播和/或有线广播用于商业目的。

---

❶ 第20条根据哈萨克斯坦2004年7月9日第586号法律和2007年7月27日第320号法律（实施程序见第2条）予以修订。

❷ 第21条根据哈萨克斯坦2004年7月9日第586号法律和2009年7月10日第179－4号法律（实施程序见第2条）予以修订。

第22条 在官方及其他仪式上公开表演作品❶

允许在官方和宗教仪式以及葬礼期间公开表演合法出版的音乐作品，无须作者或其他权利人同意且无须支付使用费，其表演程度对该仪式的性质而言属正当即可。

第23条 为司法和行政目的复制作品❷

允许为司法和行政目的复制作品，无须作者或其他权利所有人同意且无须支付使用费，其复制程度对该目的而言属正当即可。

第24条 免费复制计算机程序和数据库；计算机程序的反编译❸

1. 计算机程序或数据库的合法拥有人，无须作者或其他专有权人同意，且无须支付使用费使用作品，有权实施下列行为：

1）仅为操作目的，用户通过技术手段修改计算机程序或者数据库；采取符合电子计算机程序或数据库功能运行所需的任何操作，包括记录和存储在计算机存储器中（一台计算机或一个网络用户），以及纠正明显的错误，但与作者合同另行约定的除外；

2）制作或指示制作计算机程序或数据库的复制件，但该复制件仅指定用于存档目的，以及在计算机程序或数据库的原件丢失、销毁或无法使用时更换合法购买的复制件。对此，计算机程序或数据库的复制件不得用于不同于本款1）项所述目的，且当该计算机程序或数据库的复制件所有权不再合法后，必须销毁。

2. 计算机程序复制件的合法拥有人，有权在未经作者或其他专有权人同意且无须支付额外费用的情况下，复制目标代码并将其转换为源代码（反编译程序）或指示其他人执行该等操作，为实现由其独立开发的计算机程序与其他可以与反编译程序交互的程序的互操作性，但应符合下列条件：

1）该人无法通过其他资源获得实现交互可能性所需的信息；

2）仅针对重新编译的计算机程序中为实现交互可能性所需的部分采取所述措施；

---

❶ 第22条根据哈萨克斯坦2004年7月9日第586号法律予以修订。
❷ 第23条根据哈萨克斯坦2004年7月9日第586号法律予以修订。
❸ 第24条根据哈萨克斯坦2004年7月9日第586号法律予以修订。

3）重新编译后获得的信息，只能用于实现自主开发的计算机程序与其他程序进行交互的可能性，不得提交给他人，但需要实现自主开发的计算机程序与其他程序进行交互的可能性情况除外，并且不得用于开发与重新编译后的计算机程序实质性相似的计算机程序，或者进行其他侵犯著作权的操作。

3. 本条规定的适用，不得对计算机或者数据库程序的正常使用造成不合理的损害，亦不得侵犯作者或者其他计算机或者数据库程序专有权人的合法利益。

第 25 条　广播组织录制供短期使用的作品❶

广播组织有权在满足下列条件下，使用本组织已获得广播权的供短期使用的作品，无须作者或权利人同意，且无须支付使用费：

1）广播组织利用自身设备为其自身节目进行录制；

2）作者或权利人不同意更长使用期限的，自录制之日起 6 个月内应销毁该录制件。录制件具有独特文献性质的，可不经作者或权利人同意而作为官方档案保存。

第 26 条　复制作品供个人使用无须作者同意但应支付使用费❷

1. 允许不以营利为目的为个人使用复制视听作品或录音制品，无须作品作者、表演者、视听作品制作者、录音制品制作者同意，但应支付使用费。

2. 为复制目的而制造或进口设备和材料装置的人应支付本条第 1 款所述作品的报酬。

该等设备和材料装置的清单应由授权机构批准。

3. 该报酬的收取和分配由管理作者、录音制品制作者和表演者财产权的集体组织根据组织之间的协议执行（本法第 43 条）。

4. 除协议另行规定以外，报酬按下列比例分配：40% 归作者，30% 归表演者，30% 归录音制品制作者。

5. 报酬的数额和支付条件应由上述制作者和进口商作为一方，与管理作者、录音制品制作者和表演者财产权的集体组织作为另一方协议确定；双方

---

❶　第 25 条根据哈萨克斯坦 2004 年 7 月 9 日第 586 号法律和 2009 年 7 月 10 日第 179 – 4 号法律（实施程序见第 2 条）予以修订。

❷　第 26 条根据哈萨克斯坦 2004 年 7 月 9 日第 586 号法律、2005 年 11 月 22 日第 90 号法律（实施程序见第 2 条）和 2014 年 9 月 29 日第 239 – 5 号法律（在其首次正式发布后 10 个日历日届满时实施）予以修订。

未达成协议的，由哈萨克斯坦授权机构决定。

6. 本条第 2 款规定的相关设备和材料装置，若以出口为目的，以及不以家庭使用目的的专业设备，不应支付报酬。

第 27 条　为个人使用出口作品

自然人未经作品作者或者其他著作权人同意，不需要支付报酬，可以向国外出口专门用于个人使用的作品，出口会损害国家利益的作品除外。

第 28 条　著作权的效力❶

1. 除本条另行规定以外，著作权在作者有生之年及死后 70 年内有效。

2. 作者的署名权、姓名权和名誉权受到永久保护。

3. 本法未规定的，根据哈萨克斯坦 2009 年 7 月 10 日第 179 - 4 号法律实施（实施程序见第 2 条）。

4. 匿名或者以笔名发表的作品，其著作权自合法发表之日起 70 年内有效。在此期间，匿名或以笔名发表作品的作者，披露其身份，或其身份已无疑问的，适用本条第 1 款的规定。

5. 合作作品的著作权在合作作者生前和最后一位合作作者去世后 70 年内有效。

6. 作者死亡 30 年后首次发表的作品，其著作权自发表之日次年的 1 月 1 日起 70 年内有效。

7. 被迫害❷的作者死后恢复名誉的，本条规定的权利保护期限应从恢复名誉次年的 1 月 1 日起生效。

8. 本条规定的期限，应从作为期限起算依据的法律事实发生之次年的 1 月 1 日开始计算。

---

❶　第 28 条根据哈萨克斯坦 2004 年 7 月 9 日第 586 号法律、2005 年 11 月 22 日第 90 号法律（实施程序见第 2 条）和 2009 年 7 月 10 日第 179 - 4 号法律（实施程序见第 2 条）予以修订。

❷　哈萨克斯坦颁布大规模政治迫害平反法（1993 年 4 月 14 日生效，2021 年 11 月 24 日最新修订），第一条规定了政治迫害的定义：本法认定国家机关及其政府官员出于政治原因采取剥夺他人生命或自由的强制措施，包括在精神病院拘留或强制治疗，驱逐出境和剥夺自由，将公民从居住地或居住区以流放或驱逐手段强制送往特殊定居点，从事限制自由的强迫劳动，以及对其犯罪的诬告，或以政治信仰、阶级、社会、民族、宗教或其他派别为由，采取或未采取司法程序定性其为具有社会危险性的人，从而剥夺或限制其公民的合法权利与自由，皆属于政治迫害。——译者注

9. 当根据哈萨克斯坦批准的国际条约对作品给予保护时，根据本法第 5 条第 4 款，著作权的期限不得超过来源国确定的期限。

本条规定的期限适用于作为期限起算依据的法律事实发生在不早于本法生效前 70 年的所有情况。

第 29 条　作品进入公共领域❶

1. 作品著作权期满，意味着作品进入公共领域。

2. 已废除。

3. 进入公共领域的作品，任何人均可自由使用，无须支付使用费。使用时，应尊重作者的署名权、姓名权和名誉权。

4. 为促进作者进行创作活动、改善物质生活条件，可以向已进入公共领域的作品的作者或集体管理作者财产权的机构捐款。

第 30 条　著作权转让

1. 著作权应根据著作权合同和继承程序予以转让。

2. 著作权根据继承程序在符合法律规定或遗嘱的情况下予以转让。

3. 本法第 15 条规定的作者的个人非财产权不得根据继承程序转让。作者的继承人有权保护作者的人身权。上述授权不受时间限制。

4. 作者有权按照与指定遗嘱执行人相同的程序，指定他人保护作者的人身非财产权利。该人应终身履行其职权。作者无类似指示，作者死后对其人身非财产权的保护应由其继承人行使，没有继承人或其著作权终止的，由哈萨克斯坦授权机构提供保护。

第 31 条　财产权的转让和著作权合同❷

1. 本法第 16 条规定的作者财产权可以全部或者部分转让，亦可根据著作权合同转让使用专有权或非排他性权利。

财产权的任何转让须由作者和受让人共同签订书面合同予以确认。

2. 作者关于专有权转让的协议应仅允许受让人以特定方式和在协议规定的范围内使用作品，并应允许受让人禁止他人使用作品。专有权受让人不行

---

❶ 第 29 条根据哈萨克斯坦 2004 年 7 月 9 日第 586 号法律予以修订。

❷ 第 31 条根据哈萨克斯坦 2004 年 7 月 9 日第 586 号法律予以修订。

使对该权利保护的，作者可禁止他人使用该作品。

3. 著作权合同关于非专有权的转让，应允许使用者与转让该专有权的权利人和/或其他获得许可使用本作品的人以同样方式平等地使用该作品。

4. 根据著作权合同转让的权利应被视为非排他性的，但协议另行规定的除外。

第 32 条　著作权合同的条件和形式❶❷

1. 著作权合同应规定下列内容：

1）作品的使用方式（根据协议转让的具体权利）；

2）权利转让的期限和地域；

3）每种使用方式的报酬数额和/或确定报酬数额的程序、付款的程序和日期，以及双方可能认为重要的其他条款。

2. 著作权合同未约定转让期限的，自合同签订之日起满 1 年，可提前 3 个月书面通知使用者解除合同。

3. 著作权合同没有约定权利转让地域的，根据合同转让权利的有效性限于哈萨克斯坦境内。

4. 未经作者同意直接转让作品使用权的，视为未转让。

5. 签署合同时未知的作品使用权，不受著作权合同的约束。

6. 报酬应根据著作权合同，从作品相关使用获得的利润中按百分比确定，如根据作品性质或使用的特殊性是可行的，应确定固定数额或以任何其他方式确定。

7. 只有在合同直接规定的情况下，著作权合同转让的权利才能全部或部分转让给其他人。

8. 除本法第 14 条和第 33 条规定的情形外，作者在将来创作作品的使用权不属于著作权合同的内容。

9. 著作权合同中阻止作者今后在特定主题或者特定领域进行创作的条款无效。

10. 著作权合同中与本法规定相抵触的条款无效。

---

❶ 第 32 条的标题根据哈萨克斯坦 2015 年 4 月 7 日第 300 - 5 号法律（在其首次正式发布后 10 个日历日届满时实施）予以修订。

❷ 第 32 条根据哈萨克斯坦 2004 年 7 月 9 日第 586 号法律和 2015 年 4 月 7 日第 300 - 5 号法律（在其首次正式发布后 10 个日历日届满时实施）予以修订。

11. 著作权合同应以书面形式签署。杂志社使用作品的著作权合同可口头达成。

12. 在出售包括计算机和数据库程序在内的作品的电子复制件时，以及在向广大用户提供获取该等复制件的机会时，可以适用哈萨克斯坦立法规定的其他形式的合同及其缔结程序。

13. 未履行或未适当履行著作权合同项下义务的一方，应负责赔偿给另一方造成的损害，包括利润损失。

第33条 订单作品的著作权合同

1. 根据订单作品的著作权合同，作者应承诺根据协议条款创作作品，并将作品交付客户。

订单作品的著作权合同必须明确规定向客户交付作品的期限，以及转让使用作品的财产权利。

2. 客户有义务向作者预先支付约定的报酬。预付款的数额、程序和日期应由双方商定，并在合同中约定。

3. 作者交付订单作品不符合协议条款的，应赔偿给客户造成的实际损害。

第3章 邻接权

第34条 邻接权的客体

邻接权涉及舞台演出、表演、录音制品、无线和有线广播组织的广播，不论其名称、内容和价值及其表达方法和形式。

第35条 邻接权的主体❶

1. 表演者、录音制品制作者以及无线和有线广播组织是邻接权的主体。

2. 录音制品制作者和广播组织应在与表演者和作品作者签订的合同规定的权利范围内行使本章规定的权利，该作品被录制在录音制品上或通过有线或无线进行广播。

3. 表演者在行使本章规定的权利时，应尊重作品作者的权利。

4. 对于邻接权的产生和行使，既不需要对作品进行登记，也不需要遵守特

---

❶ 第35条根据哈萨克斯坦2005年11月22日第90号法律（实施程序见第2条）和2009年7月10日第179－4号法律（实施程序见第2条）予以修订。

定形式要求。录音制品制作者和/或表演者为表明其权利有权在录音制品的每一份复制件上和/或其包装上使用相关权利的保护标志，该标志应包括三个要素：

1）带圆圈拉丁文字母"P"；

2）邻接权人的姓名（名称）；

3）录音制品首次出版的日期。

5. 除非另有证据，在录音制品或其包装上标明姓名或名称的自然人或法人，视为录音制品的制作者。

第 36 条　邻接权的效力❶

1. 表演者的权利在下列情况下，根据本法予以承认：

1）表演者为哈萨克斯坦公民；

2）首次在哈萨克斯坦境内演出；

3）录制在符合本条第 2 款规定受保护的录音制品上的演出、表演；

4）未被录制为录音制品的，包含在符合本条第 3 款规定应受保护的无线和有线广播组织传播的演出、表演。

2. 录音制品制作者的权利在下列情况下，根据本法予以承认：

1）录音制品制作者是哈萨克斯坦公民或依法设立在哈萨克斯坦境内的法律实体；

2）录音制品首次在哈萨克斯坦境内出版。录音制品在哈萨克斯坦境外出版之日起 30 日内在哈萨克斯坦境内出版的，该录音制品视为在哈萨克斯坦境内首次出版。

3. 无线或有线广播组织依法设在哈萨克斯坦境内并借助设在哈萨克斯坦境内的设备进行广播的，根据本法承认权利属于该组织。

4. 根据哈萨克斯坦批准的相关国际条约，相关的表演、录音制品、有线或无线广播组织的传输在来源国没有进入公共领域的，根据哈萨克斯坦批准的国际条约，外国自然人和法人在哈萨克斯坦境内的邻接权应得到承认。

第 37 条　表演者权❷

1. 除本法规定的情形以外，下列人身权、财产权归表演者所有：

---

❶ 第 36 条根据哈萨克斯坦 2004 年 7 月 9 日第 586 号法律予以修订。

❷ 第 37 条根据哈萨克斯坦 2004 年 7 月 9 日第 586 号法律和 2005 年 11 月 22 日第 90 号法律（实施程序见第 2 条）予以修订。

1）姓名权；

2）保护表演或演出不受任何扭曲或任何其他可能损害表演者荣誉和尊严的侵权行为的权利（保护名誉权）；

3）以任何方式使用演出或表演的权利，包括就演出或表演的每种使用方式收取使用费的权利。

1-1. 人身权，不论表演者的财产权利如何，均归表演者所有，在转让表演专有财产权的情况下，仍归表演者所有。

2. 表演者使用表演或演出的专有权，指许可或禁止从事下列行为的权利：

1）录制先前未录制的演出或表演；

2）以任何方式直接或间接复制已录制的演出或表演；

3）通过无线或有线方式向公众广播表演和作品，而不使用表演的录制品；

4）除本法第 39 条第 1 款规定的情形以外，通过有线或无线方式向公众广播表演或演出录制品；

5）出租（租赁）录有表演者参与表演的以商业目的出版的录音制品，该权利在签署将表演录制为录音制品合同时转让给录音制品制作者，对此，表演者保留出租（租赁）该录音制品复制件而获得报酬的权利。

3. 本条第 2 款 2）项规定的表演者权不适用于下列情形：

1）演出或表演的首次录制取得表演者同意；

2）以与录制演出或表演时征得表演者同意的相同目的复制演出或表演；

3）以与根据本法第 41 条录制的相同目的复制演出或表演。

4. 本条第 2 款规定的许可应由表演者签发；团体表演者表演的，由该团体的负责人与使用者签订书面合同签发。

5. 若表演者与无线、有线广播组织签订合同约定，无线和有线广播组织对表演的广播与转播的录制以及录制品的复制，无须获得本条第 2 款 1）项、2）项和 3）项规定的许可。表演者因这些使用所获报酬数额也应在合同中确定。

6. 表演者与视听作品制作者之间签订的合同，应包含表演者在本条第 2 款 1）项、2）项、3）项和 4）项规定的权利。表演者权利的条款以使用视听作品为限，除合同另行约定外，不包括单独使用固定在视听作品中声音或者图像的权利。

7. 本条第 2 款规定的表演者专有权可通过合同转让给第三人。

第 38 条　录音制品制作者的权利❶

1. 除本法规定的权利以外，录音制品制作者享有以任何方式使用录音制品的权利，包括有权就录音制品的每种使用方式获得使用费。

2. 录音制品的专有权，指采取、许可或禁止从事下列行为的权利：

1）以任何方式直接或间接复制录音制品；

2）发行录音制品的原件和复制件，包括通过进口、销售或任何其他方式转让其所有权；

3）即使在录音制品制作者自己或经其许可发行后，仍可出租（租赁）录音制品；

4）以任何方式改变或加工录音制品；

5）向公众广播录音制品。

3. 合法出版的录音制品的复制件通过销售进入流通领域的，其进一步发行无须录音制品制作者同意，也无须支付使用费。不论录音制品的所有权如何，通过出租（租赁）发行录音制品的权利属于录音制品制作者。

4. 本条第 2 款规定的录音制品制作者的专有权利可根据合同转让给第三方。

第 39 条　将已出版的录音制品用于商业目的无须录音制品制作者和表演者同意

1. 下列行为无须征得为商业目的出版的录音制品制作者和录制在其上表演的表演者同意，但应支付报酬：

1）信息网络传播录音制品；

2）无线广播录音制品；

3）有线广播录音制品；

2. 本条第 1 款规定的使用费的收取、分配和支付应由以集体管理为基础（本法第 43 条）的管理录音制品制作者和表演者权利的组织之一根据该等组织之间的合同完成。除该合同另行约定外，上述报酬应由录音制品制作者和表演者平均分配。

3. 报酬的数额和支付条件应由作为一方的录音制品使用者或此类使用者

---

❶ 第 38 条根据哈萨克斯坦 2004 年 7 月 9 日第 586 号法律和 2005 年 11 月 22 日第 90 号法律（实施程序见第 2 条）予以修订。

的组织（协会）与作为另一方的管理录音制品制作者和表演者权利的组织之间的协议确定；双方未达成协议的，由授权机构确定。报酬的数额应根据录音制品的每种使用方式确定。

4. 录音制品使用者有义务向本条第 2 款规定的组织提供包含使用录音制品数量的准确数据，以及收取和分配报酬所需的其他数据和文件。

第 40 条　无线和有线广播组织的权利❶

1. 除本法规定的权利以外，无线和/或有线广播组织对其传播享有以任何方式使用传播和许可使用传播的专有权利，包括因给予该许可而收取使用费的权利。

2. 专有使用权是指许可或禁止从事下列行为的权利：

1）通过信息网络向公众传播信息；

2）有线广播信息；

3）录制传播；

4）播放录音制品；

5）在收费入场的地方向公众广播信息；

6）无线广播信息。

3. 本条第 2 款 4）项规定的无线和/或有线广播组织的专有权，不适用于下列情形：

1）在无线和/或有线广播组织同意的情况下对广播进行录制；

2）与根据本法第 41 条的规定进行录制相同的目的复制广播。

第 40 – 1 条　专有权转让和许可协议❷

1. 本法第 37 条、第 38 条和第 40 条规定的专有权可以全部或部分转让，亦可根据排他性或非排他性许可协议转让使用。本法第 32 条规定的要求适用于该协议。

2. 本法未规定的，根据哈萨克斯坦 2009 年 7 月 10 日第 179 – 4 号法律实施（实施程序见第 2 条）。

---

❶ 第 40 条根据哈萨克斯坦 2004 年 7 月 9 日第 586 号法律和 2005 年 11 月 22 日第 90 号法律（实施程序见第 2 条）予以修订。

❷ 第 40 – 1 条根据哈萨克斯坦 2004 年 7 月 9 日第 586 号法律予以补充，再根据哈萨克斯坦 2009 年 7 月 10 日第 179 – 4 法律（实施程序见第 2 条）予以修订。

第40 -2 条　表演者和录音制品制作者的最低报酬比率❶

由于表演或录音制品的性质,财产权(专有权)无法单独行使(公开表演,包括广播和电视,通过机械、电磁或其他形式复制作品;复制,未经表演者和录音制品制作者同意为个人目的复制作品,以及其他情况)由哈萨克斯坦政府规定在下列情况下表演者和录音制品制作者的最低报酬比率。

集体管理财产权的组织与表演者和录音制品制作者签订合同时,无权规定表演者和录音制品制作者的报酬比率低于由哈萨克斯坦政府规定的最低报酬比率。

第41 条　对表演者、录音制品制作者、无线或有线广播组织权利的限制❷

1. 允许为下列目的使用表演、演出、无线或有线广播组织的广播及其录音制品,以及复制录音制品,无须表演者、录音制品制作者、无线或有线广播组织同意,且无须支付使用费:

1)为评论时事,包括少量摘录表演、演出、录音制品、无线和/或有线广播组织的广播;

2)专门用于培训和科研目的;

3)以参考为目的,用节选形式少量引用表演、舞台表演、录音制品、无线或有线广播组织的广播。在符合本法第39 条规定的情况下,无线或有线广播组织可以使用其为商业目的出版的录音制品进行无线或有线广播;

4)本法第18 条至第26 条规定的对科学、文学和艺术作品作者财产权进行限制的其他情形。

2. 除本法第37 条至第40 条规定以外,允许个人使用无线或有线广播组织的广播及其录音制品,以及复制仅供个人使用的录音制品,无须表演者、录音制作者、无线或有线广播组织同意。允许复制录音制品,但应根据本法第26 条支付报酬。

3. 有关取得表演者、录音制品制作者或无线或有线广播组织许可,对表

---

❶ 第40 -2 条根据哈萨克斯坦2009 年7 月10 日第179 -4 号法律予以补充(实施程序见第2 条),再根据哈萨克斯坦2012 年1 月12 日第537 -4 号法律(在其首次正式发布后10 个日历日届满时实施)予以修订。

❷ 第41 条根据哈萨克斯坦2004 年7 月9 日第586 号法律和2005 年11 月22 日第90 号法律(实施程序见第2 条)予以修订。

演、演出或作品进行短期录制，复制为商业目的出版的录音制品的行为，不适用本法第 37 条、第 38 条、第 40 条的规定。短期使用复制的录音制品仅由广播组织自己的设备进行广播的，须获得下列许可：

1）广播组织事先获得制作、表演或广播的许可，根据本款规定，可对该录音制品进行短期录制或复制；

2）由无线或有线广播组织根据本法第 25 条规定制作的、供短期使用应在规定期限内销毁的科学、文学和艺术作品录制品，但因其纯粹的文献性质可存档的除外。

4. 本条规定的限制不应影响包含科学、文学和艺术作品在内的表演、演出和无线或有线广播组织的广播及录制的录音制品的正常使用，也不应侵犯表演者、录音制品制作者、无线或有线广播组织和作品作者的合法权益。

第 42 条　邻接权的有效期[1]

1. 本章规定的表演者权利，在首次演出后 70 年内有效。本法第 37 条规定的表演者姓名权、保护表演或者演出不受歪曲和其他可能损害表演者荣誉和尊严的侵权行为的权利，应无限期受到保护。

2. 本章规定的录音制品制作者的权利自录音制品首次出版之日起 70 年内有效。录音制品在此期间未出版的，在首次录制后 70 年内有效。

3. 本章规定的无线广播组织享有的权利，在该广播组织进行首次广播后 70 年内有效。

4. 本章规定的有线广播组织的权利，在该广播组织进行首次广播后 70 年内有效。

5. 自本法实施之日起，广播和电视节目（广播）自依法发布或者制作之日起 70 年内未过期的，在剩余期间作为邻接权客体受到保护。

6. 本条第 1 款、第 2 款、第 3 款和第 4 款规定日期的计算，应从期间据以开始的法律事实发生次年的 1 月 1 日开始。

7. 表演者在死后受到迫害并恢复名誉的，在恢复名誉后次年的 1 月 1 日起开始计算权利保护期限。

8. 根据本条第 1 款、第 2 款、第 3 款和第 4 款的规定，表演者、表演者

---

[1]　第 42 条根据哈萨克斯坦 2004 年 7 月 9 日第 586 号法律和 2005 年 11 月 22 日第 90 号法律（实施程序见第 2 条）予以修订。

的继承人（法人实体的受让人）、录音制品制作者和无线或有线广播组织有权授权使用无线和有线广播组织的表演、制作的作品、录音制品、广播并获得报酬；

9. 无线或有线广播组织的表演、制作的作品、录音制品、广播的邻接权届满即表示其进入公共领域。

对于进入公共领域的邻接权，适用本法第 29 条的规定，同时应参考本法第 34 条至第 42 条的规定。

第 4 章　财产权的集体管理❶

第 43 条　财产权集体管理的目标和范围

1. 科学、文学和艺术作品的作者，表演者，录音制品制作者以及其他著作权人和邻接权人，为实现该等权利，有权建立集体管理其财产权的组织。

2. 集体管理组织不得从事商业活动，不得使用因集体管理而取得的作品和邻接权客体。

3. 允许为不同权利和不同权利人的种类，或管理一类权利人的不同权利，或管理不同种类权利人的同种权利而设立独立的组织。该等组织应由著作权人和邻接权人直接设立，并依据组织章程获得的权力在合理范围内运行。

可以创建以集体为基础管理财产权的组织，特别是在以下集体管理领域：

1）管理已发表的音乐作品（有词或无词）以及音乐剧作品的公开表演、有线或无线方式向公众广播、转播，信息网络传播的专有权；

2）行使用于视听作品中的音乐作品（有词或无词）的作曲家的著作权，以通过有线或无线广播方式公开表演或向公众广播该视听作品而获得报酬；

3）管理艺术作品追续权；

4）行使作者、表演者、录音制品制作者和视听作品制作者的权利，对为个人需要而非商业目的复制录音制品和视听作品收取报酬；

5）行使表演者为公开表演收取报酬的权利，以及通过有线或无线广播向公众广播为商业目的发行的录音制品的权利；

6）行使录音制品制作者因公开广播而获得报酬的权利，以及通过无线或有线广播向公众广播为商业目的而出版的录音制品的权利；

---

❶ 第 43 条根据哈萨克斯坦 2009 年 7 月 10 日第 179 - 4 号法律（实施程序见第 2 条）和 2012 年 1 月 12 日第 537 - 4 号法律（官方正式公布日起第 10 个日历日后开始实施）予以修订。

7）管理已发表作品的复制权；

8）行使无线和有线广播组织因公开广播而获得报酬的权利，以及无线和有线广播组织向公众广播为商业目的制作节目的权利。

4. 集体管理组织的授权转让应参照本法第 46 - 1 条第 2 款的规定，在著作权人和邻接权人签订书面合同的基础上，以及在与外国管理类似权利的组织签订相关合同的基础上，直接自愿转让。

5. 集体管理组织的章程应包含符合本法要求的规定。违反本法和非营利组织登记程序的法律规定的，可拒绝集体管理组织的登记。

6. 应由著作权人和邻接权人的集体管理组织管理其财产权。报酬金额和与使用者签订许可协议的条件、收取报酬的分配和支付方式以及与该组织活动有关的其他主要问题，应由著作权人和邻接权人在大会上共同决定。

第 44 条　财产权集体管理组织的活动❶

1. 受本法第 3 章保护的任何作者、其继承者或著作权和邻接权的任何所有人有权将其权利转让给集体管理组织进行管理。该组织根据集体管理组织的管理章程对该等权利进行管理，对所取得的作品及其邻接权客体没有使用权。

2. 集体管理组织应根据本法第 43 条第 3 款规定取得的权限，无充分理由，不得拒绝就作品和邻接权客体的相关使用与使用者签订许可合同。集体管理组织在管理组织规定的范畴下，对同一类别的所有用户就所有作品和邻接权客体的使用方法在合同中的约定应当一致。

2 - 1. 使用者必须按照许可协议规定的时间，向集体管理组织报告著作权和邻接权客体的使用情况，以及收取和分配报酬所必需的其他资料和文件。

3. 本法未规定的，根据哈萨克斯坦 2012 年 7 月 10 日第 36 - 5 号法律实施（在其首次正式发布后 10 个日历日届满时实施）。

4. 著作权人和邻接权人针对使用者根据签署的许可协议使用其作品和邻接权客体而提出的所有可能的财产索赔，必须由集体管理组织监管。

5. 集体管理组织有义务采取措施，对收取的报酬进行分配和支付。

因未提供著作权及邻接权客体使用情况报告，导致已收取的报酬无法分配和认定的，集体管理组织有义务保留未分配的报酬，自收取之日起 3 年后，

---

❶ 第 44 条根据哈萨克斯坦 2004 年 7 月 9 日第 586 号法律、2009 年 7 月 10 日第 179 - 4 号法律（实施程序见第 2 条）、2012 年 7 月 10 日第 36 - 5 号法律（在其首次正式发布后 10 个日历日届满时实施）和 2015 年 4 月 7 日第 300 - 5 号法律（在其首次正式发布后 10 个日历日届满时实施）予以修订。

根据著作权人和邻接权人会员大会的决定将其纳入基金。

在特定著作权人和邻接权人之间拟分配的已收取报酬金额应保存在集体管理组织的账户中，并在发现相关作者和/或权利人或与其取得联系后立即支付给相关作者和/或权利人，而不论报酬存在组织账户中时间的长短。

第 45 条　财产权集体管理组织的职能❶

集体管理组织应代表著作权人和邻接权人，根据从后者获得的授权，履行下列职能：

1）与用户签订使用由本组织管理权利的许可合同；

2）与用户协商许可合同中报酬的数额和其他条件；

3）未签订许可合同的，处理收取报酬事宜时，与用户协商报酬数额（本法第 26 条、第 39 条第 2 款和第 3 款）；

4）收取许可合同约定的使用费和/或本条第 3 款规定的报酬；

5）向其所代表的著作权人和邻接权人分配和支付依照本条第 4 款收取的报酬；

6）采取任何必要的法律行动，以保护该等集体组织的管理权利。

第 46 条　财产权集体管理组织的责任❷

1. 集体管理组织以其所代表的著作权人和邻接权人的利益为出发点行事。为达成该等目标，该组织必须：

1）在支付使用费的同时，向著作权人和邻接权人提供含有其权利使用情况的报告，包括收取和扣缴的报酬；

2）根据本法第 45 条第 4 款的规定，向著作权人和邻接权人分配和支付报酬；该组织有权从报酬中扣除一定金额，以支付其收取、分配和支付该等款项的实际成本，以及一些应归入组织根据协议而为著作权人和邻接权人的利益设立的特别基金。支付实际收取、分配和支付报酬的费用，不得超过收取报酬总额的 30%；

3）在按比例扣除根据本款 2）项规定的使用作品和邻接权客体的使用费

---

❶ 第 45 条根据哈萨克斯坦 2009 年 7 月 10 日第 179 - 4 号法律（实施程序见第 2 条）予以修订。

❷ 第 46 条根据哈萨克斯坦 2009 年 7 月 10 日第 179 - 4 号法律（实施程序见第 2 条）、2012 年 1 月 12 日第 537 - 4 号法律（在其首次正式发布后 10 个日历日届满时实施）和 2015 年 4 月 7 日第 300 - 5 号法律（在其首次正式发布后 10 个日历日届满时实施）予以修订。

后，至少每季度向哈萨克斯坦著作权人和邻接权人分配并支付一次所收取的使用费，至少每年向管理类似权利的外国组织支付一次报酬；该组织必须采取措施，根据签订的许可合同和支付报酬的协议，使用从其他集体管理组织收到的信息，以及在哈萨克斯坦境内的大众媒体散布的信息，确定有权获得使用费的权利人；

4）创建登记簿，其中包含有关著作权人和邻接权人、转让给其管理的权利以及著作权和邻接权客体的信息。著作权人应同意将该等登记簿中包含的信息提供给相关各方，根据法律规定不得公开的除外；

5）设立网站，发布集体管理组织的管理情况；

6）在互联网上发布有关权利人转让给集体管理组织的管理权利的信息，包括著作权或邻接权客体的名称、著作权人或其他权利人的姓名；

7）在互联网上发布关于代表该领域行使职权收取、分配和支付版权和邻接权的使用费的信息；

8）在哈萨克斯坦境内的大众媒体和互联网上发布交给授权机构的报告；

9）在其互联网网站上发布与使用者签订的许可协议的信息。

2. 著作权人和邻接权人未根据本法第45条第4款规定授权集体管理组织收取使用费的，有权要求其支付所收取的使用费，并将其作品和邻接权客体排除在该组织授予使用者的许可之外。

自收到著作权人和/或邻接权人相关请求之日起3个月，集体管理组织有义务将所述权利和/或客体排除在与所有使用者签订的许可协议之外，并将该等信息发布在哈萨克斯坦境内的大众媒体及其互联网网站上。集体管理组织有义务向著作权人和/或邻接权人支付根据先前签订的许可协议从使用者处收取的应得报酬，并向其提交报告。

第46-1条　财产权集体管理组织的认证❶

1. 财产权集体管理组织有权从授权机构获得关于在本法第43条第3款规定的集体管理领域开展活动的认证证书。

2. 认证针对本法第43条第3款规定的各领域进行，但本法另有规定的除外。

财产权集体管理组织可以取得认证证书，从事第43条第3款规定的一项

---

❶ 第46-1条根据哈萨克斯坦2009年7月10日第179-4号法律（实施程序见第2条）予以补充。

或多项集体管理领域的经营活动。集体管理组织认证证书的形式由授权机构确定。

集体管理组织取得认证证书后，有权和与其签订管理协议的邻接权人的具体管理者共同向该权利人收取报酬。

第46-2条 财产权集体管理组织认证的程序❶

1. 集体管理组织的认证自愿，由授权机构根据集体管理组织的申请依法进行。

2. 集体管理组织认证由授权机构根据集体管理组织认证委员会（以下简称"认证委员会"）的决议进行。

3. 认证委员会的组成和规章由授权机构批准。

认证委员会开会日期的信息由授权机构不迟于会议前30个工作日在哈萨克斯坦的大众媒体及其互联网网站上发布。

4. 为了获得认证，申请人必须向授权机构提交书面申请。申请必须在不迟于认证委员会会议召开前10个工作日提出。集体管理组织获得认证的申请书格式和文件清单由授权机构设立的认证机构认证。

5. 授权机构接受申请并将其记录在登记簿中，同时附上编号并注明收到申请的日期。

6. 认证委员会会议有权在至少一半成员参加会议时作出决议。委员会的认证决议由成员的多数投票得出。票数相等的，主席拥有委员会决定性的一票。

禁止委员会成员以缺席投票和委托他人投票的方式作出认证决议。

7. 认证委员会会议后，授权机构应在会议结束后5个工作日内作出认证，并向申请人颁发为期5年的认证证书。

在作出认证结论时，认证委员会必须考虑下列情况：

1）在该领域开展活动必须从登记为法人之日起不少于2年；

2）至少有8次以上报酬分配和支付的工作实践；

3）作者和使用者对管理组织的正面评价；

---

❶ 第46-2条根据哈萨克斯坦2009年7月10日第179-4号法律（实施程序见第2条）予以补充；第46-2条根据哈萨克斯坦2012年1月12日第537-4号法律（在其首次正式发布后10个日历日届满时实施）和2015年4月7日第300-5号法律（在其首次正式发布后10个日历日届满时实施）予以修订。

4）与其他类似集体管理组织缔结相互代理的协议；

5）组织充分履行本法第 46 条规定的职责；

6）根据现有的相互代理协议，必须针对不同集体管理组织之间就相关报酬的转移提供证明文件；

7）妨碍国家监察机关工作人员执行公务，以及不遵守法律、法规和其他要求的，依法追究其行政责任。

在下列情况下，授权机构应作出不予认证的决定：

1）未提交哈萨克斯坦法律规定的文件；

2）提交文件中的信息不完整；

3）对妨碍国家监察机关工作人员执行公务，不遵守法律、法规和其他要求的，依法追究行政责任；

4）管理组织不履行和/或不正确履行本法第 46 条规定的职责。

8. 可以根据哈萨克斯坦法律对不批准集体管理组织认证的决定提出申诉。

9. 授权机构在其网站上发布关于认证组织的信息。

10. 在重新登记或重组组织的情况下，该组织应将该事实以书面形式通知授权机构，提供重新登记或重组组织的相关信息文件，并在 10 个工作日内交回旧认证证书，申请重新审核。

授权机构应当自收到管理组织书面通知之日起 10 个工作日内，向申请人颁发新认证证书。

11. 认证证书遗失的，授权机构经集体管理组织书面要求，在 10 个工作日内发放认证证书副本。

第 47 条　对财产权集体管理组织的活动进行监管❶

1. 对作者、表演者、录音制品制作者或其他著作权人及邻接权人进行集体管理的组织，有义务在不迟于报告年度次年 4 月 15 日向授权机构提交有关其活动的下列资料：

1）对组织章程和其他组成文件的修正；

2）该组织与管理类似权利的外国组织签订的双边和多边协议；

---

❶ 第 47 条根据哈萨克斯坦 2009 年 7 月 10 日第 179 - 4 号法律（实施程序见第 2 条）、2012 年 1 月 12 日第 537 - 4 号法律（在其首次正式发布后 10 个日历日届满时实施）和 2015 年 4 月 7 日第 300 - 5 号（在其首次正式发布后 10 个日历日届满时实施）予以修订。

3）全体会员大会的决议；

4）年度资产负债表、年度报告，包括未领取薪酬的详细信息，以及该组织的审计报告；

5）授权代表该组织人员的姓名。

2. 授权机构有权要求集体管理组织提供必要的补充资料和文件，以核实该组织的活动是否符合本法和哈萨克斯坦关于非营利组织的法律或其他法律，以及该组织的章程。

第47-1条　财产权集体管理组织认证证书的撤销❶

在下列情况下，授权机构可撤销财产权集体管理组织的认证证书：

1）查明据以作出认证决定的文件含有不可靠信息；

2）未在规定时间提供关于被认证组织活动的年度报告；

3）提交给授权机构的被认证组织活动的年度报告含有虚假信息；

4）进行商业活动；

5）违反本法第46条规定的义务；

6）逾期支付使用费；

7）未采取措施寻找作者、表演者和录音制品制作者，以便转让所收取的使用费；

8）对妨碍国家监察机关工作人员执行公务，不遵守法律、法规和其他要求的，依法追究行政责任。

第47-2条　财产权集体管理组织认证证书的终止❷

1. 财产权集体管理组织认证证书在下列情况下终止：

1）颁发的认证证书期限届满；

2）决定主动向授权机构交回认证证书；

3）认证证书被撤销；

4）财产权集体管理组织被清算。

---

❶ 第47-1条根据哈萨克斯坦2009年7月10日第179-4号法律（实施程序见第2条）予以补充；第47-1条根据哈萨克斯坦2012年1月12日第537-4号法律（在其首次正式发布后10个日历日届满时实施）和2015年4月7日第300-5号法律（在其首次正式发布后10个日历日届满时实施）予以修订。

❷ 第47-2条根据哈萨克斯坦2009年7月10日第179-4号法律（实施程序见第2条）予以补充。

2. 财产权集体管理组织的认证证书终止的, 自本条第 1 款所述情形发生之日起 1 个月内, 证书应交回授权机构。

第5章 著作权和邻接权的保护

第 48 条 侵犯著作权和邻接权❶

1. 侵犯本法规定的著作权和/或邻接权的, 根据哈萨克斯坦法律承担责任。

2. 对于著作权和/或邻接权的客体, 不得:

1）为使用著作权和/或邻接权客体, 采取旨在移除申请人为保护著作权和邻接权设置的技术保护措施的行为;

2）以创收或提供服务为由, 以任何设备或其组件进行制造、分销、出租、借贷、进口、广告, 以及由该等行为产生的相关利益, 著作权保护措施或技术手段不能为该等权利提供充分的保护;

3）未经作者或其他权利人许可, 擅自删除或更改著作权管理信息;

4）未经作者或其他著作权人许可, 复制、发行、为发行目的进口、公开表演、通过有线或无线广播向公众传播作品或邻接权客体的相关信息。

第 48-1 条 对自然人和法人使用著作权和邻接权客体活动的控制❷

1. 授权机构行使对使用著作权和邻接权客体的自然人和法人活动的控制。

2. 本条第 1 款所述人员应承诺, 应授权机构要求, 提交有关使用著作权和邻接权客体的数据、因使用著作权和邻接权客体而获得的收入以及与支付使用费有关的数据和文件。

第 49 条 著作权和邻接权的保护❸

1. 著作权和邻接权的保护由法院通过下列方式完成:

---

❶ 第 48 条根据哈萨克斯坦 2009 年 7 月 10 日第 179-4 号法律（实施程序见第 2 条）和 2012 年 1 月 12 日第 537-4 号法律（在其首次正式发布后 10 个日历日届满时实施）予以修订。

❷ 第 48-1 条根据哈萨克斯坦 2004 年 7 月 9 日第 586 号法律和 2005 年 11 月 22 日第 90 号法律（实施程序见第 2 条）予以补充。

❸ 第 49 条根据哈萨克斯坦 2005 年 11 月 22 日第 90 号法律（实施程序见第 2 条）、2009 年 7 月 10 日第 179-4 号法律（实施程序见第 2 条）、2012 年 1 月 12 日第 537-4 号法律（在其首次正式发布后 10 个日历日届满时实施）、2015 年 4 月 7 日第 300-5 号法律（在其首次正式发布后 10 个日历日届满时实施）和 2015 年 10 月 31 日第 378-5 号法律（自 2016 年 1 月 1 日起实施）予以修订。

1）确认权利；

2）恢复权利被侵犯之前的原状；

3）制止侵权行为或有侵权威胁的行为；

4）赔偿包括利润损失在内的损失；

5）扣留因侵犯著作权和邻接权获得的利润；

6）支付赔偿金额为法院裁定的 100—15000 个月核算指标之间，或是作品价值的两倍，或是作品使用权价值的两倍，使用权价值在可比较情况下，由通常对作品合法使用所收取的费用确定。赔偿金额由法院确定，而不是赔偿损失或追偿收入；❶

7）采取法律规定的保护权利的其他措施；

著作权人和邻接权人的选择，适用本条第 1 款 4）项、5）项和 6）项规定的措施。

1–1. 除合同另行规定以外，著作权人或邻接权人的权利和合法利益受到侵犯的，应针对权利使用人或其他法人向法院提起诉讼。

2. 在审理案件前，法官有权裁决，禁止被告制作、复制、销售、使用被认为是盗版的作品和录音制品的复制件。法官有权查封和扣押盗版的作品和录音制品的复制件，以及为制作和复制该等作品和录音制品的材料和设备。

3. 法院有权决定没收作品和录音制品的复制件，以及用于复制该等作品和录音制品的材料和设备。作品或录音制品的盗版复制件，可应著作权人或邻接权人的要求转让给著作权人或邻接权人，或经法院判决予以销毁。用于复制的材料和设备经法院裁定予以销毁或转为国家财产。

哈萨克斯坦总统

---

❶ 哈萨克斯坦根据通货膨胀率每年采取不同的月核算指标，2022 年的月核算指标为 3063 坚戈。

以色列版权法[1]

（2007 年）

康添雄* 吴奕雯** 王 娇*** 译

2007 年以色列版权法于 2007 年 11 月 19 日由以色列议会通过，自 2008 年 5 月 25 日开始施行。该法于 2007 年 11 月 25 日刊登在官方公报以色列法律法规第 2199 卷第 34 页。迄今为止有以下修订：第 64 条增加第（4）款，于 2011 年 7 月 28 日刊登在以色列法律法规第 2307 卷第 993 页。

第1章 解 释

第1条 定义

在本法中：

版权，具有第 11 条规定的含义；

人身权，具有第 46 条规定的含义；

录音，就声音而言，指在媒体上保存声音，并可通过媒体回放或复制声音；

建筑作品，指建筑物或其他构筑物，以及该建筑物或构筑物的模型；

艺术作品，包括素描、绘画、雕塑作品、雕刻、印刷、地图、图表、建筑作品、摄影作品以及实用艺术作品；

戏剧作品，包括戏剧、电影作品、音乐剧、舞蹈和哑剧；

合作作品，指由多名作者共同创作的作品，其中无法区分每个作者对该作品的贡献；

文学作品，包括通过写作、演讲、表格、汇编和计算机程序表达的作品；

雕塑作品，包括雕塑用的模具或模型；

---

　* 译者简介：西南政法大学知识产权学院副教授，硕士生导师。

　** 译者简介：西南政法大学知识产权学院硕士研究生。

　*** 译者简介：北京大成（贵阳）律师事务所专职律师，美国圣约翰大学硕士研究生，西南政法大学知识产权学院硕士研究生。

❶ 本法根据世界知识产权组织官网公布的以色列版权法英语版本翻译。——译者注

摄影作品，包括通过类似摄影的方法摄制的作品，但不包括属于电影作品一部分的照片；

电影作品，包括电视作品，以及任何实质上类似于电影作品或电视作品的作品；

汇编，指包括百科全书或选集在内的作品汇编，以及包括数据库在内的数据汇编；

制作人，就电影作品或录音制品而言，指分别负责为制作电影作品或录音制品进行必要安排的人；

侵权复制，指对享有版权的作品的复制，但不包括属于以下情形之一的建筑物或其他构筑物：

（1）未经版权人许可在以色列以构成侵犯第 11 条（1）项规定的复制权的方式制作的复制件；

（2）进口到以色列的复制件，如在以色列制造则构成侵犯第 11 条（1）项规定的版权；但是，在以色列境外制造的经该国版权人同意的复制件，不视为侵权复制件；

作品的出版，指根据作品的性质，经作者同意，向公众出版合理数量的作品复制件，但不包括作品的公开表演或广播，或公开展示"艺术作品"。

计算机程序，指任何表达形式的计算机程序。

录音制品，指对声音的记录，不包括对电影作品中声音的记录。

部长，指司法部长。

第 2 条　首次发表地点

在本法中，对于作品的首次发表地点，适用下列规定：

（1）自首次出版之日起 30 日内在多个国家发表的作品，视为在上述所有国家同时发表；

（2）首次在以色列和其他国家同时发表的作品，视为首次在以色列发表。

第 2 章　版权的客体

第 3 条　本法具有排他性

版权不得存在于除本法规定以外的作品中。

第 4 条　享有版权的作品

（a）下列作品享有版权：

（1）以任何形式固定的文学作品、艺术作品、戏剧作品或者音乐作品的原创作品；

（2）录音制品；

但是，上述作品应符合第 8 条规定的任一条件，或该作品根据第 9 条规定享有版权。

（b）就第（a）款而言，汇编的原创性，指对作品或其中所包含的数据进行选择和编排所体现的原创性。

第 5 条　作品版权的范围

第 4 条所述作品的版权不包括下列内容，但包括其表达：

（1）思想；

（2）操作程序和方法；

（3）数学概念；

（4）事实或数据；

（5）日常新闻。

第 6 条　官方出版物

尽管有第 4 条规定，法律、法规、以色列议会议定书，以及法院或依法享有司法权限的任何政府实体所作的司法裁决，不享有版权。

第 7 条　外观设计

尽管有第 4 条规定，专利和外观设计条例定义的"外观设计"不享有版权，但该外观设计未用于或未意图用于工业生产的除外；司法部长可以规定确定外观设计何时被视为用于工业生产的条件。

第 8 条　以色列的附加规定

（a）存在以下情形之一的，第 4 条第（a）款（1）项规定的作品享有版权：

（1）该作品首次在以色列发表；

（2）作品创作时，其作者是以色列公民，或其经常居住地位于以色列，而不论该作品是否发表。

（b）在不损害第（a）款规定的原则下，下列作品享有版权：

（1）电影作品，前提是在其制作过程中，制作人的总部或其经常居住地位于以色列；

（2）建筑作品和其他并入建筑物或其他构筑物的艺术作品，前提是该建筑作品、建筑物或构筑物分别位于以色列。

（c）录音制品制作时其制作人是以色列公民或其经常居住地位于以色列，或制作人是公司且其总部位于以色列的，该录音制品享有版权；然而，录音制品首次在以色列发表的，录音制品同样享有第 11 条（1）项、（5）项和（7）项所述复制权、向公众提供权和出租权。

第 9 条　根据国际条约享有版权

以色列与其他国家签订版权相关条约的，或以色列加入版权条约的，司法部长可以通过命令规定，第 4 条第（a）款规定的根据该条约在以色列有权受到保护的作品，应根据该命令的规定受到保护；对上述作品的保护不得超过如符合第 8 条规定条件本应获得的保护，但上述条约另有规定且不超过该条约规定的除外。

第 10 条　互惠保护

司法部长认定某一国家对作者是以色列公民的作品未给予适当保护的，司法部长经政府同意，可以通过命令对作者为该国公民的作品，部分或全部地限制本法所述权利；司法部长作出该命令的，该命令对其生效后创作的作品有效。

第 3 章　版权的享有

第 11 条　版权的定义

作品的版权，指根据作品类型对作品或作品实质部分享有的实施下列一项或多项行为的排他性权利：

（1）第 12 条规定的复制权——针对所有类型作品；

（2）发表权——针对尚未发表的作品；

（3）第 13 条规定的公开表演权——针对文学作品、戏剧作品、音乐作品和录音制品；

（4）第 14 条规定的广播权——针对所有类型作品；

（5）第 15 条规定的向公众提供作品权——针对所有类型作品；

（6）制作第 16 条规定的衍生作品以及针对上述衍生作品实施（1）项至（5）项规定的任何行为——针对文学作品、艺术作品、戏剧作品和音乐作品；

（7）第 17 条规定的出租权——针对录音制品、电影作品和计算机程序。

第 12 条　复制

复制作品，是指以任何物质形式制作作品的复制件，包括：

（1）通过电子手段或其他任何技术手段储存作品；

（2）制作二维作品的三维复制件；

（3）制作三维作品的二维复制件；

（4）制作作品的临时复制件。

第 13 条　公开表演

公开表演作品，指直接或通过使用设备进行公开的有声演奏或演出。

第 14 条　广播

广播作品，指通过有线或无线方式，将作品中包含的声音、图像或声音与图像的结合向公众传播。

第 15 条　向公众提供作品

向公众提供作品，指针对作品实施使公众能够从其选择的地点和时间接触作品的行为。

第 16 条　演绎作品

制作演绎作品，指制作实质以另一作品为基础的原创作品，如翻译或改编。

第 17 条　出租

（a）出租作品，指为商业目的向公众出租作品的实物复制件，但不包括出租作为其他物品不可缺少部分的计算机程序或录音制品，而该其他物品是出租的主要物品。

（b）就第（a）款而言，公共图书馆或教育机构图书馆的出租不视为为商业目的出租；司法部长可以规定适用本款规定的公共图书馆类型和教育机构类型。

第 4 章　允许使用

第 18 条　允许使用

尽管有第 11 条规定，未经权利人许可或未支付费用，在符合上述条款分别规定的条件以及为实现其中所规定的目标时，允许实施第 19 条至第 30 条规定的行为，但就第 32 条规定的行为而言，应支付费用并符合该条规定。

第 19 条　合理使用

（a）允许为个人学习、研究、批评、评论、新闻报道、引用或教育机构的教学和考试等目的合理使用作品。

（b）在确定作品使用是否符合本条所规定的合理，除其他外，尤其应考虑下列因素：

（1）使用的目的和性质；

（2）所使用作品的性质；

（3）在数量和质量上针对整个作品的使用范围；

（4）使用对作品价值以及其潜在市场的影响。

（c）司法部长可以制定法规，规定被视为合理使用的条件。

第 20 条　在司法或行政程序中使用作品

允许依法在司法或行政程序中使用作品，包括针对该等程序的报道，但应在考虑到上述使用目的的正当范围内。

第 21 条　为公众查阅存放的复制作品

（a）复制作品与该作品向公众开放的目的相一致的，允许复制依法向公众开放的作品，但应在考虑到上述使用目的的正当范围内。

（b）第（a）款规定不适用根据 2000 年图书法（存放和引用详情的义务）存放的作品。

第 22 条　附带使用作品

允许通过将一项作品纳入摄影作品、电影作品或录音制品的方式附带使用作品，以及对附带包含该作品的作品的使用；在该情况下，有意将音乐作品（包括其歌词）或体现该音乐作品的录音制品纳入另一作品，不应被视为附带使用。

第 23 条　在公共场所广播或复制作品

允许通过摄影、绘画、素描或类似视觉描述方式对永久位于公共场所的建筑作品、雕塑作品或实用艺术作品进行广播或复制。

第 24 条　计算机程序

（a）允许拥有计算机程序获授权复制件的人，以备份为目的复制计算机程序；该人在不需要该复制件服务于其制作目的时，应对复制件予以销毁。

（b）允许以维持计算机程序或计算机系统获授权复制件为目的或以向拥有计算机程序获授权复制件的人提供服务为目的复制计算机程序，前提是其对使用程序是必需的。

（c）允许拥有计算机程序获授权复制件的人，出于下列目的且在实现所述目的的必要范围内，复制计算机程序，或由此制作衍生作品：

（1）为实现预期目的使用计算机程序，包括纠正计算机程序中的错误，或使之与计算机系统或另一计算机程序相兼容；

（2）检查程序中的数据安全，纠正安全漏洞和防范此类漏洞；

（3）获取适应不同且独立开发的计算机系统或程序所需的信息，使其能够与计算机程序相兼容。

（d）对于第（c）款所述复制计算机程序或由此制作衍生作品，通过上述方法获得的信息以下列方式使用的，或该等信息无须通过使用上述方法便易于辨认的，不适用第（c）款规定：

（1）向另一人传递该等信息的目的不同于第（c）款规定的目的；

（2）该等信息被用于制作不同的计算机程序，而该计算机程序侵犯了前述计算机程序的版权。

（e）在本条中，计算机程序的获授权复制件，指由版权人或经其同意制作的计算机程序复制件。

第25条　以广播为目的的录音

（a）允许获准广播作品的人，仅为在其广播中使用的目的对作品进行录音。

（b）根据第（a）款规定对作品进行录音的人，应当在作品首次播放之日起6个月内销毁录音，或依照法律规定或在录音制品的版权人同意的更晚时间销毁。

（c）尽管有第（b）款规定，下列情况下允许保存录音：

（1）为存档的目的；

（2）针对获准播放作品的人，只要该人被允许进行该播放即可。

第26条　临时复制

复制是技术过程的组成部分，且其唯一目的是通过通信网络由中介实体在双方之间传输作品，或实现对作品的任何其他合法使用的，允许对作品进行暂时复制，包括附带复制，但该复制本身不得具有重大经济价值。

第27条　作者创作的其他艺术作品

允许创作包括部分复制早期作品的新艺术作品或早期作品的演绎作品，以及对上述新作品的任何使用，即使该作者不是早期艺术作品的版权人，但新作品不得重复早期作品的本质或构成对其的模仿。

第28条　翻新或重建建筑物

允许为翻新或重建建筑物或其他构筑物使用下列作品：

（1）前款所述的建筑物或构筑物或其模型的建筑作品；

（2）在上述建筑物或构筑物最初建造时，经版权人同意使用的图纸和平面图。

第29条　在教育机构公开表演

允许在教育机构的教育活动过程中公开表演司法部长规定类型的作品，该等表演由教育机构的雇员或在教育机构学习的学生进行，但该公开表演的观众范围仅限于教育机构的雇员或学生、学生的亲属或与该机构的活动直接相关的其他人；但是，如果电影作品的放映仅用于教育机构的教学和考试目的，则根据本条允许放映。

第30条　图书馆和档案馆的允许使用

（a）允许为下列目的复制已在属于司法部长规定类型的图书馆或档案馆的永久藏品中的作品或复制件，前提是无法在合理时间以合理方式购买该作品的额外复制件：

（1）以任何形式制作上述图书馆或档案馆已拥有作品的保留复制件，前提是该保留复制件不作为图书馆复制件的额外复制件使用；

（2）为替换上述图书馆或档案馆所保存的已丢失、毁坏或无法使用的作品的复制件；

（3）为替换已在另一图书馆或档案馆永久收藏，但已丢失、毁坏或无法使用的作品的复制件。

（b）针对提出复制要求的人，允许复制已由属于第（a）款规定类型的图书馆或档案馆拥有的作品或其复制件，前提是提出复制要求的人是法律允许其自行制作复制件的人；司法部长可为本款目的规定图书馆或档案馆使用的申请表。

（c）允许由属于司法部长规定类型的实体为保存目的复制作品；司法部长可规定适用本款的作品类型、进行复制的条件，以及授权公众查阅根据本款制作的复制件的条件。

第31条　关于教育机构、图书馆和档案馆的规定

司法部长可一般性地或针对特定类型的教育机构、图书馆或档案馆在考虑其各自活动的特点后规定适用第29条和第30条的不同条件。

第32条　支付使用费后制作录音制品

（a）尽管有第11条规定，符合下列条件的，即使未经版权人同意，也允许复制录音制品中的音乐作品：

（1）该音乐作品先前经版权人同意已记录在为商业目的而发行的录音制品中（在本条中为在先录音制品）；

（2）该音乐作品被完整复制，但对改编复制件所作的必要修改和制作复

制件所作的必要修改，或对在先录音制品所作的修改除外；

（3）制作复制件的人在制作复制件前已通知版权人；

（4）制作复制件的人已支付与版权人约定的合理使用费；没有约定使用费的，由法院决定；

（5）该复制件既不用于也不准备用于商业广告。

（b）司法部长可以就下列事项制定法规：

（1）第（a）款（3）项所述通知版权人的方法；

（2）第（a）款（4）项所述法院确定合理使用费的考虑因素和参数。

（c）在本条中，音乐作品，包括在先录音制品中的歌词（如有）。

第5章　版权权属

第33条　版权第一所有人

在符合本章规定的情况下：

（1）作品的作者是作品版权的第一所有人；

（2）录音制品的制作人是录音制品版权的第一所有人。

第34条　雇员创作的作品

除非另有约定，雇主是雇员在雇佣过程中和雇佣期间所创作作品的版权第一所有人。

第35条　委托作品

（a）根据委托创作的作品，除非委托方和作者另有明示或默示约定，作品的作者应是作品全部或部分版权的第一所有人。

（b）对于根据委托创作的有关家庭活动或其他隐私活动的肖像或照片作品，委托方应是作品版权的第一所有人。

第36条　国家对作品的所有权

国家应是由国家或受国家委托或由国家雇员在雇佣过程中和雇佣期间创作的作品的第一所有人；在本条中，国家雇员，包括士兵、警察和根据制定法在国家实体或机构中担任职务的任何其他人员。

第 37 条　版权的转让和许可

（a）版权可通过合同或法律规定的方式转让，版权人可针对版权授予独家许可或非独家许可。

（b）如第（a）款所述，版权转让或授予许可，可针对全部或部分版权，且可限于特定区域、期限或与作品相关的特定行为。

（c）关于版权转让或授予独家许可的合同应当有书面文件。

（d）在本条中，独家许可，指授予其持有人实施第 11 条规定的任何行为的排他性权利的许可，并限制版权人实施该等行为或允许他人实施该等行为的许可。

第 6 章　版权期限

第 38 条　版权期限

在符合本章规定的情况下，作品的版权的保护期为作者终生及其死亡后 70 年。

第 39 条　合作作品的版权期限

合作作品的版权保护期为最后死亡的合作作者终生及其死亡后 70 年。

第 40 条　匿名出版作品的版权期限

作品上未显示作品的作者，或作品的作者不为公众所知，或作品上显示的是不为公众所知的人的笔名的，该作品的版权保护期为该作品首次出版之日起 70 年；作品自创作之日起 70 年内未出版的，其版权保护期为自创作之日起 70 年；但是，作者的身份在版权保护期为公众所知的，应分别适用第 38 条或第 39 条的规定。

第 41 条　录音制品的版权期限

录音制品的版权保护期为其制作之日起 50 年。

第 42 条　国家作品的版权期限

根据第 5 章规定，国家是版权第一所有人的作品的版权，保护期为自作品创作之日起 50 年。

第 43 条　终止时间

作品的版权期限应在根据本章规定该版权到期当年的 12 月 31 日终止。

第 44 条　版权在来源国的持续期限

（a）下列作品的版权期限不得超过其来源国法律所规定的该作品的版权期限：

（1）如第 2 条所述，首次在以色列和其他国家同时出版的作品，其版权仅因第 8 条第（a）款（1）项所述条件而存在；

（2）根据第 9 条规定的命令而存在版权的作品，但该命令另行规定的除外。

（b）在本条中：

作品的来源国：

（1）就首次在单一成员国出版的作品而言，指该成员国；

（2）就首次在版权期限不同的多个成员国同时出版的作品而言，指版权期限最短的国家；

（3）就首次在成员国和非成员国同时发表的作品而言，指成员国；

（4）就未出版的作品，或首次在非成员国出版，但未在成员国同时出版的作品而言，指作者是其国民或作为经常居住地的成员国；但是，

a）上述作品是电影作品的，来源国是制作人的总部或经常居住地所在的成员国。

b）上述作品是位于成员国的建筑作品或位于成员国的建筑物或其他构筑物中的独立艺术作品的，来源国是建筑创作、建筑物或构筑物的所在国（视属何情况而定）；

作品，指第 4 条第（a）款（1）项所述作品；

成员国，指根据第 9 条规定据以作出命令的条约的缔约国。

第 7 章　人身权

第 45 条　作为人格权的人身权

（a）享有版权的艺术作品、戏剧作品、音乐作品或文学作品（计算机程

序除外）的作者，在该作品的整个版权期内，对其作品享有人身权。

（b）人身权属于个人权利且不得转让，且即使作者对作品不享有版权或其将作品的版权全部或部分转让给他人，该作者仍享有人身权。

第 46 条　人身权的定义

作品的人身权，指作者所享有的下列权利：

（1）在当时情况下适当范围内并以适当方式，在作品上标明其作者身份；

（2）不得对其作品进行任何歪曲、毁损或其他修改，或针对作品实施任何其他会损害其荣誉或声誉的贬损行为。

第 8 章　侵权和救济

第 47 条　版权侵权

未经版权人同意，对作品实施或授权他人实施第 11 条所述的任何行为的，构成版权侵权，但根据第 4 章规定允许该等行为的除外。

第 48 条　间接侵权

对侵权复制件实施下述行为的行为人在实施该行为时知道或应当知道该复制件是侵权复制件的，构成版权侵权：

（1）销售或出租该侵权复制件，包括许诺销售或出租及展示销售或出租；

（2）为商业目的而持有该侵权复制件；

（3）以商业规模发行该侵权复制件；

（4）以商业方式向公众展示该侵权复制件；

（5）将该侵权复制件进口至以色列，但不符合海关条例第 129 条规定的供个人使用。

第 49 条　在公共娱乐场所公开表演

以营利为目的，未经版权人同意而允许他人在公共娱乐场所公开表演作品的，构成版权侵权，但其不知道或不应当知道该表演构成侵权的除外；在本条中，"公共娱乐场所"，指用于娱乐和文化表演的场所，包括宴会大厅、户外功能区、餐馆、咖啡馆或俱乐部。

第 50 条　侵犯人身权

（a）对作品实施使人身权受限的行为的，构成侵犯该权利人的人身权。

（b）尽管有第（a）款规定，实施第 46 条（2）项规定的行为根据案件情况是合理的，不构成侵犯该权利人的人身权。

（c）就第（b）款而言，法院可着重考虑下列事项：

（1）行为所针对的作品的性质；

（2）行为的本质及其目的；

（3）作品是雇员在其任职期间或受委托创作的作品；

（4）某一特定部门的习惯行为；

（5）将实施该行为的必要性与该行为对作者造成的损害相比较。

第 51 条　间接侵犯人身权

对除建筑物或其他构筑物以外的作品的复制件实施前述行为，且该行为构成侵犯第 46 条（2）项规定的人身权的，该行为构成侵犯前述人身权，前提是该行为人在实施该行为时知道或应当知道该复制件侵犯了前述人身权：

（1）销售或出租该侵权复制件，包括许诺销售或出租及展示销售或出租；

（2）为商业目的而持有该侵权复制件；

（3）以商业规模发行该侵权复制件；

（4）以商业方式向公众展示该侵权复制件。

第 52 条　侵犯版权或人身权属民事过错

侵犯版权或人身权属民事过错，在符合本法规定的情况下比照适用侵权行为条例（新版）的规定。

第 53 条　版权侵权禁令

在版权侵权诉讼中，原告有权获得禁令救济，但法院认为有理由不允许禁令救济的除外。

第 54 条　版权侵权诉讼

（a）侵犯版权的主张可由版权人提出，但已根据第 37 条第（d）款规定对其授予独家许可的，该主张亦可由独家被许可人提出。

（b）根据第（a）款提出主张的权利人，应追加任何根据该款规定有权提出主张的人作为当事人，但法院可应权利人的请求免除上述追加当事人的义务。

第55条　人身权侵权诉讼

对侵犯人身权的主张可由作者提出，或者侵权行为发生在作者死亡后的，由其亲属提出；在该情况下，"亲属"，指配偶、后代、父母或兄弟姐妹。

第56条　无须证明损害的损害赔偿

（a）版权或人身权受到侵犯的，法院可应权利人请求，就每一项侵权行为判给权利人无须证明损害的损害赔偿，金额不超过100000新谢克尔。

（b）根据第（a）款判给损害赔偿，法院可着重考虑下列因素：

（1）侵权的范围；

（2）侵权发生的持续时间；

（3）侵权的严重程度；

（4）根据法院评估对权利人造成的实际伤害；

（5）根据法院评估被告从侵权中获得的利益；

（6）被告活动的性质；

（7）被告与权利人之间关系的性质；

（8）被告的善意。

（c）就本条而言，作为一系列活动的一部分所实施的侵权行为，应被认定为单一侵权行为。

（d）司法部长可以通过命令变更第（a）款规定的数额。

第57条　报告

在针对版权或人身权侵权的主张中，法院可以命令被告向权利人提供侵权行为的详细报告；司法部长可以针对根据本条制作报告的行为制定规定。

第58条　无过错侵权人

版权或人身权受到侵犯，但侵权行为发生时，侵权人不知道或无法知道作品享有版权的，无须对该侵权行为承担赔偿责任。

第 59 条　侵犯建筑物或其他构筑物的版权

建筑物或其他构筑物的建造已开始，而该建筑物或其他构筑物内有侵犯版权或人身权的行为，或该建筑物或其他构筑物建成后将会有侵犯版权或人身权的行为的，权利人不得因该侵权行为，获得禁止完成或拆除施工的命令。

第 60 条　对侵权复制件的处理

（a）在版权侵权诉讼程序完成后，法院可作出下列命令：

（1）销毁侵权复制件，或就此采取任何其他行动；

（2）权利人提出要求的，将侵犯版权的复制件的所有权转让给权利人，且法院发现权利人可能会使用该等侵犯版权的复制件的，可命令权利人按规定的方式向被告付款。

（b）根据第（a）款向法院提出申请的一方，应以司法部长规定的方式将该等情况通知以色列警方，且在以色列警方向其提供陈述主张的机会之前法院不得审理该申请。

（c）持有侵权复制件但本人未侵犯版权的，在符合 1968 年销售法第 34 条规定的情况下，适用第（a）款规定，但适用相关规定时，该侵权复制件的持有人无权买卖该侵权复制件。

第 9 章　刑事犯罪

第 61 条　犯罪行为

（a）不得以交易为目的制作侵权复制件；

（b）不得以交易为目的向以色列进口作品的侵权复制件；

（c）不得参与销售、出租或发行作品的侵权复制件；

（d）不得以商业规模销售、出租或发行作品的侵权复制件；

（e）不得以交易为目的持有作品的侵权复制件；

（f）不得制作或持有旨在用于制作违反第（a）款规定的复制件的物品。

第 62 条　刑罚

（a）有下列任一行为的，处 5 年以下监禁或刑法（第 5737 - 1977 号法律，以下简称"刑法"）第 61 条第（a）款（4）项规定的罚金金额 10 倍的罚金：

（1）以交易为目的制作侵权复制件；

（2）以交易为目的向以色列进口作品的侵权复制件；

（b）有下列任一行为的，处 3 年以下监禁或刑法第 61 条第（a）款（4）项规定的罚金金额 7 倍的罚金：

（1）参与销售、出租或发行作品的侵权复制件；

（2）以商业规模销售、出租或发行作品的侵权复制件；

（3）以交易为目的持有作品的侵权复制件。

（c）为实施前述第（a）款（1）项规定的犯罪行为而制作或持有旨在用于制作复制件的物品的，处 1 年监禁或刑法第 61 条第（a）款（4）项规定的罚金金额 2 倍的罚金。

（d）公司实体实施本条规定的犯罪行为的，对公司处该犯罪行为应处的罚金金额 2 倍的罚金。

第 63 条　高级管理人员的责任

（a）公司实体的高级管理人员有义务监督并采取任何必要行动，防止法人团体或其任何雇员实施第 61 条规定的任何犯罪行为（以下简称"犯罪行为"）；高级管理人员违反上述义务的，处刑法第 61 条第（a）款（4）项规定的罚款。

（b）公司实体或其任何雇员实施犯罪行为的，可推定该高级管理人员违反第（a）款规定的义务，但能够证明其已采取履行其上述义务所需的任何行动的除外。

（c）在本条中，"高级管理人员"，指公司实体的现任董事、合伙人（不包括有限合伙人）以及代表公司实体对实施犯罪的领域负责的高级管理人员。

第 10 章　其他规定

第 64 条　推定

如无相反证明，本协议规定的推定适用于涉及侵犯版权或人身权的任何民事或刑事法律程序：

（1）以通常方式出现在作品上作为作品作者的个人或实体，应被视为作品作者和作品版权人；上述推定还应适用于个人或实体的笔名，前提是该笔名所有人的身份为公众所知。

（2）作品上未出现个人姓名或实体名称作为其作者，且作者的身份未以其他方式公开，或作品上出现身份未公开的个人或实体的笔名的，作品的出版商应被视为作品的著作权人，前提是出版商的名称以通常方式作为作品的出版商出现在作品上。

（3）个人或实体以通常方式作为制作人出现在电影作品上的，该个人或实体应被视为作品的制作人。

2011 年 7 月 28 日新增修订：

（4）个人姓名或实体名称以通常方式出现在录音制品上作为录音制作人的，该个人或实体应被视为录音制品制作人；上述推定还应适用任何个人或实体的笔名，但前提是该笔名所有人的身份为公众所知，但该推定不适用双方均主张对某一录音制品享有著作权的实体之间。

第 65 条　海关扣留

（a）作品版权人（其权利已被侵犯或有合理理由怀疑该等权利将被侵犯）可向海关总署署长发出书面通知，表明其为该作品的版权所有人，并要求署长暂停放行其主张是该作品侵权复制件的货物，并将其视为海关条例禁止进口的货物。

（b）根据第（a）款发出的通知应包含下列事项：

（1）证明申请人享有版权的作品非侵权复制件的样本，以及证明版权人已对侵权复制件的进口发出通知。

（2）使海关总署署长能够将该作品与涉嫌侵权的复制件作出比较的目录或其他任何文件。

（c）版权人应向海关总署署长提供其所知的下列信息：

（1）收到包裹的数量；

（2）进口方式或携带侵权复制件的船舶名称的充分说明；

（3）侵权复制件到达以色列的日期。

（d）版权人必须向海关总署署长提供由海关总署署长规定的原始证据和个人担保，以支付与扣留货物有关的所有费用，或在扣留货物明显不合理时补偿因扣留货物而造成的任何损失，以及支付海关条例要求为此支付的任何费用。

（e）对于海关条例第 129 条规定的为个人使用目的进口的侵权复制件，

不适用本条规定。

（f）在本条中，"海关总署署长"，与海关条例定义的署长具有相同含义。

第66条　适用范围

本法适用于全国。

第67条　实施和法规

（a）司法部长负责执行本法的各项规定，且其可以就本法的实施制定法规。

（b）根据本法第17条、第29条、第30条第（a）款和第（b）款及第31条制定法规，须获得以下批准：

（1）就教育机构而言，教育部部长；

（2）就图书馆而言，负责实施1975年公共图书馆法的部长和教育部部长；

（3）就档案馆而言，负责执行1955年档案馆法的部长。

（c）根据本法第7条、第9条、第17条、第19条、第30条第（c）款、第31条和第56条第（d）款制定的法规和命令须获得议会经济委员会的批准。

第11章　附属修订

第68条　废除1911年版权法国王令（在以色列境内实施）

废除1924年版权法国王令，且1911年版权法在以色列将不再有效。

第69条　版权条例修订

废除版权条例第1条至第3a条以及第3f条至第15条。

第70条　专利和外观设计条例修订

在专利和外观设计条例中：

（1）在第2条中，将"版权"改为"外观设计权"；

（2）在第31条中，将"版权"改为"外观设计权"；

（3）在第33条中：

a）在第（1）款中，将"版权"改为"外观设计权"；

b）在第（2）款至第（4）款中，将"版权"改为"外观设计权"；

（4）在第 35 条中：

a）在第（1）款中，将"版权"改为"外观设计权"；

b）在第（2）款中，将"版权"改为"外观设计权"；

（5）在第 37 条第（1）款中，将"版权"改为"外观设计权"；

（6）在第 43 条中：

a）在第（1）款中，将"版权"改为"外观设计权"；

b）在第（3）款中，将"版权"改为"外观设计权"；

（7）在第 51 条第（1）款中，将"版权"改为"外观设计权"；

（8）在第 55 条第（4）款中，将"版权"改为"外观设计权"。

第 71 条　海关条例修订

海关条例第 200A 条第（a）款：

（1）在开头，将"版权条例第 7d 条"改为"2007 年版权法第 65 条"（以下简称"版权法"）；

（2）在第（1）款中，将"复制品"改为"复制件"；

（3）在第（3）款中，将"版权条例第 7d 条"改为"版权法第 65 条"。

第 72 条　刑事诉讼法修订

在 1982 年刑事诉讼法（合并版），附表 2 第（3）项中，将"版权条例第 10 条第（c）款和第（d）款"改为"2007 年版权法第 61 条第（c）款、第（d）款和第（e）款"。

第 73 条　法院法修订

在 1984 年法院法（合并版）中，将"第 40 条第（4）款（a）项和（b）项"改为"2007 年版权法第（a）款"。

第 74 条　反洗钱法修订

在 2000 年反洗钱法，附表 1 第（16）项中，将"版权条例"改为"2007 年版权法"。

第75条　打击有组织犯罪法修订

在 2003 年打击犯罪组织法，附表 1 第 4 项中，将"版权条例第 10 条第（c）款和第（d）款"改为"2007 年版权法第 61 条第（c）款、第（d）款和第（e）款"。

第76条　议会广播电视法修订

在 2003 年以色列议会法第 15 条"知识产权"定义中的电视广播中，"根据 1911 年版权法和版权条例的版权"应改为"根据 2007 年版权法的版权"。

第12章　生效、适用和过渡条款

第77条　生效

本法自公布之日起 6 个月后生效（以下简称"生效日期"）。

第78条　适用和过渡条款

（a）根据本条第（b）款至第（j）款规定，对于在本法生效日前完成的作品，同样适用本法规定。

（b）根据本法第 2 章规定的版权存续，不适用于在本法生效之前创作的根据先前法律（在本条中称为"旧法"）不享有版权的作品；然而，上述作品自本法生效日期起满足第 8 条规定的条件，或符合根据第 9 条作出的命令的，本条规定不妨碍上述作品根据本法规定享有版权。

（c）在本法生效前针对作品实施的行为，不受第 7 章关于侵犯版权或人身权的规定以及关于该等侵权的救济的调整，而应继续适用旧法；但是，根据本法规定不属于侵犯版权或人身权的行为，不得根据旧法的规定提起诉讼。

（d）在本法生效之前创作或进口至以色列的作品的复制件，根据版权条例第 10 条第（e）款的规定在本法生效之前本应被视为侵权复制件的，就本法而言应被视为"侵权复制件"。

（e）对于本法生效前创作的作品，不适用第 33 条至第 36 条的规定，继续适用旧法对此的规定。

（f）对于本法生效前发生的版权转让或版权许可，不适用第 37 条的规定，继续适用旧法对此的规定。

（g）对于本法生效前已启动和待决的法律程序，不适用第 54 条的规定，继续适用旧法对此的规定。

（h）第 11 条第（7）项规定的租用计算机程序的版权，不适用于在 2000 年 1 月 1 日前取得的计算机程序复制件。

（i）对于本法生效前拍摄的摄影作品的作者身份，以及该摄影作品的版权期限，适用旧法。

（j）对于本法生效前制作的录音制品，不适用第 1 条关于"制作人"的定义，制作人应为根据 1911 年版权法第 19 条第（1）款被视为作品作者的人。

·1962 年第 34 号条例·

巴基斯坦版权条例[1]

（1962 年版权条例）

马海生[*]　译

［经 2000 年 9 月 29 日 2000 年版权（修订）条例修订］

本条例系修订及合并版权相关法律的条例。

鉴于修订及合并版权相关法律是适宜的，根据 1958 年 10 月 7 日的公告，巴基斯坦总统行使其在此方面的一切权力，制定并颁布以下条例：

第 1 章　序　言

第 1 条　简称、效力范围和生效日期

（1）本条例可称为 1962 年版权条例。

（2）本条例在巴基斯坦境内适用。

（3）本条例自联邦政府通过官方公报通知指定的日期生效。

第 2 条　定义

在本条例中，除非与主题或上下文有抵触之处：

（a）改编：

（i）就戏剧作品而言，指将其转化为非戏剧作品；

（ii）就文学作品或艺术作品而言，指通过公开表演或其他方式将其转化为戏剧作品；

---

[*]　译者简介：西南政法大学知识产权学院副教授，硕士生导师。

[1]　本条例根据巴基斯坦知识产权组织官网发布的巴基斯坦版权条例英语版本翻译，同时参照了世界知识产权组织官网发布的巴基斯坦版权条例英语版本。——译者注

（iii）就文学作品或戏剧作品而言，指作品或作品任何版本的删节，使其故事或情节全部或主要通过适于在图书、报纸、杂志或同类期刊上复制的图像形式传达；

（iv）就音乐作品而言，指对该作品的编排或改编；

（b）建筑艺术作品，指任何具有艺术特征或设计的建筑物或构筑物，或该建筑物或构筑物的模型；

（c）艺术作品，指：

（i）绘画、雕塑、素描（包括图形、地图、图表或设计图）、雕刻或照片，无论任何此类作品是否具有艺术水准；

（ii）建筑艺术作品；和

（iii）任何其他作品或工艺美术作品；

（ca）视听作品，指由一系列相关画面以及可能出现的伴声组成的作品，该等画面本质上是通过使用投影仪、幻灯机或电子设备显示，不论体现作品的实物（如胶片或磁带）的性质如何；

（d）作者：

（i）就文学或戏剧作品而言，指该作品的作者；

（ii）就音乐作品而言，指作曲者；

（iii）就照片以外的艺术作品而言，指艺术家；

（iv）就照片而言，指拍摄该照片的人；

（v）就电影作品而言，指该电影作品完成时的所有者；和

（vi）就录音而言，指在制作版本时据以进行录制的母版的所有者；

（e）委员会，指根据本条例第45条成立的版权委员会；

（f）图书，包括以任何语言书写的各卷或分卷、小册子，以及单独印刷或平版印刷的乐谱、地图、图表或设计图，但不包括期刊或报纸；

（g）日历年，指从1月1日开始的年度；

（h）电影作品，指记录在任何类型材料上（无论是否透明），通过演示（回放、显示）传达运动感的视觉画面序列，包括各种类型的视频录像，无论无声或有伴声；

（ha）复制件，包括用任何方法固定作品以及可以直接或借助仪器或设备感知、复制或以其他方式传播作品的实物；

（hb）仿制件，指模仿另一复制件且看上去像是真实复制件但不是真实复制件的复制件；

(i) 传送，就演讲而言，包括通过任何机械仪器、广播或电视广播的传送；

(j) 戏剧作品，包括任何以书面或其他形式固定的朗诵、舞蹈或哑剧娱乐作品，但不包括电影作品；

(k) 雕刻，包括除照片以外的蚀刻版画、平版印刷画、木刻版画、印刷品和其他类似的作品；

(l) 独占许可，指授予被许可人或被许可人及其授权的人作品版权中所包含的任何权利，而排除所有其他人（包括版权人）的许可，"独占被许可人"应据此解释；

(m) 政府作品，指在下列机构指导或控制下创作或出版的作品：

(i) 政府或政府的任何部门；或

(ii) 巴基斯坦的任何法院、裁判庭或其他司法或立法机关；

(n) 侵权复制件：

(i) 就文学、戏剧和艺术作品而言，指非电影作品形式的复制件；

(ii) 就电影作品而言，指该作品的复制件或包含电影配乐在内的任何部分的录音；

(iii) 就录音而言，指任何包含相同内容的录音；

(iv) 对于根据第 24 条享有广播复制权的节目，指录制该节目的录制品，如该复制件、录像或录音是在违反本条例任何规定的情况下制作或进口的；

(o) 演讲，包括授课、演说和讲道；

(p) 文学作品，包括人文、宗教、社会和自然科学、表格、任何形式的数据汇编或其他材料和计算机程序（即记录在任何光盘、磁带、多媒体介质或其他信息存储设备上，输入计算机或计算机设备中，能够复制任何信息的程序）；

(q) 原稿，指体现作品的原始文件，无论是否手写；

(r) 音乐作品，指通过印刷、书写、图形或其他形式制作或复制的任何旋律与和声的组合，或其中的任何一种；

(s) 报纸，指根据 1960 年新闻出版条例（1960 年第 15 号）第 5 条、第 6 条、第 7 条和第 8 条规定出版的载有公共新闻或对公共新闻的评论的任何印刷周期性作品；

(t) 巴基斯坦作品，指其作者是巴基斯坦公民的文学、戏剧、音乐或艺术作品，包括在巴基斯坦创作或生产的电影作品或录音；

（u）表演，包括任何形式的视觉或听觉表达，诸如通过电影作品展览、广播或使用录制品或任何其他方式，就演讲而言，包括演讲的传送；

（v）表演权协会，指在巴基斯坦从事颁发或授予作品在巴基斯坦境内表演许可业务的团体、协会或其他机构，不论其是否注册；

（va）期刊，包括具有独特标题，通常包含由多位撰稿者撰写的文章，旨在以连续编号，定期或不定期出版，没有出版期限的出版物；

（w）照片，包括照相平版印刷品和任何通过类似于摄影方法所产生的作品，但不包括电影作品的任何部分；

（x）印版，包括用于或拟用于印刷或复制作品复制件的任何铅板或其他印版、石版、木版、模具、模型、转印版、底片、磁带、电线、光学胶片或其他装置，以及用于或拟用于制作作品声音表演的录制品的任何模型或其他装置；

（y）规定的，指由根据本条例订立的条文所规定的；

（z）公共图书馆，指伊斯兰堡巴基斯坦国家图书馆以及联邦政府通过政府公报公告宣布的其他图书馆；

（za）无线电传播，包括通过任何无线传播方式向公众传播，无论是以声音或视觉画面的形式或两者兼有；

（zb）录音设备，指任何光盘、磁带、电线、穿孔带或其他能够从中再现声音的设备，但电影配乐音轨除外；

（zc）录音，指包含于录音制品中并能通过录音制品再现的声音的集合；

（zcc）出租，指授权在有限的时间内使用计算机程序或电影作品的原件或复制件；

（zd）复制，就文学、戏剧或音乐作品而言，包括以录制或电影作品形式的复制；就艺术作品而言，包括将作品转换成立体形式，或者将立体形式转换为平面形式，涉及复制作品时应据此解释；

（ze）局长，指根据本条例第 44 条委任的版权局局长，包括在履行局长职能时的版权局副局长；

（zf）作品，指下列作品：

（i）文学、戏剧、音乐或艺术作品；

（ii）电影作品；

（iii）录音；

（zg）合作作品，指两位或两位以上作者合作创作的作品，其中一位作者

的贡献不能与其他作者区分开；和

（zh）雕塑作品，包括铸模和模型。

第 3 条　版权的含义

（1）在本条例中，"版权"指根据本条例规定享有并受本条例限制的下列专有权利：

（a）就文学、戏剧或音乐作品而言，作出并授权作出下列行为：

（i）以任何物质形式复制该作品；

（ii）发表该作品；

（iii）公开表演该作品；

（iv）制作、复制、表演、发表该作品的翻译；

（v）在电影作品中使用该作品或针对该作品制作录音；

（vi）广播该作品，或者通过扬声器或其他类似手段向公众传播该广播作品；

（vii）改编该作品；

（viii）就该作品的翻译或改编，实施（i）至（vi）目规定的行为；

（ix）授权租赁计算机程序；

（b）就艺术作品而言，作出或授权作出下列行为：

（i）以任何物质形式复制该作品；

（ii）出版该作品；

（iii）在电影中使用该作品；

（iv）在电视上放映该作品；

（v）改编该作品；

（vi）就该作品的改编，实施（i）至（iv）目规定的行为；

（c）就电影作品而言，作出或授权作出下列行为：

（i）复制该作品；

（ii）使该作品的视觉画面能被公众看到，声音能被公众听到；

（iii）利用该电影伴音的任何部分制作录音；

（iv）广播该作品；

（v）授权租赁该电影作品；

（d）就录音而言，作出或授权作出下列任何利用该录音的行为：

（i）制作体现同一录音的任何其他录音；

（ii）在电影作品的伴音中使用该录音；

（iii）公开播放录音中的录音；

（iv）以广播的方式传播该录音中的录音。

（2）第（1）款所述针对作品或其翻译或改编实施的行为，应包括就该作品、翻译或改编的组成部分实施的任何行为。

（3）汇编数据或其他材料的版权权利不得延伸至数据或其他材料本身，且不得损害数据或其他材料中存在的任何版权，即仅在汇编范围内享有版权。

第4条　发表的含义

（1）在本条例中，发表：

（a）就文学、戏剧、音乐或艺术作品而言，指向公众提供足够量的作品复制件；

（b）就电影作品而言，指向公众出售、出租，或许诺出售、许诺出租该作品或其复制件；

（c）就录音而言，向公众发行足够数量的录音，但本条例另行明确规定的除外，包括：

（i）就文学、戏剧或音乐作品而言，提供对该作品的任何录音；

（ii）就雕塑作品或建筑艺术作品而言，提供该作品的照片和雕刻。

（2）根据第（1）款对向公众提供的文学、戏剧、音乐、艺术作品或录音的复制件数量是否足够有异议的，应提交委员会作最终决定。

第5条　作品被视为未公开发表或表演

除以侵犯版权为目的外，未经版权人许可或同意，作品即使被公开发表或公开表演，演讲被公开传送，也不视为作品公开发表或公开表演，或不视为演讲公开传送。

第6条　作品被视为首次在巴基斯坦发表

（1）就本条例而言，在巴基斯坦发表的作品应视为在巴基斯坦首次发表，即使该作品同时在其他国家发表，但该其他国家对该作品提供更短版权期限的除外；该作品在巴基斯坦发表的时间与在其他国家发表的时间相差不超过30日的，该作品应被视为同时在巴基斯坦和其他国家发表。

（2）根据第（1）款出现异议，即任何其他国家的版权期限是否短于本条例规定的版权期限的，由委员会作最终决定。

第7条 未发表作品创作持续较长时间时的作者国籍

未发表作品的创作持续较长时间的，该作品的作者，就本条例而言，视为作者所属国的公民或主要创作持续时间其住所地的公民。

第8条 法人的住所地

就本条例而言，法人团体是根据巴基斯坦任何现行法律成立，或在巴基斯坦设有营业场所的，视为其住所地在巴基斯坦。

第2章 版权、版权归属和权利人的权利

第9条 除本条例规定外不存在版权

除根据本条例或届时有效的任何其他法律的规定外，任何人不得就已发表或未发表的作品享有版权或其他类似权利，但本条不得解释为废除限制违反诚实信托或保密的任何权利或管辖权。

第10条 享有版权的作品

（1）在符合本条和本条例其他规定的情况下，下列作品在巴基斯坦境内享有版权：

（a）原创作品、文学作品、戏剧作品、音乐作品和艺术作品；

（b）电影作品；和

（c）录音。

（2）除适用本条例第53条或第54条规定的作品外，第（1）款规定的任何作品不享有版权，但是：

（i）就已发表作品而言，该作品首次在巴基斯坦发表，或该作品首次在巴基斯坦境外发表的，作者在发表之日是巴基斯坦公民，或作者在发表日死亡的，在死亡时作者是巴基斯坦公民或居住地在巴基斯坦；

（ii）就非建筑艺术作品的其他未发表作品而言，作者在该作品创作完成时，是巴基斯坦公民或居住地在巴基斯坦；和

（iii）就建筑艺术品而言，该作品位于巴基斯坦。

（3）作品存在下列任一情况的，不享有版权：

（a）就电影作品而言，该作品的实质部分侵犯其他作品版权的；

（b）就文学、戏剧或音乐作品的录音而言，在制作该录音时侵犯作品版权的。

（4）电影作品或者录音是否享有版权，不应影响该作品或录音（视属何情况而定）所涉及的任何作品获其实质部分的独立版权。

（5）就建筑艺术作品而言，版权仅限于艺术特性和设计，不得延伸至施工过程或方法。

第 11 条　合作作品

在合作作品中，一名或多名作者不符合本条例赋予版权条件的，就本条例而言，该作品的其他作者应被视为是唯一作者：

前提是版权期限应当与所有作者均满足版权赋予条件的期限一致。

第 12 条　关于根据 1911 年第 2 号法律可注册外观设计的规定

（1）根据 1911 年专利与外观设计法（1911 年第 2 号法律）注册的任何外观设计不享有版权。

（2）能够根据 1911 年专利与外观设计法（1911 年第 2 号法律）注册但尚未注册的任何版权，根据该版权设计制造的产品被版权人或版权人许可的其他人通过工业流程复制超过 50 次的，该作品的版权即终止。

第 13 条　第一版权人

在符合本条例规定的情况下，作品的作者是该作品的第一版权人，但是：

（a）就作者在受雇于报纸、杂志或类似期刊经营者期间根据雇佣合同或学徒合同创作的为在报纸、杂志或类似期刊上发表的文学、戏剧或艺术作品而言，在没有任何相反约定的情况下，只要版权涉及在任何报纸、杂志或类似期刊上发表该作品或以发表为目的的复制该作品的，该报纸、杂志或类似期刊的经营者是该作品的第一版权人，但在所有其他方面，作者是该作品的第一版权人；

（b）在符合（a）项规定的情况下，经他人要求而拍摄的照片、绘制的绘画或肖像、制作的雕刻或电影作品，在没有任何相反约定的情况下，该人是第一版权人；

（c）就作者根据雇佣合同或学徒合同创作的但不适用（a）项或（b）项规定的作品而言，在没有任何相反约定的情况下，雇主是第一版权人；

（d）就政府作品而言，在没有任何相反约定的情况下，政府是该作品的第一版权人；

（e）就适用第 53 条规定的作品而言，相关国际组织是作品的第一版权人。

第 14 条　版权的转让

（1）现有作品的版权人及未来作品的版权人，可以将整个或部分版权保护期间的版权全部或部分，一般性地或有限制地转让给他人；

转让未来作品的版权的，该转让于作品存在时生效：

作品的版权人是作品的作者的，不得转让该作品的版权或者版权的任何权益；进行转让的，其有效期自转让当年下一个日历年开始之日起不得超过 10 年（转让给政府或者教育、慈善、宗教或者非营利机构的除外）。转让违反本但书规定的，该作品的版权应于但书规定的期限届满时归于作者，作者死亡的，归于其利益代表：

作者以发表为目的将未发表作品的版权转让给其他个人或者组织，而作品自转让之日起 3 年内未发表的，其版权归于作者。

（2）版权受让人有权享有该版权所包括的任何权利的，就本条例而言，受让人（就已经转让的权利而言）和转让人（就未转让的权利而言）应被视为版权人，本条例的规定据此具有效力。

（2A）版权人或者受让该版权的发表人认为转让协议的任何条款可能会对其利益产生不利影响的，可以在转让后 1 年内向委员会申请审议该条款，委员会可以在听取双方意见后，发布其认为合适的命令；委员会的命令对双方均有约束力。

（3）在本条中，就未来作品的版权转让而言，受让人在作品存在之前死亡的，"受让人"一词包括受让人的法定代理人。

第 15 条　转让的方式

非经转让人或经其正式授权的代理人以书面形式签署，任何作品的版权转让均属无效。

第 16 条　通过遗嘱处分转移原稿版权

根据遗赠有权获得文学、戏剧或者音乐作品的原稿或艺术作品，且该作品在立遗嘱人生前未发表的，除非立遗嘱人的遗嘱或者其附录中表明相反的意图，只要立遗嘱人在其生前为版权人，该遗赠应解释为包括该作品的版权。

第 17 条　版权人放弃版权

（1）作品的版权人可以按照规定的格式向局长发出通知，放弃该版权所包括的全部或者任何权利，在符合第（3）款规定的前提下，该权利自通知之日起即告终止。

（2）在收到根据第（1）款规定发出的通知后，局长应安排在政府公报上和以其认为合适的其他方式予以公布。

（3）放弃作品的版权所包括的全部或者任何权利，不影响于第（1）款所述通知日期存在的有利于任何人的任何权利。

第 3 章　版权的期限

第 18 条　已发表文学、戏剧、音乐和艺术作品的版权期限

除下文另有规定外，作者生前发表的任何文学、戏剧、音乐或者艺术作品（照片除外）的版权，应存续至作者死亡当年的下一日历年开始之日起50年。

解释——在本条中，对合作作品的作者应解释为最后死亡的作者。

第 19 条　遗作的版权期限

（1）就文学、戏剧或者音乐作品或者雕刻作品而言，版权存续至作者死亡之日，或者如属合作作品，版权存续至最后死亡的作者的死亡之日或者紧接死亡之日前，但该作品或者其任何改编在此之前未发表的，该版权应自作品首次发表当年的下一个日历年开始之日起存续50年，作品的改编在任一更早年份发表的，版权应自发表当年的下一个日历年开始之日起存续50年。

（2）就本条例而言，任何文学、戏剧或者音乐作品或者其改编已公开表演，或者就其制作的任何录音已出售或者许诺出售给公众的，视为已发表。

第 20 条　电影作品、录音和照片的版权期限

（1）就电影作品而言，版权应自作品发表当年的下一个日历年开始之日起存续 50 年。

（2）就录音而言，版权应自作品发表当年的下一个日历年开始之日起存续 50 年。

（3）就照片而言，版权应自作品发表当年的下一个日历年开始之日起存续 50 年。

第 21 条　匿名作品和笔名作品的版权期限

（1）文学、戏剧、音乐或者艺术作品（照片除外）以匿名或者笔名形式发表的，版权应自该作品首次发表当年的下一个日历年开始之日起存续 50 年：

但是，作者的身份在上述期限届满前被披露的，版权应自作者死亡当年的下一个日历年开始之日起存续 50 年。

（2）在第（1）款中，就合作作者的匿名作品而言，作者应作如下解释：

（a）其中一名作者的身份被披露的，指该作者；

（b）不止一名作者的身份被披露的，指该等作者中最后死亡的作者。

（3）在第（1）款中，就合作作者的笔名作品而言，作者应作如下解释：

（a）一名或者多名（但并非全部）作者的姓名为笔名，且未披露其身份的，指非笔名作者；两名或者多名作者的姓名不是笔名的，指其中最后死亡的作者；

（b）一名或者多名（但并非全部）作者的姓名为笔名，且披露了其中一名或者多名作者的身份的，指非笔名作者和已被披露的笔名作者中最后死亡的作者；和

（c）所有作者的姓名均为笔名，且披露了其中一名作者的身份的，指身份已被披露的作者；披露了其中两名或两名以上作者的身份的，指其中最后死亡的作者。

解释——就本条而言，作者和发表人公开披露了作者的身份，或者该作者以其他方式使委员会信纳其身份的，作者的身份应视为已被披露。

第 22 条　政府作品和国际组织作品的版权期限

（1）政府是政府作品的第一版权人的，该作品的版权应自首次发表当年

的下一日历年开始之日起存续 50 年。

（2）就第 53 条规定所适用的国际组织作品而言，版权应自首次发表当年的下一日历年开始之日起存续 50 年。

第 23 条　未发表作品的版权期限

（1）已知作者身份的作品在作者死亡后 50 年内未发表的，该作品应于作者死亡当年的下一日历年开始之日起 50 年后进入公共领域。

（2）作者身份不明的作品在创作后 50 年内未发表的，该作品应于创作当年的下一日历年开始之日起 50 年后进入公共领域。

第 4 章　广播组织、表演者和录音制品（声音记录）制作者的权利

第 24 条　广播组织的权利

（1）广播组织有权授权：

（a）转播其广播；

（b）录制其广播；和

（c）复制其广播的录制品。

（2）本权利应自广播发生当年的下一日历年开始之日起存续 25 年。

第 24A 条　表演者和录音制品（声音记录）制作者的权利

（1）表演者有权实施或禁止实施下列行为，即录制其未被录制的表演、复制该录制品、以无线方式广播其现场表演和向公众传播其现场表演。

（2）录音制品制作者有权实施或禁止实施下列行为，即直接或者间接复制其录制品并出租。

（3）第（1）款和第（2）款规定的权利自录音制品制作或者表演发生的日历年结束起存续 50 年。

第 25 条　本条例其他规定对广播组织、表演者和录音制品制作者的适用

未经广播组织、表演者和录音制品（声音记录）制作者授权实施或促致实施第 24 条和第 24A 条所述行为的，应被视为侵犯广播组织、表演者和录音制品（声音记录）制作者的权利，第 12 章至第 16 章中的规定应在性质允许的范围内，适用于广播组织、表演者和录音制品（声音记录）制作者，如同

其分别为作者和作品。

第 26 条 定义

（a）广播，指通过无线和/或有线传播（包括通过电视广播）或任何其他传播方式向公众传播声音和/或画面；

（b）录制品，指将声音和/或画面固定在装置中，通过该装置可以使声音或画面在听觉或视觉上被感知；

（c）录音制品，指对表演声音或者其他声音的单纯听觉录制；

（d）录音制品制作者，指录制表演声音或者其他声音的人或法律实体；

（e）转播，指一个广播组织同时广播另一个广播组织的广播。

第 27 条 其他权利不受影响

为消除疑虑，特此声明，授予广播组织的权利不影响广播中使用的任何文学、戏剧、音乐、艺术、电影作品或者任何录音的版权。

第 5 章 作品版式的权利

第 28 条 版式保护和保护期限

作品版式的出版人有权授权以摄影或者类似方法制作该版式设计的复制件，以供商业销售；该权利应自该版式首次出版当年的下一日历年开始之日起存续 25 年。

第 29 条 侵权行为等

未经出版人授权以摄影或者类似方法制作或者促致制作该版式设计或者其实质部分的复制件供商业销售的，视为侵犯出版人的权利。第 12 章至第 16 章的规定应在性质允许的范围内，适用于出版人和版式设计，如同其分别为作者和作品。

解释——版式，应包括美术字。

第 30 条 与版权的关系

为消除疑虑，特此声明，在符合第 10 条第（2）款规定的情况下，本章授予出版人的权利应：

（a）存在，无论版式涉及的作品是否受版权保护；

（b）不影响文学、戏剧、音乐或者艺术作品本身的版权（如有）。

第6章　表演权协会

第31条　表演权协会提交报酬、费用和使用费声明

（1）各表演权协会应在规定时间内以规定方式，制作、公布及向局长提交协会拟收取的所有报酬、费用或者使用费的声明，协会收取该等报酬、费用或者使用费，是为了授予协会有权授予的作品的公开表演许可。

（2）任何协会就任何作品未根据第（1）款规定制作、公布或者向局长提交第（1）款所述声明的，除非获得局长的同意，对侵犯该作品表演权的行为，不得采取诉讼或者其他法律程序，以强制执行任何民事或者刑事救济。

第32条　对已公布声明的异议

对第31条所述任何声明中任何报酬、费用或使用费或其他细节有任何异议的，可随时向版权局提出书面异议。

第33条　异议的认定

（1）根据第32条向版权局提出的每一项异议，均应尽快提交委员会，委员会应以下文规定的方式对异议作出认定。

（2）尽管无人提出异议，委员会仍应关注其认为存在异议的任何事项。

（3）委员会应就每一项异议向相关表演权协会发出通知，并应为该协会和异议人提供合理陈述机会。

（4）委员会在作出规定的调查后，应对声明作出其认为适当的更改，并将经更改或者未更改的声明送交局长，局长应在收到声明后，在可行范围内尽快将其在官方公报上公布，并向相关表演权协会和异议人提供一份副本。

（5）经委员会批准的报酬、费用或者使用费的声明，应为相关表演权协会针对可合法起诉获得或就其颁发或者授予（与该等报酬、费用或者使用费有关）的作品公开表演的许可所收取的报酬、费用或者使用费。

（6）任何表演权协会对已向该协会提交或者支付上述经委员会批准的报酬、费用或者使用费的人，均无权就其主张的侵犯任何作品表演权的行为提起诉讼或者强制执行任何民事或者其他救济措施。

第34条　现有权利不受影响

本章任何规定均不应被视为影响：

（a）本条例生效前产生或者引起的与表演权有关的任何权利或者义务；和

（b）本条例生效时未决的与该等权利或者义务相关的任何法律程序。

第7章　许　可

第35条　版权人的许可

任何现有作品的版权人或者未来作品的版权人，可以通过其本人或其法定授权代理人签署的书面许可，授予版权的任何权益；

但如属与任何未来作品版权相关的许可，该许可仅在作品存在时生效。

解释——根据本条规定获得与未来作品版权相关的许可的人于该作品存在之前死亡的，在许可没有任何相反规定的情况下，其法定代理人有权享有该许可的利益。

第36条　拒绝公开作品的强制许可

（1）如在任何已出版或者公开表演的巴基斯坦作品的版权期限内，向委员会提出申请，指出该作品的版权人存在下列情形的：

（a）拒绝再版或者拒绝允许重新发表该作品，或者拒绝允许公开表演该作品，且由于该拒绝作品无法公开；或

（b）拒绝按照申请人认为合理的条款，允许通过广播向公众传播该作品或者录音中的作品；或

（c）已死亡或者失踪，或者无法被找到，且出于公共利益需要重新发表作品；

委员会在给予作品的版权人合理陈述机会，并进行其认为必要的调查后，认为该拒绝不符合公共利益，或该拒绝的理由不合理，或版权人已死亡或失踪，或无法被找到，且为了公共利益需要重新发表该作品的，委员会可以视情况指示局长授予申请人再版、公开表演或者通过广播向公众传播该作品的许可，但申请人应向版权人支付补偿金，并遵守委员会确定的其他条款和条件；局长应按照委员会的指示，在申请人支付规定费用后，将许可授予申请人。

（2）两人或多人根据第（1）款规定提出申请的，许可应授予委员会认为最有利于公共利益的申请人。

（3）联邦政府或者委员会可以根据任何政府机构或者法定机构的申请，出于公共利益，授予非营利重印、翻译、改编或者出版教科书的许可。

第 37 条　翻译制作和出版许可

（1）任何巴基斯坦公民或居住在巴基斯坦的人均可向委员会申请获得制作并出版文学或戏剧作品的任何巴基斯坦语言或者巴基斯坦通用的非英语、法语或西班牙语译本的许可。

（2）每份申请均应以规定的形式提出，并应说明作品译本的建议零售价。

（3）本条项下的每一许可申请人，应在其申请时向局长缴付规定费用。

（4）根据本条向委员会提出申请时，委员会可在进行规定的审查之后，指示局长授予申请人非专有和不可转让的许可，允许其以申请所述语言制作并出版译本，但申请人应就出售给公众的作品译本按照委员会根据个案具体情况和规定方式所确定的费率向作品的版权人支付使用费；

但不符合下列任一情况的，不得授予许可：

（a）作品的版权人或其授权的任何人在该作品首次出版后 1 年内并未出版以申请中所述语言翻译该作品的译本，或虽然已出版该译本，但该译本已绝版；

（b）申请人已向委员会证明并令其信纳申请人曾请求版权人授予其制作并出版该译本的权利，但遭到拒绝，或者申请人无法找到版权人；

（c）申请人无法找到作品的版权人的，已于申请许可前至少 2 个月，将其授权请求书送交作品记载的出版商；

（d）委员会信纳申请人有能力制作并出版该作品的正确译本，并有能力向该作品的版权人支付根据本条应向其支付的使用费；

（e）已删除；

（f）在切实可行的情况下，给予作品的版权人陈述的机会；

（g）根据书面记录的理由，委员会信纳授予许可符合公众利益。

第 8 章　版权登记

第 38 条　版权登记簿、索引以及登记簿查阅

（1）局长应在版权局备存一份按照规定格式进行记录的登记簿，称为版

权登记簿，其中须载有作品的名称或标题、作者姓名和住址、出版商和版权人，以及规定的其他事项。

（2）局长还应备存规定的版权登记簿索引。

（3）根据本条规定备存的版权登记簿及其索引应在所有合理时间内公开，以供查阅，且任何人有权在支付费用并符合规定条件的情况下复制或摘录其中任一登记簿或索引。

第39条　版权登记

（1）任何作品的作者或出版商、版权人或其他与该作品版权有关的人，可按照规定的格式向局长提出申请，并缴纳规定费用，将该作品的详细信息记入版权登记簿。

（2）局长在收到依据第（1）款就任何作品提出的申请后，应将该作品的详细信息记入版权登记簿，并将登记证书发给申请人，但基于书面记录的理由，其认为不应对该作品作上述登记的除外；

对于艺术作品，局长不应将该作品的详细信息记入版权登记簿，亦不应将登记证书发给申请人，除非在申请提交后1个月内或在局长决定的延长期限内，申请人已在指定报纸上公告该作品，并将该作品的两份复制件提交局长，并且在此后1个月内或在局长决定的延长期限内（不超过2个月），局长未收到任何反对将作品详细信息登记入版权登记簿的意见。

第40条　版权转让等登记

（1）对通过转让或许可方式被授予版权权益有利害关系的任何人，可以按照规定的格式提出申请，并缴纳规定的费用、授权原始文书及其核证副本，向局长申请将该项授权的详细信息记入版权登记簿。

（2）局长在接到依据第（1）款就任何作品提出的申请后，应在进行其认为合适的审查后，将该项授权的详细信息记入版权登记簿，但基于书面记录的理由，其认为不应对该项授权作上述登记的除外。

（3）授权原始文书的核证副本由版权局保存，授权原始文书应返还交存人，并在其上背书或贴上登记证书。

第41条　更正版权登记簿和索引中的条目等

（1）局长可在规定情况下在符合规定条件时通过下列方式变更或修改版

权登记簿和索引：

（a）更正任何姓名、地址或特定信息中的任何错误；或

（b）更正因意外失误或遗漏而产生的任何其他错误。

（2）委员会可依据局长或任何权益受到损害的人的申请，通过下列方式命令更正版权登记簿：

（a）填写登记簿上错误遗漏的任何条目；

（b）删除登记簿上错误填写或保留的任何条目；或

（c）更正登记簿上的任何错误或缺陷。

第42条　版权登记簿是其所登记事项的表面证据

（1）版权登记簿和索引应是其所登记事项的表面证据。已被局长认证并加盖版权局印章的其中任何条目的副本或摘录文件，在所有法院均应被视为可采信的证据，而无须进一步出示原件予以证明。

（2）作品的版权登记证书，即为该作品享有版权以及该证书显示为版权人的人是实际版权人的表面证据。

第9章　版权局、版权局局长和版权委员会

第43条　版权局

（1）为施行本条例，应设立一个名为版权局的办事机构。

（2）版权局应由版权局局长直接管理，版权局局长应在联邦政府的监督和指导下行事。

（3）版权局应备有印章，印文应依法通告。

第43A条　版权局分支机构

（1）为便于版权登记，应设立巴基斯坦版权局分支机构，设立地点经联邦政府批准后由版权局局长决定。

（2）分支机构应履行版权局局长不时通知的版权局的职能。

第44条　版权局局长和副局长

（1）联邦政府应为施行本条例任命一名版权局局长，并可任命一名或多名版权局副局长。

局长应：

（i）签署根据本条例备存的版权登记簿内的所有条目；

（ii）签署版权局盖章的所有版权登记证书和核证副本；

（iii）行使本条例直接授予或根据本条例间接赋予的权力并履行本条例直接赋予或根据本条例间接赋予的职责；

（iv）担任版权委员会秘书；和

（v）履行其他规定的职责。

（3）版权局副局长须在局长的监督及指示下，履行局长根据本条例不时指派给他的任务。

（4）经联邦政府批准，局长可将其根据本条例行使的任何特定职能指派给副局长以外的其他工作人员。

第45条　版权委员会

（1）联邦政府应成立名为版权委员会的委员会，由以下成员组成：

（i）由联邦政府任命的主席；

（ii）联邦政府在与作者、出版商、电影业及任何与版权有关的其他利益团体的代表团体协商后任命的3人以上5人以下的其他成员：

但应尽可能地让每一个省的居民在委员会获得充分代表；和

（iii）局长当然成员。

（2）除局长以外的包括委员会主席在内的委员会成员，应按照规定的任期和条件任职。

（3）主席须由现任或曾任高等法院法官，或有资格被委任为该等法官的人担任。

第46条　委员会的权力和程序

（1）在不违反根据本条例制定的任何规章的情况下，委员会有权管理其自身程序，包括确定其会议的地点和时间。

（2）委员会成员对根据本条例提交委员会决定的任何事项有不同意见的，以多数人的意见为准：

但无法达成多数意见的，以主席的意见为准。

（3）委员会可授权其任何成员行使其根据第78条拥有的任何权力，获此授权的成员为行使该权力而作出的任何命令或行为，应当被认为是委员会的命令或行为（视属何情况而定）。

（4）委员会根据本条例作出的行为或采取的程序，不得仅因委员会组成存在任何空缺或不足而受到质疑。

（5）委员会就 1898 年刑事诉讼法典（1898 年第 5 号法律）第 480 条和第 482 条目的而言应被视为民事法院，在委员会进行的所有程序应被视为巴基斯坦刑法典（1860 年第 45 号法律）第 193 条和第 228 条意义下的司法程序。

（6）委员会任何成员均不得参与在委员会针对其具有个人利益的事项而进行的任何程序。

第 10 章　向公共图书馆提供图书和报纸

第 47 条　向公共图书馆提供图书

（1）在遵守根据本条例所制定的任何规章且不违反 1960 年新闻及出版条例（1960 年第 15 号）第 40 条规定的情况下，即使有任何相反约定，本条例生效后在巴基斯坦出版的每种图书的出版商，仍应自出版之日起 30 日内，自费向各公共图书馆交付一本该图书，并应提供规定的相关详情。

（2）交付给位于伊斯兰堡的巴基斯坦国家图书馆的复制件应为整本图书的复制件，其中所有地图和插图应以和最佳复制件相同的方式完成和上色，应装订、缝制或缝合在一起，并以印刷该图书相同的纸张制作复制件。

（3）交付给任何其他公共图书馆的复制件，应使用以往为出售而印刷该图书复制件的过程中使用次数最多的纸张，并与准备出售的图书处于相同状态。

（4）第（1）款规定不适用于第二版或后续版本的图书，如果该第二版或后续版本的图书的文印、地图、印刷或该图书的插图均未被进行任何增添或修改，并且该图书的第一版或任何其他版本的复制件已根据本条规定交付。

第 48 条　向公共图书馆提供期刊和报纸

在遵守根据本条例所制定的任何规章且不违反 1989 年印刷业和刊物注册条例（1989 年第 7 号）第 36 条规定的情况下，在巴基斯坦出版的每份期刊或报纸的出版商应于期刊或报纸的每一期或者是一经出版后即自费向各公共图书馆提供一份复制件，并须提供规定的相关详情。

第49条　所提供图书、期刊和报纸的收据

根据第47条或第48条规定向其提供图书、期刊或报纸复制件的公共图书馆负责人（或称为图书馆员或其他任何名称）或其他任何被授权接受提供的人，应向出版商提供书面收据。

第50条　处罚

出版商违反本章任何规定或违反根据本章制定的任何规章的，处500卢比以下罚款；违法行为涉及图书或期刊的，还应处相当于图书或期刊价值的罚款；审理该违法行为的法庭可指示将其所处罚款的全部或任何部分，以补偿的方式，支付给该图书、期刊或报纸（视属何情况而定）本应提供的公共图书馆。

第51条　本章所述违法行为的审理

（1）除联邦政府通过一般或特别命令授权的官员提起诉讼外，任何法院均不得受理本章规定的任何应受处罚的违法行为。

（2）初级地方法院以下的法院不得审判根据本章应受处罚的违法行为。

第52条　本章适用于政府出版的图书、期刊和报纸

本章亦适用于政府出版或政府授权出版的图书、期刊和报纸，但不适用于仅供官方使用的图书或期刊。

第11章　国际版权

第53条　关于某些国际组织的作品的规定

（1）联邦政府可在官方公报中宣布本条适用于官方公报规定的一个或多个主权实体或政府是其成员的组织。

（2）其中：

（a）作品是由适用本条的任何组织创作或首次出版或在其指导或控制下创作或首次出版的；

（b）除本条规定外，该作品在创作或首次出版时（视属何情况而定）在巴基斯坦不享有版权的；且

（c）存在下列任一情况的：

（i）该作品如前所述是根据与作者达成的协议出版，且该协议并未将作品的版权（如有）保留给作者的；或

（ii）根据第 13 条的规定该作品的任何版权属于该组织的，该作品在整个巴基斯坦应享有版权，但属于由联邦政府或在联邦政府授权下对教育机构中用于教学、学习或研究的教科书进行重印、翻译、改编或出版后所得作品除外。

（3）适用本条的不具有法人团体的法律行为能力的组织，为持有、处理以及实施版权的目的和针对与版权有关的所有法律程序中应被视为具有法人团体的法律行为能力。

第 54 条　将版权延伸至外国作品的权力

（1）联邦政府可在官方公报中发布命令，指示本条例的全部或任何规定：

（a）适用于该命令涉及的在国外首次出版的作品，一如在巴基斯坦境内首次出版；

（b）适用于其作者在创作作品时是该命令涉及的外国主体或公民的未出版作品或其任何类别，一如该作者是巴基斯坦公民；

（c）针对住所在该命令涉及的外国适用，一如该住所位于巴基斯坦；

（d）适用于作者在首次出版之日或（作者在首次出版之日死亡的）在作者死亡之时是该命令涉及的外国主体或公民的任何作品，一如该作者在该日或该时是巴基斯坦公民；

由此在符合本章及该命令的规定的情形下，本条例据此适用，但是：

（i）在根据本条就任何外国（巴基斯坦与之签订条约的国家或与巴基斯坦同为缔约国的版权公约缔约国除外）作出命令之前，联邦政府应信纳，该国已制定或已承诺制定联邦政府认为有利于在该国保护根据本条例规定而享有版权的作品的规定；

（ii）该命令可规定，本条例的规定可一般性地适用，也可适用于该命令所指明的作品类型或者个案类型；

（iii）该命令可规定，在巴基斯坦版权期限不得超过该命令所涉及的外国法律所规定的期限；

（iv）该命令可规定，除该命令另行规定外，本条例关于向公共图书馆提供图书复制件的规定不适用于在该外国首次出版的作品；

（v）在适用本条例有关版权归属的规定时，该命令可在考虑该国法律的

情况下，作认为有必要的修改；

（vi）该命令可规定，本条例或其任何部分不适用于在该命令生效前已创作或已首次出版的作品。

第55条　限制首次在巴基斯坦出版的外国作者作品权利的权力

联邦政府认为外国没有或没有承诺对巴基斯坦作者的作品给予充分保护的，联邦政府可在官方公报上发布命令，指示本条例中授予在巴基斯坦首次出版，其作者是该外国的主体或公民且不居住在巴基斯坦的作品版权的规定不适用于在命令规定日期后出版的作品。在命令指定日期后，本条例这些规定不适用于此类作品。

第12章　版权侵权

第56条　版权侵权的时间

作品的版权被视为侵权：

（a）未经版权人同意，或未经版权人或局长根据本条例所授予的许可，或违反授予许可的条件或主管部门根据本条例规定的任何条件：

（i）作出任何本条例授予版权人专有权去做的事情；或

（ii）为营利而允许其场所用于公开表演作品，而这种表演侵犯作品的版权，除非他不知道，并且没有合理理由怀疑该表演将侵犯版权；或

（b）当任何人：

（i）为销售或出租而制作、销售、出租、商业展示、许诺销售或出租；或

（ii）为贸易目的发行，其发行程度对版权人造成不利影响；或

（iii）公开的贸易展览；或

（iv）向巴基斯坦进口该作品的任何侵权复制件。

解释——就本条而言，以电影作品的形式复制文学、戏剧、音乐和艺术作品，应视为"侵权复制"。

第57条　不属于版权侵权的行为

（1）下列行为不构成版权侵权：

（a）为下列目的而对文学、戏剧、音乐或艺术作品的合理使用：

（i）研究或私人学习；

（ii）对该作品或任何其他作品的批评或评论；

（b）为了报道时事的目的而对文学、戏剧、音乐或艺术作品的合理使用：

（i）在报纸、杂志或类似期刊上；或

（ii）通过广播、电影作品或摄影；

（c）为提出司法程序或报道司法程序的目的对文学、戏剧、音乐、艺术作品的复制；

（d）报纸上刊登在公众集会发表的带有政治性质的演讲的报道，除非在演讲之前、期间，在演讲所在建筑靠近演讲者的主要入口或其附近张贴醒目的书面或印刷通知禁止该报道，且该建筑用于公共活动，但本条不影响关于报纸摘要的规定；

（e）根据届时有效的法律制作或提供的经核对无误的复制件中对任何文学、戏剧或音乐作品的复制；

（f）公开朗读或朗诵已出版的文学作品或戏剧作品的合理摘录；

（g）为供教育机构使用目的出版主要是由无版权材料组成的合集，并在标题中及由出版商或代表出版商发行的宣传广告中均如此描述，或者从有版权的已出版文学、戏剧作品中摘录片段，即使该作品本身并非为在教育机构中使用而出版：

但同一出版商在 5 年内出版的同一作者的作品不得超过两个段落；

解释——就合作作品而言，本条所称的作品段落应包括该等段落的任何一位或多位作者的作品段落，或一位或多位该等作者与任何其他作者合作的作品段落。

（h）文学、戏剧、音乐或艺术作品的复制或改编：

（i）无论是在教育机构或其他地方，在课程中，由老师或学生仅出于教学目的，以印刷以外的其他方式进行的复制和改编；

（ii）作为在考试中要回答的问题的一部分；或

（iii）回答该等问题；

（i）在教育机构的活动过程中，由该机构的教师或学生表演文学、戏剧或音乐作品，或是电影作品或录音，如果观众仅限于该等教师或学生、学生父母或监护人以及与该机构的活动有直接关联的人；

（j）就文学、戏剧或音乐作品制作录音，如果：

（i）该作品的版权人或者经作品版权人的许可或同意先前已经录制该作

品；和

（ii）录音制作人已经就其制作录音的意向发出规定的通知，并已经以规定的方式按委员会为此规定的费率向版权人支付关于他所制作该录音的版权使用费；

但在制作录音时，不应该对该作品作出任何更改或删除，除非该作品的版权人或者经作品版权人的许可或同意先前以录音录制作品时有过类似的改动或删除，或者经作品版权人的许可或同意进行，或者该等改动和删除对录音是合理必要的；

（k）利用录音公开播放其内容：

（i）在人们居住的处所内，作为该处所专门或主要为居民提供便利设施的一部分；或

（ii）作为并非以营利为目的而成立或经营的俱乐部、社团和其他组织的活动的一部分；

（l）由业余俱乐部或社团表演文学、戏剧、音乐作品，如果表演是面向非付费观众，或者为了宗教、慈善机构或教育机构的利益；

（m）在报纸、杂志或其他期刊上复制有关当前经济、政治、社会或宗教主题的文章，除非该文章的版权人明确保留该复制的权利；

（n）在报纸、杂志或其他期刊上刊登向公众发表的演讲的报道；

（o）由公共图书馆馆长或非营利图书馆负责人制作或在其指导下制作非用于出售的图书的不超过 3 本复制件（包括小册子、乐谱、地图、图表或示意图）供公众免费使用，或者供隶属于教育机构的图书馆使用；

（p）为研究、私人学习目的，或为了出版保存在图书馆、博物馆或其他公共机构内的未发表的文学、戏剧或音乐作品的目的而复制；

但图书馆、博物馆或其他机构（视属何情况而定）知道此类作品的作者身份或合作作品的作者身份的，本条规定仅适用于复制制作的时间超过作者死亡之日起 50 年以上，或就合作作品而言，已知身份的作者死亡之日起 50 年以上，或已知多名作者身份的，最后一位作者死亡之日起 50 年以上；

（q）复制或发表：

（i）任何已在官方公报上公布的事项，或任何临时委员会、委员会、代表会、管理委员会或其他由政府设立的类似机构的报道，但政府禁止复制或公布此类事项或报道的除外；

（ii）法院、法庭或其他司法机关的判决或命令，但法院、法庭或其他司

法机关（视属何情况而定）禁止复制或发表该等判决或命令的除外；

（r）制作或出版绘画、素描、雕刻、照片或者建筑艺术作品；

（s）制作或出版雕塑作品或其他艺术作品的绘画、素描、雕刻或照片，如果该作品永久位于公共场所或公众可进入的场所；

（t）在电影作品内包含：

（i）永久位于公共场所或公众可以进入的场所的艺术作品；或

（ii）任何其他艺术作品，如果该包含仅作为背景或以其他方式对作品中表现的主要事项而言是附带发生的；

（u）当艺术作品的作者不是该作品的版权人时，该作者使用其为创作该作品所做的模具、铸模、素描、示意图、模型或草图：

但不得因此重复或模仿该作品的主要设计；

（v）制作平面艺术作品的立体形态的物体，而该物体在非有关该种类物体的专家看来不是该艺术作品的复制件；

（w）根据最初建造建筑物或构筑物时参考的建筑图纸或示意图而重建建筑物或构筑物：

但原建筑物是在该图纸或示意图的版权人的同意或许可下建筑的；

（x）就电影作品中所录制或复制的文学、戏剧或音乐作品而言，在该作品的版权期限届满后展示该作品；

（a）项（ii）目、（b）项（i）目、（f）项、（m）项和（p）项不适用于任何行为，除非该行为随附声明：

（i）通过标题或其他描述来识别作品；且

（ii）同时确认作者，但该作品是匿名的或作品的作者先前同意或要求不声明其姓名的除外。

解释——就本款（a）项、（b）项而言：

（i）对散文形式的文学或戏剧作品，单个摘录最多400字，或一系列摘录（其中有评论）最多800字，并且任何一个摘录不超过300字；且

（ii）对诗歌形式的文学或戏剧作品，摘录最多40行，并且在任何情况下，该摘录均不超过整首诗的1/4，可被视为合理使用该作品：

但在评论新出版的作品时，合理较长的摘录可被视为合理使用该作品。

（2）第（1）款规定应适用于与文学、戏剧、音乐作品的翻译或文学、戏剧、音乐或艺术作品的改编有关的行为，一如该条文适用于该作品本身。

第 57A 条　包括在录音及录像带内的详情

（1）未在录音以及其包装上显示下列详情的，不得就巴基斯坦的作品出版录音：

（a）录音制作人的姓名和地址；

（b）作品版权人的姓名和地址；和

（c）首次出版的年份。

（2）录像带放映时未在录像盒或其他包装中显示下列详情的，不得就巴基斯坦的作品出版录像带：

（a）作品是根据 1979 年电影条例（1979 年第 43 号）的规定须获得核准方可放映的电影作品的，由中央电影审查委员会根据该条例第 5 条第（3）款规定或由政府为此授权的其他机构提供该作品的核准副本；

（b）录像带制作人的姓名和地址，以及从该作品的版权人处取得制作录像带所需的许可或同意的声明；和

（c）该作品的版权人的姓名和地址。

第 58 条　侵权复制件的进口和出口

（1）在版权人或其正式授权的代理人提出申请且支付规定费用后，局长可在进行其认为恰当的调查后，命令不得将该作品的侵权复制件进口到巴基斯坦或自巴基斯坦出口。

（2）除另行规定外，局长或其授权的其他人可进入可能发现第（1）款所述复制件的船舶、车辆、码头或处所检查该等复制件。

（3）根据第（1）款作出命令适用的复制件，应被视为是根据 1969 年海关法（1969 年第 4 号）的规定禁止或受限进入巴基斯坦或自巴基斯坦出口的货物，该法的所有规定应具有相应效力。

第 13 章　民事救济

第 59 条　定义

在本章中，除非上下文另有要求，"版权人"应包括：

（a）独占被许可人；

（b）对于匿名或使用笔名的文学、戏剧、音乐或艺术作品，或匿名或者

使用笔名的合作作品，作品的出版商拥有作者身份，直至作者身份由作者或出版商公开披露或由该作者或其法定代理人以其他使委员会认可的方式确定。

第 60 条 侵犯版权的民事救济

（1）作品的版权受到侵犯的，除本条例另行规定外，版权人有权就被侵犯的权利而获得法律赋予或可能赋予的禁令、损害赔偿、返还利润及其他救济：

但被告能证明侵权行为发生时，其不知道该作品存在版权并有合理理由相信该作品不存在版权的，除针对侵权的禁令和法院在该情况下认为合理的被告因销售侵权复制件所获得的全部或部分利润外，原告无权获得其他救济。

（2）就文学、戏剧、音乐或艺术作品而言，作者的姓名或出版商的名称（视属何情况而定）出现在已出版的复制件上，或就艺术作品而言，在该作品创作时出现在该作品上的，除非相反证明成立，姓名或名称出现的作者或出版商在有关侵犯该作品版权的诉讼程序中被推定为作品的作者或出版商。

（3）在有关侵犯版权的诉讼程序中，各方的诉讼费由法院酌情决定。

第 60A 条 侵犯版权的特别救济

（1）作品版权受到侵犯，且版权人有充分理由不能立即提起正常法律程序的，即使版权人没有以诉讼或其他民事程序的形式提起正常法律程序，版权人或作品版权的利害关系人可立即向法院申请临时命令防止版权侵权及保存与侵权有关的证据。

（2）法院信纳申请人与该作品版权存在利害关系，申请人的权利很可能受到侵害、影响或损害，且延迟发布该命令可能会对申请人带来不可弥补的损害，或证据有被损坏、隐藏或脱离法院管辖权的合理风险，或在其他情况下如果不能立即采取行动预期的法律程序可能会受阻的，或在没有该类命令的情况下可能会出现多重诉讼的，法院无须事先通知被告便可发布第（1）款所述临时命令。

（3）版权人或其他利害关系人已根据第（1）款和第（2）款规定寻求临时命令，但在最长 30 日内没有提起版权侵权诉讼或其他民事程序的，该命令失效；版权人提起正常程序的，不论何人提起的临时程序均应并入正常程序中。

（4）进口或出口的货物中含有侵权复制件的，法院在行使第（1）款和第（2）款规定的权力时，可指示保管该货物的海关当局在法院作出决定前拒绝放行该货物。

但临时命令因申请人的作为或不作为而被撤销或失效的，法院可就造成的损害判给被告适当的费用。

第61条 单独权利的保护

除本条例另行规定外，构成作品版权的若干权利归属于不同人的，该权利的权利人在权利范围内，有权获得本条例所提供的救济并可通过诉讼或其他程序单独行使权利，其他权利人不作为该诉讼或程序的一方当事人。

第62条 特殊权利

（1）即使作者已转让或放弃作品的版权，但仍享有署名权，并有权就对该作品的任何歪曲、篡改或其他修改，或就该作品的任何其他可能损害其荣誉或名誉的行为要求禁止，或要求损害赔偿。

（2）第（1）款赋予作品作者的权利，可由该作者的法定代理人行使。

第63条 版权人对持有或处理侵权复制件的人的权利

享有版权的作品的所有侵权复制件，以及已用于或意图用于制作该侵权复制件的印版，应被视为版权人的财产，版权人可据此提起诉讼程序，以恢复占有或转换占有；

但对方能证明存在下列事项的，版权人无权就转换侵权复制件的占有获得救济：

（a）其不知道作品享有版权，且有合理理由相信侵权复制件涉及的作品不享有版权；或

（b）其有合理理由相信该等复制件或印版并不涉及侵犯作品的版权。

第64条 对建筑作品救济的限制

（1）侵犯或完工后会侵犯其他作品版权的建筑物或其他构筑物已经开始建造的，版权人无权取得禁止建造该建筑物或构筑物或将其拆除的禁止令。

（2）第63条的规定不适用于侵犯或完成后会侵犯其他作品版权的建筑物或其他构筑物的建造。

第 65 条　法院管辖权和诉讼时效

（1）针对版权侵权的所有诉讼或其他民事程序均应在地区法院提起和审理，案件通常应在 12 个月内作出裁决。

（2）根据第（1）款规定提交起诉书的，委员会或由主席和其所任命的至少两名成员组成的临时委员会应考虑该事项，并在给予当事人陈述机会后，作出其认为合适的命令。

（3）第（2）款所述临时委员会的决定应视为委员会的决定。

（4）事项已根据第（1）款规定提交委员会的，任何法院不得再审理、审判或受理与该事项有关的任何诉讼或程序。

（5）除有关上诉的条文另有规定外，委员会的决定为最终决定，并应按照第 79 条规定的方式执行。

第 13A 章　进出口禁令

第 65A 条　禁令

任何作品的侵权复制件，无论是其本身，还是绘制或应用于任何物品或货物，或以任何其他形式，均不得通过海、空、陆或任何其他传播渠道进口至巴基斯坦或自巴基斯坦出口。

第 65B 条　海关官员的管辖范围

（1）根据 1969 年海关法（1969 年第 4 号）行使职权的海关官员，可在作品版权人或与作品版权有利害关系的任何其他人提出申请后，扣留任何拟进口至巴基斯坦或自巴基斯坦出口的、涉嫌含有侵权复制件的货物。

（2）根据第（1）款扣留的货物，应由海关官员在双方在场的情况下进行检查，并在确定该货物包含侵权复制件后，责令没收该货物，进口商或出口商视情况应受到 1969 年海关法（1969 年第 4 号）规定的处罚：

但本条规定的所有扣留及检查货物的程序，通常应在上述人员提交申请后 15 日内完成。

此外，任何海关官员根据本条发布的命令应视为根据 1969 年海关法（1969 年第 4 号）发布的命令，并可据此提出上诉。

第65C条　扣留货物的放行

拟进口至巴基斯坦或自巴基斯坦出口的货物已被海关官员根据第65B条扣留，且该条第（1）款但书的要求未完成的，该货物的进口商或出口商，可根据具体情况，在提供适当担保后向相关海关当局申请放行该等货物。

第14章　犯罪及罚则

第66条　侵犯版权或本条例所赋予的其他权利的犯罪

故意侵犯或教唆他人侵犯下列任一权利的：

（a）作品的版权；

（ab）电影作品和计算机程序的出租权；

（ac）表演者或录音制作者的权利；或

（b）本条例授予的任何其他权利；

处3年以下有期徒刑，并处或单处10万卢比以下罚金。

解释——建造建筑物或其他构筑物侵犯或完工后会侵犯其他作品版权的，不构成本条规定的犯罪。

第66A条　出版未经版权人授权而改编、翻译或修改的作品集或作品汇编的处罚

在明知的情况下出版或促致出版未经原作品版权人授权而改编、翻译或修改的作品集或作品汇编的，或欺诈性地使用易误导公众或使其与先前出版的其他作品产生混淆的标题的，处3年以下有期徒刑，并处或者单处10万卢比以下罚金。

第66B条　对未经授权复制或发行盗版录音制品和电影作品的处罚

未经授权出于商业、利润或收益的目的制造或发行盗版录音制品和电影作品的，处3年以下有期徒刑，并处或者单处10万卢比以下罚金。

第66C条　对利用和挪用供私人使用的录音或视听作品的处罚

出于商业、利润或收益的目的，利用或挪用任何供私人使用的录音或视听作品的，处3年以下有期徒刑，并处或单处10万卢比以下罚金。

第 66D 条　对超出版权人或其版权继承人授权制作复制件或副本的处罚

制作或促致他人制作超出版权人或其版权继承人授权数量的复制件或副本的，处 3 年以下有期徒刑，并处或单处 10 万卢比以下罚金。

第 66E 条　未经授权出租电影作品及计算机程序的处罚

未经版权人或其被许可人授权，出租电影作品或计算机程序的原件或复制件的，处 3 年以下有期徒刑，并处或单处 10 万卢比以下罚金。

第 67 条　以制作侵权复制件为目的的持有印版

在明知的情况下针对享有版权的任何作品以制作侵权复制件为目的而制作或持有印版，或在明知的情况下为其私利促致作品未经版权人同意而公开表演的，处 2 年以下有期徒刑，并处或单处 10 万卢比以下罚金。

第 68 条　在登记簿等作虚假记载或出示、提供虚假证据的处罚

任何人：

（a）在版权登记簿中作出或促致他人作出虚假记项的；

（b）制作或促致制作虚假声称是登记簿中任何条目副本的字句的；或

（c）明知是虚假的情况下，制作、提交或促致他人制作或提交任何此类条目或字句作为证据的；

处 2 年以下有期徒刑，并处或单处 10 万卢比以下罚金。

第 69 条　为欺骗、影响当局或官员而作出虚假陈述的处罚

任何人：

（a）为了欺骗根据本条例任何条文行使职权的当局或官员；或

（b）为了诱使或影响与本条例及相关事项的作为或不作为；

明知是虚假陈述或表述而故意作出的，处 2 年以下有期徒刑，并处或单处 10 万卢比以下罚金。

第 70 条　虚假署名

任何人：

（1）在非作者的作品中或作品的复制件中插入、粘贴任何人的姓名，以

暗示该人是该作品作者的；或

（2）在明知他人并非作品的作者或出版商的情况下，出版、销售或出租，或者通过贸易报价，公开出售或出租，或者通过公开贸易展览，在作品上插入或附上他人姓名，暗示其为该作品的作者或出版商的；或

（3）实施第（2）款所述行为，涉及在复制件中插入或粘贴任何人姓名以暗示该人是作者的作品，复制、发行该作品，而据其所知，该作者并非该作品的作者；或者公开表演，或将该作品作为特定作者的作品进行广播，而据其所知，该作者并非该作品的作者的；

处2年以下有期徒刑，并处或单处10万卢比以下罚金。

第70A条　违反第57A条的处罚

违反第57A条的规定出版录音或视听作品的，处3年以下有期徒刑，并处或单处10万卢比以下罚金。

第70B条　加重罚款的情形

根据第66条、第66A条、第66B条、第66C条、第66D条或第70A条规定被定罪后，再次因同一罪行被定罪的，该条规定的"10万"罚金变更为"20万"。

第71条　公司犯罪

（1）公司实施本条例规定犯罪的，犯罪行为发生时管理公司并对公司负责的每个人均应与公司一起被视为实施了该犯罪行为，并应受到相应的起诉和处罚：

但能证明该犯罪行为是在其不知情的情况下所犯的，或其已尽一切应尽努力防止该犯罪发生的，不受本款规定的惩罚。

（2）尽管有第（1）款规定，公司实施本条例规定犯罪的，且证明该犯罪行为是在公司任何董事、经理、秘书或其他高级职员的同意或纵容下所犯的，或可归因于该董事、经理、秘书或其他高级职员的任何疏忽的，董事、经理、秘书或其他高级职员亦应被视为实施了该犯罪行为，并应受到相应的起诉和处罚。

解释——在本条中：

（a）公司，指任何法人团体，包括公司或其他个人协会；

（b）董事，就企业而言，指企业的合伙人。

第 72 条　犯罪审理

级别低于一级法官负责的法院，不得审理本条例规定的犯罪行为。

第 73 条　法院处置侵权复制件、印版或者以制作侵权复制件为目的的录音设备的权力

审理本条例规定犯罪行为的法院，认为被指控的犯罪嫌疑人持有的全部作品复制件、印版、录音设备，是侵权复制件或印版、用于或拟用作制作侵权复制件的录音设备的，可以命令销毁、交付版权人或以法院认为合适的其他方式处理，无论被指控的犯罪嫌疑人最终是否被定罪。

第 74 条　警方扣押侵权复制件、印版和录音设备的权力

（1）级别不低于副督察的警务人员确信有人实施了或正在实施或相当可能实施第 14 章所述侵犯作品版权的行为的，可在无搜查令的情况下扣押不论在何处发现的该作品的所有复制件及所有用于制作该作品的侵权复制件的印版和录音设备，扣押的所有复制件、印版及录音设备应尽快在切实可行范围内移交给法官：

但任何公共图书馆、教育机构附属图书馆或非营利图书馆所拥有的可供公众免费使用的复制件、印版或录音设备，或由个人持有供其善意使用的复制件、印版或录音设备，不得被扣押。

（2）对根据第（1）款扣押的作品、印版或录音设备有利害关系的，可在扣押后 15 日内，向法官提出申请，要求归还该复制件、印版或录音设备，法官在听取申请人及原告的陈述及进行所需的进一步调查后，应就该项申请作出其认为合适的命令。

（3）本条例规定的所有犯罪行为均可予定罪、不可保释。

第 74A 条　法官对本章所规定罪行的裁定赔偿权力

（1）法官在判处被告罚金时，可裁定被告支付给被侵权人或被侵权人的继承人或被侵权人的法定代理人一定金额作为赔偿，该赔偿应与被侵权人所受损失相称，且不超过罚金总额的 50%。

（2）根据第（1）款向任何人支付的赔偿，并不损害该人在就同一事项在法院提起的或待决的诉讼中或其他法律程序中提出索赔的权利。

第15章 上 诉

第75条 针对法官某些命令的上诉

因根据第73条、第74条第（2）款或第74A条第（1）款作出的命令而受到损害的，在该命令作出后30日内，可以向作出该命令的法院的上一级法院提起上诉，而该上诉法院可以裁定暂缓执行该命令，以待该上诉得到处理。

第76条 针对局长命令的上诉

因局长的任何最终决定或命令而受到损害的，在该决定或命令作出之日起3个月内，可以向委员会提出上诉：

委员会审理根据本条提出的上诉时，作出该命令或决定的局长不得以委员会成员身份出席。

第77条 针对委员会命令的上诉

（1）因委员会的任何最终决定或命令（而非委员会的初步决定或命令，亦非在根据第76条提出的上诉中作出的决定或命令）而受到损害的，在该最终决定或命令作出之日起3个月内，可以向上诉人实际和自愿居住地、营业地、个人工作地有管辖权的高等法院提起上诉：

但该上诉不得针对委员会根据第4条第（2）款及第6条第（2）款作出的决定提出。

（2）在计算根据第76条和本条第（1）款针对上诉规定的3个月的时间时，不包括发放上诉所针对的命令的核证副本或决定记录核证副本所需要的时间。

第16章 其他规定

第78条 局长和委员会拥有民事法院的某些权力

根据1908年民事诉讼法（1908年第5号）审理诉讼时，局长和委员会在以下方面享有民事法庭的权力：

（a）传唤及强制任何人到场，并可在宣誓后讯问该人；

（b）要求披露和出示任何文件；

（c）就宣誓陈述书收取证据；

（d）发出询问证人或鉴定文件的委托；

（e）向任何法院或办事处调阅任何公开的卷宗或其副本；

（f）规定任何其他程序性事项。

解释——为了强制证人出庭，局长或委员会管辖的地域范围应为整个巴基斯坦。

第79条　局长或委员会作出的支付令作为判决执行

局长或委员会根据本条例作出的任何支付令，或高等法院在针对委员会命令的上诉中作出的任何命令，在由局长、委员会或高等法院书记官发出的证明书上，须视为民事法院的判决，并以与民事法院执行判决相同的方式执行。

第80条　赦免

不得以任何人依据本条例善意作出或拟作出的任何事项对其提起诉讼或其他法律程序。

第81条　被视为公务员的工作人员

根据本条例委任的每名人员和委员会的每名成员，应视为巴基斯坦刑法典（1860年第45号）第21条所指的公务员。

第82条　制定规章的权力

（1）为执行本条例的目的，在本条例公布后，联邦政府可制定规章。

（2）在不损害上述权力一般性的情况下，规章可就下述一项或多项内容作出规定：

（a）委员会主席及其他成员的任期及任职条件；

（b）起诉书、申请书以及根据本条例颁发的许可的格式；

（c）委员会局长主持的程序所须遵循的规程；

（d）根据本条例应付的任何使用费的方式，以及为支付该使用费而须提供的担保；

（e）根据本条例备存的版权登记簿的格式及该登记簿上的所填事项；

（f）局长及委员会享有民事法院权力的事项；

（g）根据本条例应付的费用；

（h）版权局的业务及本条例规定由局长领导或管理的一切事宜。

第 83 条　废止

1914 年版权法（1914 年第 3 号）和联合王国议会通过的 1911 年版权法〔经 1914 年版权法（1914 年第 3 号）对其在巴基斯坦的适用进行修改〕特此废止。

第 84 条　除外条款和临时规定

（1）本条例生效前采取任何行动在与复制或表演任何作品有关的情况下招致任何支出或责任，且行动方式在当时是合法的，或目的在于复制或表演作品，而该复制或表演若非在本条例生效的情况下是合法的，本条规定并不减损或损害在上述日期存在的、有价值的、由该等行动产生的或与该等行动有关的任何权利或利益，除非根据本条例有权限制上述复制或表演行为的人同意支付赔偿金；没有约定赔偿金的，可由委员会决定。

（2）本条例生效前根据第 83 条废止的法律不享有版权的作品，不得因本条例而享有版权。

（3）本条例生效日期前享有版权的作品，自该生效日期起，该版权的权利即为本条例第 3 条就该作品所属的作品类别规定的权利；该条授予任何新权利的，应按下列方式确定权利人：

（a）作品的版权在本条例生效日期前已完全转让的，受让人或其权益继受人为新权利人；

（b）在其他情况下，由根据第 83 条废止的法律确定的该作品版权的第一版权人首任权利人或其法定代理人为新权利人。

（4）除本条例另有规定外，在本条例生效日期前享有作品版权或该版权上任何权利或利益的，在如本条例未生效其本应享有该权利或利益的期间内，仍有权继续享有该权利或利益。

（5）在本条例生效日期前已实施的行为不构成版权侵权的，本条例的任何规定不得视为使该行为构成版权侵权。

马来西亚版权法[①]

（2020 年 1 月 30 日修订实施）

牟　萍[*]　郭　泰[**]　译

本法旨在对与版权有关的法律作出更好的规定，并对相关的其他事项作出规定。

由马来西亚最高元首根据国会上议院和下议院建议经其同意并根据其授权制定如下条款。

第1章　序　言

第1条　简称、适用和生效日期

（1）本法可引称为 2020 年版权法（修正）。

（2）本法自部长在公报上通知指定的日期生效。

第2条　适用范围

（1）在不违反本条和第 59A 条，以及根据第 59A 条制定的条例的情况下，本法适用于本法生效前所创作的作品，如同其适用于本法生效后创作的作品一样；

但本条不得恢复本法生效前已过保护期的版权。

（2）仅根据第（1）款规定在本法生效前创作的作品可获得版权保护的，在本法生效前任何所作的行为不视为构成对该版权的侵犯。

---

[*]　译者简介：西南政法大学知识产权学院副教授。

[**]　译者简介：西南政法大学知识产权学院 2020 级知识产权法硕士研究生。

[①]　马来西亚版权法系 1987 年制定，期间经过 2012 年、2020 年两次修订，两次修订均是以修正案形式颁布。本法根据马来西亚知识产权局官网公布的马来西亚版权法英语版本翻译。本次翻译时，是以 2012 年修订后的全文版本为基础，并补充和替换了 2020 年修正案废止、修改和新增的条文，形成现行法文本而翻译。——译者注

（3）本条适用于在生效前已完成的作品，在本法生效后完成的作品不得视为在本法生效前已经完成。

第 3 条　解释

在本法中，除非文义另有要求：

改编，包括以下任何一项：

（a）就文学作品而言，指将该作品转换为戏剧作品的版本（无论是其源语言还是其他语言）；

（b）就戏剧作品而言，指将该作品转换为文学作品的版本（不论是以源语言或其他语言）；

（c）就文学作品或戏剧作品而言：

（i）翻译作品；

（ii）作品的版本，其中的故事或情节完全或主要通过在图书或报纸、杂志或类似期刊中可复制的图片形式来表达；

（d）就计算机程序形式的文学作品而言，该作品的版本，无论是否采用该作品最初表达的语言、代码或符号，并非该作品的复制品；

（e）就音乐作品而言，对该作品的编排或转录；

（f）就文学或艺术作品而言，该作品的版本（不论是源语言或其他语言）被转换成电影。

指定日期，具有 2002 年马来西亚知识产权局法（第 617 号法律）规定的含义。

艺术作品，指：

（a）图形作品、照片、雕塑或拼贴画，不论其艺术品质高低；

（b）作为建筑物或建筑物模型的建筑作品；或

（c）艺术工艺品；

但不包括 2000 年集成电路布图设计法（第 601 号法律）所指的布图设计。

助理局长，指根据第 5 条第（2）款或第（3）款获委任或视为获委任为助理局长的人。

作者：

（a）就文学作品而言，指作家或者作品的创作者；

（b）就音乐作品而言，指作曲家；

（c）就照片以外的艺术作品而言，指艺术家；

(d) 就照片而言，指负责安排拍摄照片的人；

(e) 就电影或录音而言，是指负责安排制作电影或录音的人；

(f) 就任何国家内传播的广播而言，指：

(i) 负责选择节目的内容且传播节目的人；或

(ii) 提供该节目并与传送该节目的人作出传送该节目所需的安排的人；

(g) 就任何其他情况而言，指作品的创作者。

广播，指以有线或无线方式传送视觉图像、声音或其他信息，而该等信息：

(a) 能够被公众合法接收；或

(b) 传送以供向公众人士出示；

并包括在广播服务向公众提供解码方法或获得其同意的情况下，传送编码信号。

广播服务，指马来西亚任何地区在政府的一般指导、控制或许可下经营的任何无线电广播或电视广播服务。

建筑物，包括任何固定构筑物，以及建筑物或固定构筑物的一部分。

公民，包括如在相关日期活着就有资格根据联邦宪法取得公民资格的人。

向公众传播，指通过有线或无线方式向公众传播作品或表演，包括向公众提供作品或表演，使公众能够在其个人选择的地点和时间获得作品或表演。

计算机程序，指以任何语言、代码或符号表达的指令（不论有无相关信息），目的在于使具有信息处理能力的装置直接或在下列任何一种或两种情形内执行特定功能：

(a) 转换成另一语言、代码或符号；

(b) 复制在不同物质载体上。

局长，指根据第5条第（1）款任命的版权局局长。

复制品，指以书面形式、录音或电影形式或任何其他物质形式复制的作品。

版权，指本法规定的版权。

知识产权局，指根据2002年马来西亚知识产权局法成立的马来西亚知识产权局。

副版权局局长，指根据第5条第（2）款或第（3）款获委任或视为获委任为副版权局局长。

衍生作品，指第8条第（1）款（a）项和（b）项所述作品。

教育机构，具有1961年教育法（第550号法律）规定的含义。

电影，指将一系列视觉图像固定在任何种类的材料上，不论该材料是否半透明，以便能够在有或没有任何手段的帮助下使用该材料：

（a）作为活动画面放映；或

（b）记录在其他材料上，无论是否半透明，而利用该材料可使该材料如此显示；

并包括与电影相关的任何配乐中体现的声音。

固定，指声音、图像或两者的体现，或其表现形式，以一种足够永久或稳定的物质形式，使其能够通过装置在一定时间内被感知、再现或以其他方式传达。

未来版权，指在未来的任何作品或作品类别或其他客体，或在本法任何条款生效时，或在任何未来的事件中，将产生或可能产生的版权。

政府，指马来西亚政府或任何州政府。

图形作品，包括：

（a）任何绘画、绘图、图解、地图、图表或平面图；和

（b）任何雕刻、蚀刻、平版印刷、木刻或类似作品。

侵权复制品：

（a）就版权而言，指根据本法获得版权保护的作品的任何复制品，该复制品的制作侵犯该作品版权，或在未经版权人同意而进口到马来西亚的任何未经版权人同意制作的复制品；

（b）就表演者的权利而言，指对表演的记录的任何复制，而其制作侵犯表演者权利，或对于未经表演者同意而进口到马来西亚的任何未经表演者同意的录制品。

许可，指合法授予的书面许可，允许进行受版权调整的行为。

许可机构，指根据第27A条被宣布为许可机构的团体或组织。

许可安排，指一项安排（包括具有安排性质的任何事项，无论其被描述为安排或收费标准或任何其他名称），规定：

（a）该安排的执行人或其所代表的人愿意授予版权许可的情况类别；和

（b）在该等情况类别中授予许可的条款。

文学作品，包括：

（a）小说、故事、图书、小册子、手稿、诗歌作品和其他著作；

（b）话剧、戏剧、舞台指导、电影情节、广播剧本、舞蹈作品和哑剧；

（c）论文、历史、传记、散文和文章；

（d）百科全书、词典和其他参考图书；

（e）信件、报告及备忘录；

（f）讲座、演讲、布道及其他性质相同的作品；

（g）表格或汇编，不论是否以文字、数字或符号表达，也不论是否以可见形式表达；和

（h）计算机程序；

但不包括政府、法定机构的立法或行政性质的官方文本，司法裁判，政治演说和政治辩论，在法律程序过程中发表的演说及其正式译文。

表演：

（a）包括：

（i）戏剧作品或部分戏剧作品的表演，包括使用木偶的表演，或即兴戏剧作品的表演；

（ii）音乐作品或部分音乐作品的表演，或即兴音乐作品的表演；

（iii）阅读、朗诵或陈述全部或部分文学作品，或阅读、朗诵或陈述即兴文学作品；

（iv）舞蹈表演；

（v）马戏表演、综艺表演或任何类似的演出或表演；或

（vi）与民俗表达有关的表演，由一人或多人在马来西亚现场作出，不论是否有观众在场；但：

（b）不包括：

（i）阅读、朗诵或陈述任何新闻或资讯；

（ii）任何体育活动；或

（iii）观众参与表演。

手稿，就作品而言，指体现作品的原始载体，无论是否手写。

物质形式，就作品或衍生作品而言，包括任何形式（不论是否可见）的存储，以便从中复制全部或实质部分的作品或衍生作品。

部长，指当时负责知识产权事务的部长。

音乐作品，指任何音乐作品，包括为音乐伴奏而作曲的作品。

表演者，指演员、歌手、音乐家、舞蹈家或任何表演、演唱、陈述、朗诵、演出、翻译或以其他方式表演的人。

表演者权，指表演者根据本法享有的权利。

照片，指在任何介质上产生图像或可通过任何方法产生图像的光或其他辐射的记录，而该记录不是电影的一部分。

处所，指由任何人固定或以其他方式设立或设置的任何地方，不论该地方是否封闭，亦包括车辆、飞机、船舶及任何其他船只。

符合资格的人：

（a）就个人而言，指马来西亚公民或永久居民；和

（b）就法人团体而言，指在马来西亚设立并根据马来西亚法律组成或赋予法人资格的法人团体。

转播，指一个广播机构同时或随后广播另一广播机构的广播，无论该广播机构位于马来西亚还是在国外，并包括通过有线传播该广播；进行转播，应作相应解释。

录制，指录音或录像，但根据第 16A 条第（3）款录制的录音制品除外。

有关日期，指马来西亚半岛的独立日和沙巴、砂拉越两个州及纳闽直辖区的马来西亚日。

复制，指以任何形式或版本制作一份或多份作品的复制品，且就艺术作品而言，包括复制二维作品的三维复制品，以及复制三维作品的二维复制品；进行复制，应作相应解释。

雕塑，包括为雕塑目的而制作的铸件或模型。

录音制品，指对一系列声音的固定，或对能够被听觉感知和以任何方式再现的声音的固定，但不包括与电影有关的配乐。

技术保护措施，指在正常运行过程中，有效防止或限制侵犯作品版权的行为的任何技术、设备或组件。

法庭，指根据第 28 条成立的版权法庭。

合作作品，指由两个或两个以上作者合作完成的作品，其中每个作者的贡献与另一个或多个作者的贡献不可分割。

第 4 条　出版

（1）除本条另有规定外，就本法而言：

（a）文学、音乐或艺术作品，或这类作品的版本，只有在作者或经作者合法授权的人同意，以足以满足公众合理需要的方式，销售或以其他方式提供作品的一份或多份复制品时，才应视为已出版；

（b）只有当电影的一份或多份复制品经作者或作者合法授权人的同意，以足以满足公众合理需要的方式销售、出租、为销售或出租而提供或展示时，才应被视为已出版；

（c）只有在经作者或经作者合法授权人的同意，以足以满足公众合理需要的方式提供该录音的一份或多份复制品时，才应被视为已出版；且

（d）只有经表演者同意，以足以满足公众合理需要的方式提供固定表演的一份或多份复制品时，才应被视为已出版。

（2）就本法而言，文学或音乐作品的表演和艺术作品的展览不构成该作品的出版。

（3）就本法而言，有下列情形的，该出版视为在马来西亚首次出版：

（a）作品或演出首先在马来西亚出版，而非在其他地方出版；或

（b）作品或表演首先在其他地方出版，但在其他地方出版后 30 日内在马来西亚出版。

（4）在第一种情况下只出版了作品或表演的一部分的，该部分就本法而言应作为单独的作品或表演（视属何情况而定）处理。

第 5 条　局长、副局长和助理局长

（1）知识产权局局长为版权局局长。

（2）部长可以根据其决定的条款和条件，从任何公职人员和知识产权局雇佣的人员中任命必要数量的副局长、助理局长和其他官员，并可以撤销任何被任命或被认为是根据第（3）款被任命的人员的任命。

（3）在指定日期之前根据本法担任副局长、助理局长和其他官员的人，在指定日期应被视为已根据第（2）款被指定为副局长、助理局长和其他官员。

（4）在局长的指导和控制下，遵守局长可能规定的条件，以及在第 41A 条的限制下，副局长或助理局长可根据本法行使局长的任何职能。本法指定或授权或要求由局长作出或签署的任何事项，可由副局长或助理局长作出或签署，副局长或助理局长的行为或签署与由局长作出或签署产生同样的效果。

（5）局长或副局长可履行本法规定的所有职责，并行使本法赋予助理局长的所有权力。

第 2 章　一般规定

第 6 条　除根据本法外不得享有版权

除本法另有规定外，不得根据其他法律享有任何版权。

第7条　享有版权的作品

（1）在符合本条规定的情况下，以下作品享有版权：

（a）文学作品；

（b）音乐作品；

（c）艺术作品；

（d）电影；

（e）录音；和

（f）广播。

（2）不论作品的质量和创作目的如何，均应受到保护。

（2A）版权保护不得延伸至任何思想、程序、操作方法或数学概念本身。

（3）符合下列条件的文学、音乐或艺术作品可以获得版权：

（a）已作出足够努力，使该作品具有独创性；且

（b）该作品已被写下来、记录下来或以其他方式记录在物质载体上。

（4）任何作品不得仅因创作该作品或就该作品作出的任何作为涉及侵犯其他作品版权而不符合版权资格。

（5）根据本法，根据任何有关工业外观设计的成文法注册的任何外观设计均不享有版权。

（6）经第 1420 号法律废除。

（7）就本条而言，任何与工业设计有关的成文法包括：

（a）1949 年英国外观设计（保护）法（第 214 号法律）；

（b）沙巴州的英国外观设计（保护）条例（沙巴第 152 条）；和

（c）砂拉越州的（英国）外观设计条例（砂拉越第 59 条）。

第8条　衍生作品

（1）下列衍生作品作为原创作品受到保护：

（a）对符合版权保护条件作品的翻译、改编、编排和其他演绎形式；和

（b）获得版权保护的作品集，或无论是机器可读的还是其他形式数据的汇编，由于对其内容的选择和安排构成智力创作。

（2）对第（1）款中作品的保护应不影响对所使用的现有作品的任何保护。

第9条　作品已出版版本的版权

（1）除本法另有规定外，任何一项或多项文学、艺术或音乐作品的每一出版版本均享有版权，其中包括：

（a）首次在马来西亚出版；或

（b）该版本的出版者在首次出版之日是合格资格人；

但本款不适用于复制同一作品的先前版本的出版版本。

（2）除本法另有规定外，版本的出版商有权享有该版本中因本条规定而存在的版权。

（3）除本法另有规定外，根据本条规定存在于某一版本中的版权所限制的行为，是对该版本的排版进行复制。

（4）为研究、私人学习、批评、审阅、新闻、时事报道等任何目的而复制已出版版本的排版，如该复制符合公平交易原则，则不侵犯本条所规定的版权；

但如果该复制是公开的，则应附有对作品名称及其作者的声明，该作品被附带纳入广播中除外。

（5）政府，国家档案馆或任何州档案馆，国家图书馆或任何州图书馆，或任何公共图书馆以及教育、科学或专业机构，如果出版物的排版符合公共利益并符合公平交易和任何条例的规定，可在不侵犯本条规定的版权的情况下，复制出版物的排版。

第 10 条　保护条件

（1）符合版权保护条件的作品，其作者或在合作作品中的任何一个作者在作品完成时具有资格，该作品即受版权保护。

（2）符合版权保护条件的作品，且满足下列条件的，享有版权：

（a）在马来西亚首次出版的文学、音乐或艺术作品或电影或录音；

（b）在马来西亚建造的建筑作品，或在马来西亚建造的建筑物纳入的任何其他艺术作品；

（c）马来西亚境内传播的广播。

（3）尽管有第（1）款和第（2）款的规定，除本法另有规定外，符合版权保护条件并在马来西亚创作的作品，享有版权。

第10A条　表演者的保护条件

表演者符合下列条件的，享有表演者权：

（a）是马来西亚公民或永久居民；或

（b）不是马来西亚公民或永久居民，但其表演：

（i）在马来西亚表演；

（ii）被纳入受本法保护的录音；或

（iii）没有被固定在录音中，但包含在受本法保护的广播中。

第11条　政府、政府机构及国际组织作品的版权

（1）由政府和部长通过命令规定的政府组织或国际机构创作或在其指导或控制下创作的，符合版权保护条件的作品，享有版权。

（2）第10条不得视为将版权授予本条适用的作品。

第12条　政府版权的管理

作品的版权归政府所有的，与版权有关的部门应代表政府管理和控制该版权；

但有关部门可授权国家档案馆馆长代表政府管理和控制该版权。

第3章　版权的性质和期限

第13条　文学、音乐或艺术作品，电影和录音的版权性质

（1）文学、音乐或艺术作品，电影、录音或衍生作品的版权，是在马来西亚控制下列行为的专有权：

（a）以任何有形形式复制；

（aa）向公众传播；

（b）向公众演出、展示或演奏；

（c）根据第994号法律废除；

（d）根据第994号法律废除；

（e）通过销售或其他转让所有权方式向公众发行复制品；和

（f）向公众进行商业出租；

全部或实质部分的作品，以原有或衍生形式，但：

（A）控制复制品发行的专有权，仅指将先前未在马来西亚发行的复制品发行的行为，而不是指对已发行复制品的发行或进口至马来西亚；且

（B）控制电影商业出租的专有权，仅适用于在商业出租导致该作品的广泛复制并严重损害专有复制权的情况。

（2）尽管有第（1）款的规定，该款下的控制权并不包括有权控制下列行为：

（a）以公平交易的方式进行第（1）款所述任何行为，包括为研究、私人学习、批评、评论或报道新闻或当前事件的目的；

但除通过录音、电影或广播报道新闻或时事方式外，应当声明作品名称及作者姓名；

（b）以戏仿、模仿或讽刺的方式作出第（1）款所述任何行为；

（c）将位于公共场合的艺术作品纳入电影或广播中；

（d）复制和发行艺术作品的复制品，并将其永久置于公共场合；

（e）附带地将作品纳入艺术作品、录音、电影或广播；

（f）为教学目的，通过举例说明的方式将作品纳入广播、表演、放映或向公众播放、文学或音乐作品集、录音或电影中，并且符合公平原则；

但应说明所使用作品的来源和作者的姓名；

（ff）为考试目的，通过设置问题、向考生传达问题或回答问题的方式使用作品；

但音乐作品的复制品不得供考生在表演时使用；

（g）在学校、大学或教育机构中复制为此类学校、大学或教育机构播放的广播节目中包含的作品；

（gg）为私人和家庭使用目的而制作广播的录音，或广播中包含的文学、戏剧或音乐作品、录音或电影，只要它是由声音组成的；

（ggg）为制作者的私人和家庭使用而制作广播电影，或文学、艺术、戏剧或音乐作品，或由视觉图像组成的广播电影；

（gggg）制作和发行任何作品的复制品，以满足视力或听力受损者的特殊需要，并由非营利组织或机构按照部长可能确定的条件向公众发行此类复制品；

（h）个人在公开场合或广播中朗读或背诵已出版文学作品的任何合理摘录，且声明作品信息和作者信息；

（i）由政府，国家档案馆或任何州档案馆，国家图书馆或任何州图书馆，

或由部长通过命令规定的公共图书馆和教育、科学或专业机构使用作品，或在其指导或控制下使用作品，只要该使用符合公众利益，并符合公平做法和任何条例的规定，以及：

（i）未从中获得利润；且

（ii）对公众的表演、放映或演奏如此使用的作品（如有），不收取入场费；

（j）由广播服务机构或在其指示或控制下复制作品，且该复制或其复制品只用于合法广播，并在复制后6个月内或广播服务机构与该作品版权所有者商定的更长期间结束前销毁复制品；

但是，如果根据本款规定制作的任何作品的复制品具有特殊文献性质，可保存在广播部门为此指定为官方档案中；但根据本法，未经作品版权相关部分的所有者同意，不得用于广播或任何其他目的；

（k）非营利性组织或机构为慈善或教育目的而进行的作品表演、放映或演奏，而且是在不收取门票、入场费的地方进行的表演、放映或演奏；

（l）为司法程序，皇家委员会、立法机构、法定或政府调查的程序，或任何此类程序的报告，或为法律从业者提供专业意见的目的而使用作品；

（m）在符合公正做法的情形下，引用已出版的作品，而且不超过目的所需的范围，包括以新闻摘要的形式引用报纸文章和期刊的内容；

但须声明作品来源和使用作品上显示的作者姓名；

（n）报刊转载、广播或向公众展示在报纸或期刊上发表的关于时事新闻的文章，且以权利人没有明确的保留为限；

但应注明来源；

（o）出于宣传目的，报刊复制、广播表演、向公众展示或播放公开发表的讲座、演讲和其他相同性质的作品，且以权利人没有明确的保留为限；

（p）计算机软件的商业出租，但计算机软件不是出租的主要标的；且

（q）对网络上提供的作品制作临时和附带的电子复制品，且制作该复制品是为了观看、收听或使用上述作品所必需的。

（2A）就第（2）款（a）项而言，在决定交易是否构成公平交易时，须考虑的因素应包括：

（a）交易目的及性质，包括该等交易是否属商业性质或是为非营利的教育目的；

（b）版权作品的性质；

（c）就整个版权作品所使用的部分的数量和实质性；且

（d）有关交易对版权作品的潜在市场或价值的影响。

（3）就第（2）款（1）项而言，立法机构，指马来西亚议会，就某一州而言，根据该州宪法有权为该州制定法律的当局，视情况而定。

第 13A 条　设计文件和模型

（1）对于不构成艺术作品或字体的设计文件、模型或包含任何设计在内的表达，下列情形不应视为对版权的侵犯：

（a）根据该设计制作物品、复制或再现根据该设计制作的物品；或

（b）向公众发布，或在电影、广播或有线电视节目服务中包括任何依据（a）项并非侵犯该版权的内容。

（2）在本条中：

设计，指物品整体或部分形状或构造（不论内部或外部）的任何方面的设计，但表面装饰除外；且

设计文件，指设计的任何记录，不论是以图纸、书面说明、照片、储存在计算机中的数据或其他形式。

第 13B 条　艺术作品衍生设计的利用后果

（1）本条适用于版权人或经其许可，以下列方式利用艺术作品：

（a）通过工业加工或手段，制造依本法目的应被视为作品复制品的物品；和

（b）在马来西亚或其他地方销售此类物品。

（2）自此类物品首次上市的日历年年底起算的 25 年的时间结束后，该作品可以通过制作任何形式的物品进行复制，为制作任何形式的物品做任何事情，并对如此制作的物品进行任何利用，而不侵犯版权。

（3）艺术作品只有部分内容如第（1）款所述被利用的，第（2）款只适用于该部分。

（4）部长可通过命令作出规定：

（a）某一物品或物品的任何形式就本条而言被视为通过工业加工或手段制造获得的情况；且

（b）将其认为合适的主要是文学或艺术性质的物品排除在本条适用范围之外。

（5）在本条中：

（a）凡提及文章，不包括电影；且

（b）凡提及某物品的市场推广，应被解释为物品正在销售或出租，或要约或展示销售或出租。

第 13C 条　根据第 1420 号法律废除

第 14 条　建筑作品的版权性质

建筑作品的版权应包括对建筑物的建造进行控制的专有权，该建筑物以其原始形式，或以任何可识别的源自原始形式的方式复制该作品的全部或实质部分；

但此类作品的版权不包括控制与该版权有关的建筑物的重建或修复，而这些重建或修复是为了与原来的风格相同。

第 15 条　广播的版权性质

（1）广播版权，指在马来西亚控制全部或实质部分广播的录制、复制和重播的专有权，以及在收取入场费的场所向公众表演、放映或播放全部或实质部分电视广播的专有权，无论该广播是以原版形式或任何可识别的方式从原始形式衍生出来的内容。

（2）尽管有第（1）款规定，第 13 条第（2）款（a）项、（g）项至（h）项和（o）项亦适用于广播版权。

（3）电视广播的版权包括控制从电视广播截取静态照片的权利。

第 16 条　对电影所含作品的广播

（1）任何文学、音乐或艺术作品的版权人授权任何人将该作品纳入电影内，而广播服务机构在该所有人和被授权人之间没有任何明确相反协议的情况下播放该电影的，视为版权人授权广播服务机构播放该作品。

（2）尽管有第（1）款规定，广播服务机构广播的电影中含有文学、音乐或艺术作品的，该文学、音乐或艺术作品的权利人有权从广播服务机构获得合理补偿。

第 16A 条　表演者权的性质

（1）表演者权，是在马来西亚范围内控制下列行为的专有权：

（a）向公众传播表演，但在此传播中使用的为现场直播表演的除外；

（b）固定尚未固定的表演；

（c）复制表演的固定；

（d）通过销售或其他所有权转让的方式，首次向公众发行表演的固定或其复制品；且

（e）向公众出租表演的固定或其复制品，不论所租复制品的所有权归属。

（2）表演者一经同意对其表演进行固定，即不再享有第（1）款（b）项下的专有权。

（3）尽管有第（1）款规定，该款项下的控制权并不包括控制以下行为的权利：

（a）表演的直接或间接声音记录或间接电影记录：

（i）完全为私人和家庭用途而制作的录音或电影；或

（ii）完全为科学研究用途而制作的录音或电影；

（b）表演的直接或间接声音记录或电影记录：

（i）为新闻或时事报道的目的或与之相关而制作的；

（ii）为批评或评论的目的而制作的；或

（iii）为了司法程序、皇家委员会或立法机构的程序、法定或政府调查的程序，或任何此类程序或调查的报告，或为了由法律从业人员提供专业意见的目的而制作的；

（c）表演的间接录音或电影记录：

（i）由管理教育机构的机构或其代表制作的录音或电影，完全是为了该机构或另一教育机构的教育目的而制作的；或

（ii）由管理协助阅读障碍者的机构或其代表制作的录音或电影，无论是由该机构还是其他机构提供，其唯一目的仅为向视觉、听觉、智力和阅读障碍者提供帮助；

（d）由获得表演者同意播放该表演的广播服务机构制作或在其指导或控制下制作的表演的直接录音或电影，并且该录音或电影在制作后的 6 个月，或广播服务机构与表演者之间协商的更长期限结束之前被销毁；

（e）由于欺诈或无意的虚假陈述，制作的表演的直接或间接录音或间接电影的人有理由相信，表演者已授权其进行录音；

（f）（a）项、（b）项、（c）项和（d）项所述录音或电影的复制品，是仅为上述任何各项所述目的而制作的复制品；

（g）（e）项所述录音或电影的复制品，是仅为该项所述目的而制作的复制品；且

（h）（f）项所述录音或电影的复制品，作为：

（i）由因他人作出欺诈或无意的陈述而认为表演者已同意制作该复制品的人所制作的复制品；或

（ii）仅为（a）项、（b）项、（c）项和（d）项所述目的而制作的复制品。

（4）在本条中：

直接，就表演的录音或电影而言，指直接由表演制成的；

间接，就表演的录音或影片而言，指由表演的广播或重播制作而成的。

第 16B 条　合理报酬

（1）为商业目的出版录音，或者公开进行录音的复制，或者直接用于向公众广播或者其他对外传播的，录音制品的使用者应当向表演者支付合理表演报酬。

（2）报酬不应仅因是一次性的方式支付而被视为不合理。

（3）本条的任何规定不得解释为剥夺表演者以协议方式约定对其表演更有利的条款和条件的权利。

（3A）在未就第（1）款项下应付的合理报酬订立协议的情况下，表演者可向法庭申请裁定合理报酬的数额。

（3B）表演者亦可向法庭提出申请：

（a）更改任何协议中应付的合理报酬金额；或

（b）更改法庭以往就合理报酬所作出的任何裁定。

（3C）申请人根据第（3B）款（b）项提出的申请，只能在先前裁定作出之日起 12 个月内提出，但已获得法庭特别许可的除外。

（3D）在根据本条提出申请时，法庭应考虑有关事项，并在考虑到表演者对录音制品作出贡献的重要性的情况下，就其认为在当时情况下合理计算和支付合理报酬的方法作出命令。

（3E）协议目的旨在阻止表演者质疑合理报酬的数额或限制法庭根据本条规定享有的权利的，该协议无效。

（4）就本条而言，为商业目的而出版，指以有线或无线方式向公众提供录音，使公众可以在其个人选择的地点和时间获得录音。

第 17 条　文学、音乐或艺术作品的版权存续期限

（1）除本法另有规定外，任何根据本法享有文学、音乐或艺术作品版权的，其存续期限为作者终生及其死亡后 50 年。

（2）文学、音乐或艺术作品在作者生前未发表的，此类作品仍可根据本法获得版权保护，直至作品首次发表后下一日历年开始计算的 50 年期满为止。

（3）文学、音乐或艺术作品是匿名或以假名出版的，此类作品仍可根据本法获得版权保护，直至该作品首次出版或首次向公众提供或制作年份的下一日历年开始计算的 50 年期满为止，以最晚的日期为准；

但如作者的身份已为人所知，版权的存续期限应按照第（1）款的规定计算。

（4）在本条中，提及作者，就合作作品而言，应被解释为提及最后死亡的作者。

第 18 条　已出版版本的版权存续期限

已出版版本根据本法享有的版权的，其存续期限直至从该版本首次出版次年的日历年开始计算的 50 年期满为止。

第 19 条　录音版权的存续期限

录音根据本法享有的版权的，其存续期限直至从录音首次出版年份后下一日历年开始计算的 50 年期满为止，如果录音未出版，则从录制年份的下一日历年开始计算的 50 年期满为止。

第 20 条　广播版权的存续期限

广播根据本法享有的版权的，其存续期限直至从广播首次播出年份之后的下一日历年开始计算的 50 年期满为止。

第 21 条　根据第 994 号法律废除

第 22 条　电影版权的存续期限

电影根据本法享有版权的，其存续期限直至从电影首次出版的下一日历

年开始计算的 50 年期满为止。

第 23 条　政府、政府机构和国际组织作品的版权存续期限

政府、政府组织和国际机构的作品根据本法享有版权的，其存续期限直至作品首次出版后的下一日历年开始计算的 50 年期满为止。

第 23A 条　表演者权的存续期限

根据本法享有表演中的权利的，其存续期限直至从表演发生或录制在录音中后的下一日历年开始计算的 50 年期满为止。

第 23B 条　合理报酬的存续期限

合理报酬权应自录音出版之日起，直至下一日历年开始计算的 50 年期满为止；录音尚未出版的，自录音录制之日起至下一日历年开始计算的 50 年期满为止。

第 24 条　根据第 775 号法律废除

第 25 条　人身权

（1）在本条中，名称或姓名，包括首字母或花押字。

（2）除本条另有规定外，作品获得版权保护的，未经作者同意，或在作者死后未经其代理人同意，任何人不得进行或授权进行以下任何行为：

（a）在不标明作者身份或以作者以外的其他名字的情况下，以任何方式展示该作品；且

（b）对作品曲解、删改或其他变更，如果该曲解、删改或其他变更：

（i）显著改变作品；且

（ii）可以合理地认为对作者的荣誉或名誉有不利影响。

（3）无论是依转让、许可或其他方式，在他人被授权出版、复制、公开表演或向公众传播作品的情况下，可以合理预期经授权的出版、复制、公开表演或向公众传播（视属何情况而定）在没有修改的情况下无法进行的，被授权人可以对作品进行修改；但本款任何规定授权对作品进行的修改，不得违反第（2）款的规定。

（4）即使在被指控行为发生时，作品的版权并非归属于作者或代理人

（视属何情况而定），作者或其去世后的代理人仍可行使本条所赋予的权利。

（5）针对作品任何违反或可能违反本条规定的行为，可以基于违反法定义务而由作品的作者提起诉讼；该作品的作者已死亡的，可由其代理人提起诉讼。

（6）代理人根据本条就作品作者死亡后与作品有关的违法行为追回的任何损害赔偿，应作为作者遗产的一部分移交，如同诉讼权在作者死亡前即已存在并归属他一样。

（7）在根据本条提起的诉讼中，某行为被证明或承认违反本条规定的限制的，法院可以命令违法者按照法院指示的方式公开改正其行为。

（8）本条规定不应减损除本条规定以外程序中的任何诉讼权利或其他救济措施（无论是民事还是刑事）；但在非依本条而提起并由同一事由引起的任何程序中，本条不应解释为要求在评估损害赔偿时忽略根据本条索要的任何损害赔偿。

第 25A 条　表演者的人身权

（1）表演者对于其表演或录音形式固定的表演，有权：

（a）要求表明表演者身份，但由于表演的使用方式而造成的遗漏除外；且

（b）禁止任何有损其声誉的曲解、删改或其他修改。

（2）第（1）款赋予表演者的权利，在其死后继续享有，并应由表演者授权的人员或机构行使。

（3）就本条而言，录音制品，指对表演的声音或其他声音的录制，或对声音表现的录制，但以录制形式纳入电影或其他视听作品的除外。

第4章　版权的所有权和转让

第 26 条　版权的第一所有权

（1）第 10 条赋予的版权应首先归作者所有。

（2）尽管有第 27 条第（6）款的规定，该作品：

（a）根据服务或学徒合同，是由非作者雇主的人委托的；或

（b）未受委托，是在作者的工作过程中完成的，

版权应被视为转让给委托作品的人或作者的雇主，但双方之间另有排除

或限制该转让的任何协议除外。

（3）第 11 条赋予的版权最初应属于政府、政府组织或国际机构而不属于作者。

（4）在不违反第（3）款的情况下：

（a）作品上的标注为作者姓名的名字应被视为是作者的姓名，但有相反证明的除外；

（b）对于匿名或假名作品，作品中标明其名称的出版商应被视为匿名或假名作者的法定代表人，并有权根据本法行使和保护作者的权利，但有相反证明的除外；

（c）对于未发表的作品，如果作者身份不明，但有充分理由推测其是马来西亚公民，本法赋予的版权应被视为归属于负责文化事务的部长。

（5）第（4）款（b）项和（c）项在查明作者身份后应停止适用。

第 26A 条　版权自愿通知

（1）作者、版权人、版权受让人或经特许而获得版权权利的人，或代表该作品的作者、版权人、版权受让人或其他人可向局长发出作品版权通知。

（2）未向局长支付费用的，不受理版权通知。

（3）版权通知应载有下列事项：

（a）版权人的姓名、地址和国籍；

（b）一项法定声明，表明申请人是作品的作者，或作品版权人，或版权受让人，或通过许可获得版权利益的人；

（c）作品的类别；

（d）作品名称；

（e）作者的姓名，如果作者死亡并知道死亡日期的，注明作者的死亡日期；

（f）是已出版作品的，为首次出版的日期和地点；和

（g）部长可能决定的任何其他信息。

第 26B 条　版权登记册

（1）局长应备存和维持版权登记册。

（2）版权登记册须载有根据第 26A 条通知局长的作品中与版权有关的所有详情。

（3）版权登记册应以部长决定的形式和媒介保存。

（4）任何人均可在部长决定的时间和条件下查阅版权登记册，并可以在支付规定费用后从登记册中获得经认证的内容摘录。

（5）局长或副局长可核证版权登记册的摘录为真实摘录，该摘录作为登记册所载资料的初步证据，且经核证的版权登记册摘录可在所有法院作为证据使用。

第26C条　版权登记册的变更

（1）局长可更正版权登记册内记录的任何文书错误。

（2）任何利害关系人可向法院申请命令：

（a）更正登记册内任何条目错误；或

（b）撤销或变更保留在登记册中的任何错误记录，以及根据本条作出的任何更正、删除或修改，自法院作出命令之日起生效。

（3）就本条而言，法院，指合适的马来西亚高等法院。

第27条　转让、许可及遗嘱处分

（1）除本条另有规定外，版权可作为动产转让、遗嘱处分或根据法律而转让。

（2）版权的转让或遗嘱处分可以受到限制，以便仅适用于版权人实施其专属控制权的某些行为，或仅适用于部分版权期限，或适用于特定的国家或其他地区。

（3）版权的转让和作出受版权控制行为的许可应以书面的方式进行，否则均属无效。

（4）由一名版权人授权的转让或许可，其效力应与其共有人所授权的转让或许可相同，任何一名版权人所收取的费用，应在所有共有人之间平均分配，但共有人之间另有约定的除外。

（5）就本条而言，对版权的全部或任何部分享有共同利益，则应被视为共有人。

（6）可以对未来的作品或版权尚不存在的现有作品授权或作出转让、许可或遗嘱处分。并且此类作品的未来版权可作为动产通过法律进行转让。

（7）根据遗嘱处分（不论是特定的或一般的），任何人有权受益地或以其他方式享有文学作品或音乐作品的手稿或艺术作品，且该作品在遗嘱人去世前并未发表的，除非遗嘱人的遗嘱或其附录中表明相反的意向，只要遗嘱人在死亡前是版权人，该遗嘱处分应被解释为对该作品的版权处分。

第4A章　版权许可

第27A条　许可机构

（1）拟作为版权人或特定类别版权人许可机构运作的社团或组织，应向局长提出申请，申请被宣告为许可机构。

（2）宣告的申请应以局长确定的形式和方式提出，其中应包括下列信息：

（a）申请人的组织文件，该文件的主要目的或主要目的之一为申请授予其作为版权人、未来的所有人或代理人的版权许可，而其目的亦包括发出涵盖多于一名作者作品的许可；和

（b）作为申请人成员的版权所有人或其代理人的名单。

（3）在收到申请后，管理人可宣告申请人为许可机构，并向上述申请人发出书面声明。

（4）尽管有第（3）款的规定，申请人根据第（2）款提供的信息不足以或不能表明申请人适合成为许可机构的，局长应拒绝申请。

（5）许可机构应在年度大会召开之日起1个月内，向局长提供在许可机构周年大会省览的损益表、资产负债表和审计报告副本。

（6）局长可以撤销给许可机构的声明，如果确信许可机构：

（a）没有充分发挥许可机构的作用；

（b）无权代表其所有成员行事；

（c）不按照其规则行事或不符合其成员或其代理人的最大利益；

（d）修改其规则，使其有违本法规定；

（e）不合理拒绝或不遵守本法的规定；或

（f）已解散。

（7）许可机构对局长根据第（6）款作出的决定不服的，可在该决定作出之日起1个月内向审裁处提出上诉。

（8）社会团体或组织在未获得第（1）款规定的宣告的情况下，作为许可机构运作，或许可机构不遵守第（5）款规定的，即属犯罪，一经定罪，可处不超过50万林吉特的罚金。

第 27AA 条　第 27B 条至第 27G 条适用的许可办法

（1）第 27B 条至第 27G 条应适用于许可机构就任何作品的版权所实施的许可办法，只要其涉及针对以下内容提供许可：

（a）复制作品；

（b）公开表演、展示或演奏该作品；

（c）向公众传达作品；

（d）重播作品；

（e）向公众以商业方式出租作品；或

（f）对作品进行改编。

（2）就第 27B 条至第 27G 条而言，许可办法，指第（1）款所述任何许可办法。

第 27B 条　向法庭提交拟议许可办法

（1）任何声称代表个人的组织均可向法庭提交拟由许可机构实施的许可协议条款，该组织声称其在许可计划将适用案件中需要先获得该个人的许可，无论是一般的还是与任何类型的案件有关。

（2）法庭应首先决定是否受理该申请，并可以以申请过早为由拒绝受理。

（3）法庭决定受理该项申请的，应考虑所申请的事宜，并作出法庭认为在有关情况下合理的命令，在一般情况下或在与该项申请有关的情况相关范围内，确认或更改申请的许可办法。

（4）根据第（3）款发出的命令可以无限期有效，或在法庭确定的期限内有效。

第 27C 条　向法庭提交许可办法

（1）在许可办法履行期间，许可办法实施人与以下人员之间出现争议的：

（a）声称其需要在许可办法适用的某种情况下获得许可的人；

（b）声称代表该等人的组织；或

（c）已获得许可办法所适用的许可的人；

在涉及该类案件的情况下，该实施人、个人或组织可将许可办法提交给法庭。

（2）根据本条规定提交给法庭的许可办法应继续履行，直到有关程序结束。

（3）法庭应审议争议事项并作出合理命令，确认或改变涉及与提交人有关案件的许可办法。

（4）根据第（3）款作出的命令可以无限期生效，或在法庭决定的期限内生效。

第 27D 条　再次向法庭提交许可办法

（1）除第（2）款另有规定外，法庭曾根据第 27B 条或第 27C 条或根据本条作出有关许可办法的命令的，在该命令仍然有效期间内：

（a）许可办法的实施人；

（b）声称在命令所描述的情况下需要获得许可的人；

（c）声称代表该等人的组织；或

（d）已根据许可办法获得许可的人，可再次提交法庭处理，只要许可办法涉及上述情形。

（2）除经法庭特别许可外，在下列情况下许可办法不得就同一类案件再提交法庭：

（a）自上一命令作出之日起 12 个月内；或

（b）如果该命令的有效期为 15 个月或更短，则直到该命令届满前的最后 3 个月。

（3）根据本条提交法庭的许可办法，应继续履行，直至有关程序结束。

（4）法庭应审议争议事项并作出合理命令，确认、更改或进一步更改涉及与案件有关的许可办法。

（5）根据第（4）款作出的命令可以无限期生效，或在法庭可能决定的期限内生效。

第 27E 条　与许可办法有关的许可授权申请

（1）在许可办法涉及的个案中，主张许可办法的实施人有以下行为的：

（a）拒绝根据许可办法向其发出或促致发出许可；或

（b）在申请人提出申请后，未在要求后合理时间内，按照许可办法向其发出或促致发出许可；

可向法庭申请根据第（4）款规定发出命令。

（2）在许可办法排除的个案中，主张许可办法的实施人有以下行为的：

（a）拒绝向其发出或促致发出许可，或在收到申请后合理时间内无正当理由拒绝向他发出或促致发出许可；或

（b）提出不合理的许可条款；

可向法庭申请根据第（4）款规定发出命令。

（3）就第（2）款而言，任何个案符合以下条件的，即被视为许可办法排除的个案：

（a）许可办法规定，许可的发放应符合许可事项的例外条款，而个案属于该例外情况；或

（b）该情况与根据许可办法发出许可的情况相似，以致不以同样方式处理是不合理的。

（4）法庭确信该主张有充分依据的，应发出命令，宣布就该命令所指明的事项而言，申请人有权按照法庭根据许可办法确定的条款获得许可或在合理情况下获得许可（视属何情况而定）。

（5）根据第（4）款作出的命令可以无限期生效，或在法庭可能决定的期限内生效。

第27F条　申请复核有关许可权的命令

（1）法庭根据第27E条作出命令，规定某人有权根据许可办法获得许可的，许可办法的管理人或原申请人可向法庭申请复核其命令。

（2）除非得到法庭的特别许可，下列情形不得提出申请：

（a）自该命令或就先前根据本条提出的申请作出决定之日起计12个月内；或

（b）如该命令的有效期为15个月或少于15个月，或由于就先前根据本条提出的申请所作的决定，而在该决定时起计15个月内届满，则直至该命令届满前最后3个月为止。

（3）法庭在考虑到根据许可办法适用的条款或案件的情况下，在合理情况下，法庭应根据复核申请，确认或更改其命令（视属何情况而定）。

第27G条　法庭命令对许可办法的影响

（1）只要与该命令所涉及的案件有关，且该命令仍然有效，已由法庭根据第27B条、第27C条或第27D条确认或更改的许可办法应继续有效或继续实施（视属何情况而定）。

（2）在命令生效期间，在该命令所适用的某一类别中的当事人，应：

（a）根据许可办法，向许可办法管理人支付应支付的涉及有关案件的许可费用，如果金额无法确定，则向管理人承诺在确定后支付费用；

（b）根据许可办法，遵守适用于此类许可的其他条款；且

（c）在版权被侵权时处于相同的地位，如同其在所有重要时间都是版权人根据许可办法授予许可的被授权人。

（3）法庭可指示命令，只要其改变了应缴费用数额，从作出命令的日期之前开始生效，但不早于提交日期，或如果是晚于该日期，则不早于许可办法开始实施的日期。

（4）根据第（3）款作出指示的：

（a）应就已经支付或应支付的费用进行必要的支付或进一步支付；且

（b）第（2）款（a）项提及根据许可办法须缴付的费用，应解释为提及根据该命令须缴付的费用。

（5）法庭已根据第27E条作出命令，且该命令仍然有效的，该命令的受益人如：

（a）向许可办法的管理人支付任何根据该命令须缴付的费用，或在未能确定有关金额的情况下，向管理人承诺在确定有关金额后缴付有关费用；且

（b）符合命令规定的其他条款；

在版权被侵犯时处于相同的地位，如同其在所有重要时间都是版权人根据命令规定的条款授予的被许可人。

第27H条　第27I条至第27L条适用的许可

第27I条至第27L条适用于许可机构根据许可办法以外方式发放的以下类型的许可：

（a）涉及多位作者的文学或音乐作品的版权许可，只要其授权：

（i）复制作品；

（ii）在公众场合表演、展示或演奏该作品；

（iii）向公众传达作品；或

（iv）向公众发行作品；且

（b）与任何其他作品的版权有关的许可，只要其授权：

（i）复制作品；

（ii）在公众场合表演、展示或演奏该作品；

（iii）向公众传达作品；或

（iv）导致作品被公开的表演、展示或演奏；

在上述条款中，许可，指上述任何种类的任何许可。

第 27I 条　向法庭提交拟议许可的条款

（1）准被许可人可将许可机构拟授予许可的条款提交法庭。

（2）法庭应首先决定是否受理该申请，并可以以申请时间过早为由拒绝受理。

（3）法庭决定受理该项申请的，应审查拟议许可办法的条款，并在合理情况下，作出确认或更改条款的命令。

（4）根据第（3）款作出的命令可以无限期生效，或在法庭可能决定的期限内生效。

第 27J 条　向法庭提交即将到期的许可

（1）因许可到期或因许可机构发出的通知而到期的被许可人，可以在该情况下许可终止不合理为由，向法庭提出申请。

（2）在许可到期前最后 3 个月内，不得提出该申请。

（3）根据本条规定提交给法庭的许可应继续有效，直到关于该提交的程序结束。

（4）法庭认为该申请有充分根据的，应作出命令，宣布被许可人将继续有权按照法庭认为合理的条件继续从许可中获益。

（5）根据第（4）款作出的命令可以无限期生效，或在法庭可能决定的期限内生效。

第 27K 条　申请审查许可的命令

（1）法庭已根据第 27I 条或第 27J 条作出命令的，许可机构或有权享有该命令利益的人可向法庭申请复核其命令。

（2）除经法庭特别许可外，下列时间不得提出申请：

（a）自该命令或就先前根据本条提出的申请作出决定之日起计 12 个月内；或

（b）如果该命令的有效期为 15 个月或更短期间，或由于对先前根据本条提出的申请作出的决定，而该决定应在作出后 15 个月内到期，直到命令到期前的最后 3 个月。

（3）法庭应根据复核申请，确认或更改法庭在有关情况下认为合理的命令。

第 27L 条　法庭命令对许可的效力

（1）法庭已根据第 27I 条或第 27J 条作出命令，而该命令仍然有效的，有权享有该命令权益的人如：

（a）向许可机构支付根据该命令需支付的费用，或在未能确定有关金额的情况下，向管理人承诺在确定有关金额后缴付有关费用；且

（c）符合命令中规定的其他条款；

在版权受到侵犯时与被许可人处于相同的地位，如同其在所有重要时间都是有关版权人根据命令中规定的条款授权的被许可人。

（2）符合下列条件的，命令所赋予的权益可以转让：

（a）在根据第 27I 条发出命令的情况下，如裁判所命令的条款不禁止转让；且

（b）在根据第 27J 条发出命令的情况下，如原许可的条款不禁止转让。

（3）裁判所可根据第 27I 条或第 27J 条作出的命令，或根据第 27K 条作出的命令改变该命令，只要其改变了应付费用数额且自作出该命令之前的日期起生效，但不早于申请人提交或申请的日期，或如果较晚，则不早于授予许可的日期或到期的日期（视属何情况而定）。

（4）根据第（3）款作出指示的：

（a）应就已支付或应支付的费用作出所需或进一步的偿还；且

（b）在第（1）款（a）项中提述按照该命令需支付的费用，如该命令被后来的命令更改，应解释为依较后的命令支付费用。

第 4 章　版权裁判所

第 28 条　版权裁判所的设立及权力

（1）应设立版权裁判所。

（2）裁判所有权就下列事项作出决定：

（a）表演者根据第 16B 条提出的申请；

（b）第 4A 章所述由管理人、人士或机构作出的任何提交；

（c）许可机构根据第 27A 条第（8）款提出的申诉；和

（d）根据第 31 条和第 59C 条行使权力。

第 29 条　委任裁判所的主席和成员

（1）裁判所应由部长任命的下列人员组成：

（a）1 名主席；

（b）5 名副主席；和

（c）部长认为适合担任裁判所成员的 12 人。

（2）裁判所的主席、副主席和成员的任期不得超过 3 年，并有资格获得连任。

（3）部长应确定裁判所主席、副主席和成员的薪酬与任命的其他条款和条件。

（4）部长认为裁判所任何成员不适合继续任职或不能履行其职责的，部长可宣布免去其职务。

（5）裁判所的主席、副主席或任何成员可随时以书面通知的方式向部长辞去其职务。

（6）裁判所的主席、副主席和成员应被视为刑法典意义上的公务员。

（7）裁判所应有 1 名秘书和其他必要的协助裁判所的人员，由部长任命。

第 30 条　裁判所的程序

（1）裁判所的每项程序，应由主席或副主席，并由主席从根据第 29 条获委任的成员中选出的另外两名成员聆讯及处置。

（2）裁判所成员在将由裁判所裁定的任何事项上有经济利益的，裁判所成员不得参与裁判所的任何程序。

（3）主席根据第（2）款被取消资格的，部长应委任 1 名副主席代理主席进行该项程序。

（4）任何人、其伴侣、雇主或其家庭任何成员，或任何团体（不论是否法定而他是其成员），在将由裁判所裁定的任何事项上有经济利益的，视为该人具有经济利益。

（5）就裁判所须予裁定的任何事宜，票数相等的，该程序的主席除有权投商讨性投票外，亦有权投决定票。

（6）在任何程序过程中，裁判所任何成员因病或任何其他原因不能继续进行的，裁判所的其余成员（不少于 2 名）应继续进行诉讼，就该程序而言，裁判所应视为合法组成。

（7）在第（6）款所述的任何情况下，若无法继续的成员是程序的主席的，部长应：

（a）从其余成员中任命 1 名新主席，以便继续进行程序；和

（b）在适当情况下，委任 1 名副主席出席程序，就程序中可能出现的任何问题向程序中的成员提供意见。

第 30A 条　将法律问题提交高等法院

（1）裁判所可自行或应一方当事人请求，将裁判所审结的程序所引起的法律问题提交高等法院裁定。

（2）根据第（1）款提出的请求，当事人应在作出决定当日起计 14 日内以书面提出。

（3）根据本条有问题提交高等法院的，裁判所应将其程序的记录送交高等法院的司法官员，司法官员随即指定并通知程序各方听审的时间和地点。

（4）在高等法院的庭审时，在裁判所进行程序的任何一方均有权出庭及作出陈述。

（5）高等法院应审理和裁定根据本条提交的问题，如同是针对裁判所的决定向高等法院提出的上诉，并可因此确认、改变、取代或撤销该决定，或作出其认为公正或必要的其他命令。

（6）高等法院根据第（5）款作出的裁决，为终局裁决，并且不得在任何其他法院或任何其他司法机关或其他机构对此类裁决提出异议、上诉、审查、撤销或质疑。

（7）就本条而言，法律问题不包括是否有足够的证据证明裁判所对事实的认定是否合理的问题。

第 31 条　制作和出版翻译的许可

（1）任何人均可向裁判所申请许可，用马来文或其他方言制作和出版以任何其他语言撰写的文学作品的译本。

（2）除本条另有规定外，裁判所在进行其认为必要的调查后，可向申请人发放许可（非专属许可），以制作和出版该作品的本国语言或其他方言的译本，但申请人须按照裁判所按规定的方式确定的费率向该作品的翻译权所有

人支付许可使用费。

（3）根据第（1）款就某作品提出的申请，只有在以下情况下才可获得许可：

（a）在作品首次出版后1年内，版权人（或者版权人授权的任何人）尚未出版该作品的本国语言或者其他方言译本，或者若该译本已经出版，但已经绝版；

（b）（i）申请人已提出申请并被版权人拒绝授权翻译及出版译本；或

（ii）申请人经尽职调查后，无法追查或确定版权人；

（c）如果已知翻译权所有人的国籍，申请人已将其翻译请求复制品送交该所有人所在国家的外交或领事代表，或送交该国政府可能指定的组织；

（d）裁判所认为：

（i）申请人能够出版该作品的正确译本，并有能力向翻译权所有人支付本条所规定的许可权使用费；且

（ii）申请人承诺在所有已出版的译文复制品上印有该作品的原名称和作者姓名；

（e）该作品的作者没有将其撤出流通；

（f）在可行的情况下，首先给予作品翻译权所有人发表意见的机会；

（g）自（b）项和（c）项所述手续完成之日起9个月内，翻译权所有人没有出版或经其授权出版本国语言或其他方言的译本；且

（h）翻译是为了教学、学术或研究的目的。

（4）根据本条授予的许可不得转让，也不得延伸至出口复制品；

但政府或任何政府机构将复制品送往另一国家，如符合下列所有条件，则不构成出口：

（a）受领人为马来西亚国民或组织的个人；

（b）复制品仅用于教学、学术或研究目的；

（c）发送复制品及其后发行给受领人并无任何商业目的；且

（d）收到复制品的国家已与马来西亚达成协议，允许收取或发行复制品，或两者兼可。

（5）本许可仅对在马来西亚翻译出版的译本有效，根据许可出版的所有复制品均应附有以本国语言或其他语言的说明，说明复制品仅可在马来西亚发行。

（6）如果翻译权所有人或经其授权的人，以与马来西亚同类作品的合理

收费相关的价格，出版了以本国语言或其他方言翻译的且内容与所获许可基本相同的译本，则根据本条授予的许可应终止；

但是，在许可终止前已经制作的任何复制品可以继续发行，直到其存量耗尽为止。

（7）待翻译的作品主要是插图的，不得根据本条授予许可。

第32条　根据第952号法律废除

第33条　裁判所可要求提供资料

（1）裁判所可要求提供其认为必要的资料，以便根据本法和根据本法制定的任何附属立法行使其任何权力和职能。

（2）拒绝遵守裁判所要求的，构成本法规定的过错。

第34条　不得对裁判所提起任何诉讼

对于裁判所任何成员在根据本法行使裁判所权力和职能时出于善意所为或不为的事情，不得提起诉讼或其他法律程序。

第35条　与裁判所有关的条例

部长可就下列事项制定有关裁判所的条例，特别是在不妨碍上述一般性规定的情况下：

（a）规定可向裁判所提交的事项或裁判所审理争议的方式；

（b）规定裁判所在处理根据本法向其提交的任何事项或审理任何争议时应采用的程序以及裁判所应保存的记录；

（c）规定裁判所开庭的方式和裁判所开庭的地点；

（d）规定与裁判所的任何调查或程序有关的应付费用和收费表；且

（e）总的来说，是为了更好地履行本法赋予法庭的职能。

第6章　侵权和违法行为的救济

第36条　侵权行为

（1）未经版权人许可而实施或安排他人实施根据本法受版权控制的行为的，构成侵犯版权。

（2）未经版权人同意或许可，为以下目的将物品进口至马来西亚的，构成侵犯版权：

（a）销售、出租或以交易方式销售、许诺销售或为销售或出租而展示该物品；

（b）发行物品：

（i）为商业目的；或

（ii）为任何其他目的，并会对版权人造成不利影响；或

（c）以商业方式，公开展示该作品；

如果其知道或者应当知道制作该作品是在没有版权人同意或者许可的情况下进行的。

（3）根据第 1420 号法律废除。

（4）根据第 1420 号法律废除。

（5）根据第 1420 号法律废除。

第 36A 条　规避技术保护措施

（1）技术保护措施是由版权人或经该版权人授权而针对作品的复制品使用的，不得规避、促致或授权任何其他人规避下列技术保护措施：

（a）版权人在行使其根据本法所享有的权利时使用的；且

（b）限制与其作品有关的，未经有关版权人授权或许可的行为。

（2）规避技术保护措施符合下列条件的，第（1）款不适用：

（a）仅为了实现独立创建的计算机程序与原始程序或任何其他程序的互操作性；

（b）仅为识别和分析加密技术的缺陷和漏洞；

（c）仅用于测试、调查或纠正计算机、计算机系统或计算机网络的安全性；

（d）仅用于识别和禁止未公开地收集或传播有关自然人在线活动的个人识别信息的能力；

（e）仅为以下目的而合法进行的任何活动：

（i）执法；

（ii）国家安全；或

（iii）履行法定职能；或

（f）由图书馆、档案馆或教育机构为就存在版权的作品作出购置决定而作出的。

（3）任何人不得：

（a）为销售或出租而制造；

（b）非因私人及家庭用途以外的用途进口；或

（c）在商业活动中：

（i）销售或出租；

（ii）为销售或者出租而展示；

（iii）登广告销售或出租；

（iv）占有；或

（v）发行；

（d）为商业过程以外的目的发行，以至于对版权人产生不利影响；或

（e）向公众提供任何技术、装置或组件，或提供任何有关技术、装置或组件的服务，而该技术、装置或组件：

（A）为规避技术保护措施而推广、宣传或营销；

（B）除规避技术保护措施外，仅有有限的商业重要用途或用途；或

（C）主要是为了促成或便利规避技术保护措施而设计、制作、改编或执行。

（4）部长可制订作为技术保护措施使用的任何技术、装置或部件不适用本条的规定。

第36B条　版权管理信息

（1）任何人不得：

（a）擅自删除或者变更电子版权管理信息；

（b）明知电子版权管理信息已被未经授权移除或更改的情况下，未经授权发行、进口或向公众传播作品或作品的复制品；

并且知道或有合理理由知道该行为将导致、促成、促进或掩盖对本法规定的任何权利的侵犯。

（2）未经授权删除或更改任何电子权利管理信息的，第（1）款不适用下列情形：

（a）任何仅为以下目的而合法进行的活动：

（i）执法；

（ii）国家安全；或

（iii）履行法定职能；或

（b）由图书馆、档案馆或教育机构为就存在版权的作品作出收购决定而作出的。

（3）就本条和第41条而言，权利管理信息，指下列条目中的任何一项附在作品的复制品上，或与向公众传播作品有关，标明作品、作品作者、作品中任何权利人、表演者或作品的使用条款和条件的信息，以及代表该等信息的任何编号或代码。

第37条 版权人的行为和救济

（1）第36A条和第36B条所指的侵犯版权和禁止行为，可在版权人提起的诉讼中提出控告，而在就该等侵犯版权或禁止行为提出的诉讼中，法院可以给予以下类型的救济：

（a）禁令；

（b）损害赔偿；

（c）清算利润；

（d）每件作品的法定损害赔偿金不得超过25000林吉特，且合计不得超过500000林吉特；

（e）法院认为合适的其他命令。

（2）尽管有第（1）款规定，在根据第36A条第（3）款提起的诉讼中，除法定损害赔偿外，原告可获得所有上述救济。

（3）在根据第（1）款（b）项作出裁决时，法院还可以根据第（1）款（c）项作出命令，将可归因于侵权行为或禁止行为而在计算损害赔偿时未予考虑的任何利润计算在内。

（4）除第（3）款另有规定外，第（1）款（b）项、（c）项和（d）项所述救济类型是相互排斥的。

（5）就第（1）款（d）项而言，集体作品的所有部分均应构成一部作品。

（6）根据本条提起的诉讼中确定发生了第36A条或第36B条规定的侵权或禁止行为，但也确定在侵权或禁止行为实施时被告并不知情，且没有合理理由怀疑该行为根据第36A条或第36B条是版权侵权或禁止行为的，原告无权根据本条就被告侵权或实施禁止行为而获得任何损害赔偿，但无论是否根据本条给予任何其他救济，原告都有权获得清算利润或法定损害赔偿。

（7）根据本条提起的诉讼确定发生了第36A条或第36B条规定的侵权或

禁止行为的，法院在评估侵权或实施禁止行为的损害赔偿时，在考虑以下因素并合理的情况下，可以判处额外的损害赔偿：

（a）侵权行为或禁止行为的公众影响；

（b）被告因侵权或禁止行为而获得的任何利益；和

（c）所有其他相关事宜。

（8）法庭在根据第（1）款（d）项裁定法定损害赔偿时，应考虑：

（a）侵权行为或禁止行为的性质和目的，包括该侵权行为或禁止行为是否具有商业性质或其他性质；

（b）侵权行为或禁止行为的公众影响；

（c）被告是否恶意；

（d）原告因侵权或者禁止行为而遭受或者可能遭受的损失；

（e）被告因侵权或禁止行为而获得的利益；

（f）当事人在诉讼前和诉讼期间的行为；

（g）阻止其他类似侵权或禁止行为的需要；和

（h）所有其他相关事宜。

（9）在本条规定的程序中，要求拆除已建成或部分建成的建筑物，或阻止部分建成的建筑物建成的，不得签发禁令。

（10）就本条和第38条而言：

（a）诉讼，包括反诉，在诉讼中提及原告和被告应作相应解释；

（b）集体作品，指相关的材料，构成独立的作品本身，组合成一个集体整体的作品；且

（c）法院，指马来西亚适格的高等法院。

（11）就本条而言，版权人，指版权相关部分的第一所有人或受让人。

第38条　版权排他许可所适用的程序

（1）本条对已获授予排他许可的版权的程序具有效力，并在该程序所涉事件发生时生效。

（2）除本条另有规定外，排他被许可人应（除非针对版权人）拥有相同的诉讼权，并有权获得相同救济，根据第37条的规定，该许可如同是权利转让，而且该等权利和救济应与版权人在该条项下的权利和救济同时存在。

（3）由版权人或排他许可人根据第37条提起诉讼，而该诉讼与其根据该条同时拥有诉讼权的侵权行为（全部或部分）有关的，除非另一方在诉讼中

被追加为原告或被告,否则版权人或许可人(视属何情况而定)无权在根据该条提起的诉讼并与该侵权行为有关的范围内继续进行该诉讼。但本款不影响根据其中任何一方的申请授予中间禁令。

(4)在排他许可人根据本条提起的任何诉讼中,如果本条尚未颁布且该诉讼是由版权人提起的,被告在诉讼中本可利用的任何抗辩,均可针对排他许可人提出。

(5)在第(3)款所述情况下提出诉讼,且版权人及排他许可人并非该诉讼中原告的,法院在评定该款所述任何侵权行为的损害赔偿时:

(a)如果原告是排他许可人,应考虑该许可所应承担的任何责任(许可使用费或其他方面的责任);

(b)无论原告是版权人还是排他许可人,均应考虑根据第37条就该侵权行为判给另一方的任何金钱救济,或(视情况所需)根据该条可就该项侵权行为向另一方行使的任何诉讼权利。

(6)根据第37条提出的诉讼与版权人和排他许可人根据该条同时享有诉讼权利的侵权行为(全部或部分)有关,且在该条中(不论他们是否属该条的双方)指示就该项侵权行为计算利润的,则根据法庭所知的在版权人和排他许可的许可人之间确定这些利润的分配任何协议,法庭须按其认为公正的方式在他们之间分摊利润,并应发出适当的命令以使该项分摊生效。

(7)在版权人或排他许可人提起的诉讼中:

(a)如已根据第37条就同一侵犯版权行为作出最终判决或命令,将利润判给另一方的,不得根据第37条作出就侵犯版权行为支付损害赔偿或法定损害赔偿的判决或命令;且

(b)如已根据该条就同一侵权行为作出最终判决或命令,判给另一方损害赔偿、法定损害赔偿或清算利润的,不得根据该条就侵犯版权行为作出清算利润的判决或命令。

(8)根据第(3)款所述情况提起的诉讼中,不论是由版权人还是由排他许可人提起,另一方并非作为原告加入(无论是在诉讼开始时或其后),而是作为被告加入的,除非其出庭并参与诉讼程序,否则他不承担诉讼的任何费用。

(9)就本条而言,下列表述:

排他许可,指由版权人或未来版权人或其代表授予的许可,授权被许可人行使根据本法(除许可外)专属于版权人的权利,而且排他许可人,应作

相应解释；

如果许可是转让，指在许可授权的地点和时间，实施许可授权的行为，但就其或其对该行为的适用而言，实质上不是许可而是版权转让（符合与授予许可时的条款和条件尽可能接近的条件）。

另一方，就版权人而言，指排他许可人；就排他许可人而言，指版权人。

第 39 条　限制进口侵权复制品

（1）任何作品的版权人或其授权的任何人，可向局长提出申请，要求在申请书中指定的期限内，将本条适用的作品的复制品认定为侵权复制品。

（1A）根据第（1）款提出的申请：

（a）应采用规定的形式；

（b）应声明其中所列之人是版权人；且

（c）应附有规定的文件及资料，支付规定的费用。

（2）本条适用于在马来西亚境外的，未经作品版权人的同意或许可制作的作品的任何复制品。

（2A）在收到根据第（1）款提出的申请后，局长应确定该申请，并应在合理期间内以书面形式通知申请人有关申请是否已获批准，并指明有关复制品应被认定为侵权复制品处置的期间。

（3）局长批准申请，且该申请未被撤回的，在局长通知规定的期限内禁止进口任何侵权复制品至马来西亚；

但本款不适用于任何人为其私人和家庭用途进口任何复制品。

（4）根据第 1082 号法律废除。

（5）局长应要求根据第（1）款提出申请的任何人：

（a）支付局长认为足以免除政府任何责任或费用的保证金，以支付由于在局长通知中规定的期限内的任何时间扣留任何侵权复制品，或由于对被扣留的复制品所做的任何事情而可能产生的费用。

（b）无论是否提供保证，均须弥补局长就（a）项所述任何法律责任或开支。

（6）任何助理局长、不低于督察级别的警官或任何海关官员均可搜查和扣押根据第（3）款禁止进口到马来西亚的任何侵权复制品。

（7）每当根据本条扣押任何侵犯版权复制品时，检取人员须立即将该项扣押及其理由以书面通知告知该等侵犯版权复制品的所有人，如告知该所有人，则须将该通知亲自交付该所有人或以邮递方式送达该所有人的住所；

但如果扣押是当面进行的，或者是在侵权人或货主或其代理人在场的情况下进行的，或者是在船只或飞机的船长或驾驶员（视属何情况而定）在场的情况下进行的，则不需要发出这种通知。

（8）侵权复制品应予没收，如同其为海关法律所禁止的货物一样。

（9）部长可为实施本条制定他认为必要或适宜的规定。

第 39A 条　第 36 条、第 37 条、第 38 条和第 39 条对表演者权利的适用

第 36 条、第 37 条、第 38 条和第 39 条应比照适用表演者权利。

第 40 条　计算机程序的备份

（1）即使有任何明示合同条件，以计算机程序形式出现的文学作品的复制品或进行该作品改编的计算机程序的复制，在以下情况下并不侵犯该作品的版权：

（a）复制是由该复制品（在本条中称为"原始复制品"）的所有人或其代表进行的；且

（b）复制的目的只是在原件丢失、毁坏或无法使用的情况下，由原件所有人或代表原件所有人使用，以代替原件。

（2）第（1）款不适用于复制计算机程序或改编计算机程序：

（a）来自计算机程序的侵权复制品；或

（b）违反计算机程序版权人或其代表在不迟于原件所有人获得原件时向其发出的明确指示。

（3）就本条而言：

（a）凡提及计算机程序或计算机程序改编版本的复制品，即提及以实物形式复制该计算机程序或改编版本；且

（b）凡提及与计算机程序的复制品或计算机程序的改编版本有关的明示指示，包括提及印刷在该复制品或提供该复制品的包装上的清晰可读指示。

第 41 条　犯罪

（1）在版权或表演者权存续期间：

（a）为销售或出租任何侵犯版权复制品而制作；

（b）销售、出租或以商业方式销售、为销售而展示或提供或出租任何侵

权复制品；

（c）发行侵权复制品；

（d）占有、保管或控制任何侵权复制品，但供私人及家庭使用的除外；

（e）通过商业方式，公开展示任何侵权复制品；

（f）将侵犯版权复制品进口至马来西亚，但供其私人和家庭使用者除外；

（g）制造或占有任何曾用作或拟用作制造侵权复制品的发明工具；

（h）规避、导致或授权规避第 36A 条第（1）款所述任何有效技术措施；

（ha）为规避第 36A 条第（3）款所述技术保护措施而制造、进口或销售任何技术或装置；

（i）未经授权而移除或更改第 36B 条所述的任何电子版权管理信息；或

（j）未经授权发行、进口或向公众传播电子权利管理信息已被删除或更改的作品或作品复制品，除非能够证明是善意的，且没有合理理由预期可能侵犯版权或表演者权，否则即属犯罪，一经定罪，须负法律责任：

（i）如果有（a）项至（f）项所述犯罪行为的，每份侵权复制品将被处以不少于 2000 但不超过 20000 林吉特的罚金，或处以不超过 5 年的监禁，或两者并处；针对随后的任何犯罪行为，每份侵权复制品将被处以不少于 4000 但不超过 40000 林吉特的罚金，或处以不超过 10 年的监禁，或两者并处；

（ii）如果有（g）项和（ha）项所述犯罪行为的，每项犯罪行为将被处以不少于 4000 但不超过 40000 林吉特的罚金，或处以不超过 10 年的监禁，或两者并处；针对随后的任何犯罪行为，每项犯罪行为将被处以不少于 8000 但不超过 80000 林吉特的罚金，或处以不超过 20 年的监禁，或两者并处。

（iii）如果有（h）项、（i）项和（j）项所述犯罪行为的，将被处以不超过 25 万林吉特的罚金或不超过 5 年的监禁，或两者并处；针对随后的任何犯罪行为，将被处以不超过 50 万林吉特的罚金，或处以不超过 10 年的监禁，或两者并处。

（2）就第（1）款（a）项至（f）项而言，任何人如占有、保管或控制同一形式的作品或记录的 3 份或多于 3 份的侵犯版权复制品的，除非相反证明成立，否则须推定为占有或进口该等复制品，而非供私人或家庭使用。

（3）公开表演文学或音乐作品、录音或电影的，即属本款规定的犯罪，除非够证明出于善意，且没有合理理由认为版权将或可能因此受到侵犯。

（4）法人团体或公司的合伙人犯本条所述犯罪行为，每位董事、行政总裁、首席运营官、秘书、该法人团体的经理或其他类似高级人员或该公司的每名其他合伙人，或声称是以任何此等身份行事，或以任何方式或在任何程度上负责管理法人团体或公司的事务或协助此类管理的人，除非能证明该罪行是在未经其同意或纵容的情况下发生的，且其已尽一切努力防止该罪行发生的，否则应被视为犯有该犯罪行为，并可在同一法律程序中与该法人团体或公司被单独或共同起诉。

第41A条　罚款抵罪

（1）局长或副局长或经局长书面授权的任何人，经检察官书面同意，根据本法制定的任何附属立法，就任何可罚款抵罪的罪行，实行罚款抵罪，从被合理怀疑犯了该罪的人获得不超过规定数额的金钱。

（2）在收到第（1）款规定的付款后，不得就该罪行对该人采取进一步程序，已占有任何物品的，该等物品可在符合按照该罚款抵罪的条件规定下予以返还。

（3）根据第1139号法律废除。

第42条　可以作为证据的宣誓书

（1）在任何有权进行宣誓的人面前作出的宣誓、第26B条所述版权登记册的核证摘录或法定声明，声称：

（a）根据本法有资格获得版权保护的任何作品的版权声明：

（i）在指定的时间内，该作品的版权仍然存在；

（ii）该人或其中指明的人为版权人；且

（iii）附件所载作品的复制品为其真实复制品；或

（b）符合本法规定享有表演者权利的表演者，声明：

（i）在指定的时间，表演者在该表演中享有的权利仍然存在；

（ii）该人或其中提到的人为表演者；且

（iii）所附文件的复制品是证明他或其中指定的人在表演中表演的文件，应可作为根据本法进行的任何诉讼的证据，并应是其中所载事实的初步证据。

（2）为实施第（1）款而获授权代表版权人或表演者行事的人，须出示书面授权书。

（3）根据第1082号法律废除。

第43条　惩罚

犯有本法或根据本法制定的任何条例所规定的罪行，但未规定特别处罚的，一经定罪，将被处以不少于10000但不超过50000林吉特的罚金，或处以不超过5年的监禁，或两者并处。

第6A章　反盗录

第43A条　与反盗录有关的犯罪

（1）在放映室使用视听记录装置对影片全部或部分录制的，即属犯罪，一经定罪，将被处以不少于10000但不超过100000林吉特的罚金，或处以5年以下的监禁，或两者并处。

（2）犯有第（1）款所述罪行未遂的，一经定罪，将被处以不少于5000但不超过50000林吉特的罚金，或1年以下的监禁，或两者并处。

（3）就本条而言：

视听记录装置，指能够记录或传送电影或其任何部分的任何装置；

动画，指电影；

放映室，指用作放映或放映电影的任何场地，包括电影院。

第6B章　服务提供者的责任限制

第43B条　解释

就本章而言：

另一网络，指能够与主要网络连接的任何类型的网络；

法院，指马来西亚适格的高等法院；

电子复制品，就任何作品而言，指电子形式的作品复制品，并包括该形式作品在网络上的原始版本；

来源网络，指电子复制品来源的另一网络；

主要网络，就服务提供者而言，指由服务提供者控制或经营或为服务提供者经营的网络；

路由，指指导或选择传输数据的手段或路线；

服务提供者：

（a）就第43C条而言，指提供与数据访问、传输或路由选择有关的服务

或提供连接的人；且

（b）就本章而言，除第43C条外，指为在线服务或网络访问提供或运营设施的人，包括（a）项所述的人。

第43C条　传输、路由选择和提供连接

（1）服务提供者因以下原因而侵犯任何作品的版权的，不负任何法律责任：

（a）服务提供者通过其主要网络传输或路由选择作品的电子复制品或提供连接；或

（b）在此类传输、路由选择或提供连接的过程中，服务提供者临时储存该作品的电子复制品，但：

（A）作品电子复制品的传输是由服务提供者以外的人发起或在其指示下进行的；

（B）传输、路由选择、提供连接或存储是通过自动技术程序进行的，服务提供者没有对作品的电子复制品进行任何选择；

（C）服务提供者不选择作品电子复制品的接收者，除非是对他人请求的自动回应；或

（D）服务提供者在通过主要网络传输作品的电子复制品期间，除作为技术过程的一部分所作的修改外，不对其内容作任何修改。

（2）侵权材料已被识别为来自马来西亚以外的在线位置或来自指定账户，而法院如确信第（1）款适用于该服务提供者的，法院可命令该服务提供者：

（a）采取合理措施，禁止访问位于马来西亚境外的在线位置；或

（b）终止指定账户。

第43D条　系统缓存

（1）服务提供者在其主要网络上制作作品的任何电子复制品，存在下列情况的，不承担侵犯版权的责任：

（a）从原始网络上提供的作品的电子复制品；

（b）通过自动程序；

（c）响应其主要网络用户的操作；或

（d）以方便使用者有效地取得作品，但：

（A）服务提供者在向其主要网络或其他网络的用户传输电子复制品的过程中，除了作为技术过程的一部分进行的修改外，不对该复制品的内容进行

任何实质性的修改；且

（B）服务提供者满足部长可能就以下事项确定的其他条件：

（i）其主要网络或其他网络的用户获取电子复制品；

（ii）刷新、重新加载或更新电子复制品；且

（iii）不干扰原始网络用于获取关于使用其上任何作品的信息的技术，这些技术符合马来西亚的行业标准。

（2）版权人或其代理人没有根据第43H条发出任何通知的，服务提供者无须根据本条承担法律责任。

第 43E 条 存储和信息定位工具

（1）服务提供者如因以下原因而侵犯任何作品版权的，不承担任何侵权责任：

（a）按照其主要网络用户的指示存储作品的电子复制品；

（b）服务提供者将用户推荐或链接到原始网络上的在线位置，在该位置通过使用信息定位工具，例如超链接或目录，提供作品的电子复制品或搜索引擎等信息定位服务，如果：

（i）服务提供者：

（A）实际上并不知悉有关作品的电子复制品是侵权的；或

（B）在不知道这种实际情形的情况下，不知道侵权活动相关的明显事实或情况；

（ii）服务提供者在其主要网络或其他网络上提供电子复制品时，或在提供电子复制品的过程中，没有直接因侵犯版权而获得任何经济利益，而且服务提供者没有权利和能力控制侵权活动；且

（iii）在收到根据第43H条发出的任何侵权通知后，服务供应者在规定的时间内作出答复，删除或禁止访问通知中所称的侵权或侵权活动所涉及的材料。

（2）在确定所获得的经济利益是否直接归因于侵犯作品的版权时，法院应考虑以下因素：

（a）与服务提供者收取服务费有关的行业惯例；

（b）财务收益是否大于根据公认的行业惯例收费通常会带来的收益；和

（c）法院认为相关的其他事宜。

（3）版权人或其代理人没有根据第43H条发出任何通知的，服务提供者无须根据本条承担法律责任。

第 43F 条　免除服务提供者从网络中删除复制品或其他活动的责任

（1）根据第 43H 条第（1）款及本章对于就以下事宜善意采取行动的服务提供者，不承担任何法律责任：

（a）从其主要网络中删除作品的电子复制品；或

（b）在主要网络或其他网络上禁止访问作品的电子复制品。

（2）在根据第（1）款删除或禁用访问某个作品的电子复制品时，服务提供者应在可行的范围内通知提供电子复制品的人，并附上其根据第 43H 条第（1）款收到的通知文本。

（3）尽管有任何相反规定，如果：

（a）由于作品的版权人与提供该作品电子复制品的人达成和解，服务提供者收到任何一方书面通知，要求将该电子复制品恢复到网络或恢复对该电子复制品的访问；或

（b）提供该作品电子复制品的人被任何法院或裁判所裁定为该作品的合法版权人，服务提供者须在切实可行的范围内：

（A）将作品的电子复制品恢复至其主要网络；或

（B）在其主要网络或其他网络上恢复对作品电子复制品的访问；

但服务提供者须获与各方之间的和解或法院或裁判所的判决或决定有关的适当文件。

（4）不得仅因为服务提供者提供了某人用于实施侵权行为的设施，而将服务提供者视为授权实施本法规定的侵犯版权的行为。

第 43G 条　服务提供者的信息

（1）在向用户提供服务时，服务提供者应以使用该服务的任何人都可获得的方式提供下列信息：

（a）服务提供者的名称和地址；且

（b）接受有关侵犯版权投诉或通知的指定代理人的详细资料和细节。

（2）服务提供者未遵守第（1）款的，无权获得根据本部分提供的保护。

第 43H 条　版权人的通知及其效力

（1）在网络中可获取的任何作品电子复制品侵犯作品版权的，版权人可以以部长确定的方式通知网络服务提供者该侵权行为，要求服务提供者删除

或禁用对服务提供者网络上的电子复制品的访问；

但版权人应承诺赔偿服务提供者或任何其他人因服务提供者遵守该通知而引起的任何损害、损失或责任。

（2）根据第（1）款收到通知的服务提供者，应在收到通知后 48 小时内删除或禁止在其网络上访问侵权电子复制品。

（3）作品的电子复制品被删除或根据第（2）款被禁止访问的人，可以按照部长可能确定的方式向服务提供者发出反通知，要求服务提供者在其主要网络上恢复电子复制品或对其的访问；

但该人须承诺就该服务提供者遵从该反通知而引致的任何损害、损失或责任，向该服务提供者或任何其他人作出赔偿。

（4）服务提供者应：

（a）在收到反通知后，立即向第（1）款规定的通知发布者提供回复通知的副本，并通知该发布者，被删除的材料或对所述材料的访问将在 10 个工作日内恢复；且

（b）在收到回复通知后不少于 10 个工作日内恢复被删除的材料或对其的访问，除非服务提供者已收到根据第（1）款规定通知的发布者的另一份通知，表明其已提起诉讼并寻求法院命令，以限制根据第（3）款规定的回复通知发布者从事与服务提供者网络上的材料相关的任何侵权活动。

（5）应向服务提供者的指定代理人发出载有下列资料的回复通知：

（a）用户的物理或电子签名；

（b）已被删除或已被禁止访问的材料的标识，以及该材料在被删除或被禁止访问之前的位置；

（c）一份可处以伪证罪的陈述，说明回复通知发布人善意地相信该材料是由于错误，或错误地识别将被删除或禁用的材料，而被删除或禁用的；和

（d）发布人的姓名、地址、电话号码和声明，表明发布人同意该地址所在法院的管辖权，或如果发布人的地址在马来西亚境外，在那里可以找到服务提供者，并且用户将接受来自根据第（1）款提供通知的人或其代理人诉讼程序的送达。

第 43I 条　发布虚假通知的人构成犯罪并须承担损害赔偿责任

（1）根据第 43H 条发布通知的人作出任何虚假通知，且其明知该通知的内容为虚假，该通知涉及通知对象的重要利益的：

（a）即属犯罪，一经定罪，可处以 10 万林吉特以下的罚金，或 5 年以下的监禁，或两者并处；且

（b）对于任何人因发出的通知而遭受任何损失或损害，应负赔偿责任。

（2）无论该声明是否在马来西亚作出，第（1）款都应适用，如果一个人在马来西亚境外作出声明，则可根据第（1）款（a）项对其进行处理，如同该罪行是在马来西亚犯下的。

第 7 章　强制执行

第 44 条　通过授权或其他方式作出

（1）向裁判官提供信息并宣誓，表明有合理的理由怀疑在任何房屋或处所内有任何侵权复制品或任何用于、拟用于或能够用于制作侵权复制品的装置，或车辆。图书、文件，或通过这些物品或车辆、图书或文件犯下第 41 条所述任何罪行。裁判官应亲自签发授权令，凭此授权令，任何助理局长或授权令中提到的不低于督察级别的警官可在白天或晚上任何合理的时间进入该房屋或处所，搜查并扣押任何此类复制品、装置、物品、车辆、图书或文件。

但如果助理局长或不低于督察级别的警官根据收到的信息确信，他有合理的理由相信，由于延迟获得搜查令，用于实施或将用于实施本法规定的罪行的任何复制品、装置、物品或车辆、图书或文件可能被移走或销毁，则其可以在没有授权令的情况下进入该房屋或处所，并从其中扣押任何此类复制品、装置、物品、车辆、图书或文件。

（1A）根据第（1）款进入任何房屋或处所的助理局长或级别不低于督查的警官，可带着他认为必要的其他人员和设备。在他离开所进入的任何房屋或处所时，如果该房屋或处所无人居住或居住者暂时不在，他应有效地保护该房屋或处所不受侵入者侵犯，如同其尚未进入该房屋一样。

（2）进行搜查的助理局长或不低于督察级别的警官可查封任何侵权复制品、疑似的侵权复制品、用于或拟用于或能够用于制作侵权复制品的装置，或任何其他物品、车辆、图书或文件，如果任何此类复制品、装置、物品、车辆、图书或文件被查封，他应向裁判官出示，在出示后，裁判官应指示将其交由局长或助理局长或警察保管，以便根据本法进行任何调查或起诉；

但如果在任何此类查封中，由于其性质、大小或数量，在裁判官面前出

示由局长或助理局长或警察保管的此类复制品、装置、物品、车辆、图书或文件是不实际的，则就本款而言，向裁判官报告该项查封即已足够。

（3）如果由于其性质、大小或数量的原因，从发现它们的地方移走助理局长或不低于督查级别的警官所查封的物品或文件是不切实际的，而且助理局长或警官已根据第47条将其封存在发现它们的房屋或货柜中，如要根据第（2）款在裁判官席前出示该等物品，只需向裁判官报告查封物品或让裁判官在该处所或货柜内观看该物品，即属足够。

第45条 实施进入、移送及扣留

任何助理局长或不低于督察级别的警官，如有需要，可根据第44条行使其权力：

（a）打开住宅或任何其他处所的外门或内门，并进入其中；

（b）强行进入该场所及其各部分；

（c）用武力消除他有权实施的，影响其进入、搜查、查封和清除的任何妨碍；且

（d）扣留在该场所发现的每个人，直到该场所被搜查完毕。

第45A条 计算机化或数字化数据的访问

（1）任何助理局长或不低于督察级别的警官在行使第44条所赋予的权力时，如有必要，有权访问存储在计算机或任何其他介质中的计算机化或数字化数据。

（2）就本条而言，访问包括提供必要的密码、加密代码、解密代码、软件或硬件以及任何其他能够理解计算机化数据所需的手段。

第46条 查封物品清单

（1）助理局长或不低于督察级别的警官根据本部分的规定查封任何侵权复制品、疑似侵权复制品、装置、物品、车辆、图书或文件，应编制一份被查封物品的清单，并立即将一份由他签名的清单副本交给居住者或其代理人或在场的雇员。

（2）如果房屋无人居住，助理局长或不低于督察级别的警官应尽可能在该处张贴一份被扣押物品的清单。

第 47 条　查封物品

如果助理局长或不低于督察级别的警官认为，由于其性质、大小或数量的原因，将其在根据本法扣押的任何物品或文件从发现地移走是不实际的，他可以用任何方式将这些物品或文件封存在发现它们的处所或货柜中，任何人在没有合法授权的情况下打破、篡改或破坏这种封存状态或拿走这些物品或文件，或试图这样做，即属犯罪。

第 48 条　妨碍搜查等

任何人如果：

（a）拒绝助理局长或不低于督察级别的警官进入任何地方；

（b）攻击、阻挠、阻碍或拖延任何助理局长或不低于督察级别的警官执行他根据本法有权执行的事项，或本法规定的任何职责或权力；

（c）拒绝向任何助理局长或不低于督察级别的警官提供与本法所规定的犯罪或涉嫌犯罪有关的任何资料，或任何可能合理地要求他提供并且他知道或有权提供的任何其他信息；

（d）欺骗为了在执行本法的规定时任何公职人员，或为了促成或影响作出或不作出与本法有关的任何事情，故意提供任何虚假资料或作出任何虚假陈述，并且明知或相信该陈述是虚假的；或

（e）在第 42 条第（1）款所述宣誓或法定声明中，作出任何虚假陈述，并且明知或相信是虚假的，涉及根据第 42 条第（1）款作出或使用宣誓书或声明的对象的任何关键点，即属犯罪。

第 49 条　瑕疵的授权令仍然有效等

根据本法发出的授权令，无论在授权令或申请授权令中有任何缺陷、错误或遗漏，均应有效并可执行，根据该授权令扣押的任何复制品、装置、物品、车辆、图书或文件应在根据本法进行的任何诉讼中可作为证据使用。

第 50 条　调查权

（1）任何助理局长或不低于督察级别的警官，均有权调查本法或根据本法制定的附属法律所规定的任何犯罪行为。

（2）任何助理局长或不低于督察级别的警官，在对本法或据此制定的附

属法律规定的任何罪行进行调查时，行使刑事诉讼法（第593号法律）规定的与警察调查可扣押案件有关的特别权力。

第50A条　逮捕权

（1）任何助理局长可以在没有逮捕证的情况下，逮捕任何其有理由相信已经或正试图犯下根据本法或根据本法制定的任何条例可逮捕罪行的人。

（2）任何根据第（1）款进行逮捕的助理局长，须将如此被捕的人交予最近的警务人员，如警务人员不在，则须将该人带到最近的警署，而不得有不必要的延误；其后，该人须按当时有效的有关刑事诉讼程序的法律所规定的方式处理，犹如其已被警务人员逮捕一样。

第50B条　截获通信的权力

（1）尽管有任何其他成文法的规定，如果检察官认为任何通信可能包含本法或附属法律规定的与任何犯罪调查有关的任何信息，则检察官可根据助理局长或不低于督查级别的警官的申请，授权该官员截获或收听由任何通信传送或接收的信息。

（2）如任何人被控侵犯本法或其附属法律所规定的罪行，则助理局长或警务人员根据第（1）款所取得的任何资料，不论在该人被控之前或之后，在审讯时均可接纳为证据。

（3）检察官根据第（1）款作出的授权，可以口头或书面方式作出；但如果口头授权，检察官应在切实可行的情况下尽快将授权转为书面授权。

（4）检察官出具证明，证明助理局长或警官根据第（1）款采取的行动，是由他授权的，该证明可作为该行动已获授权的确凿证据。并且，无须证明他在该证明上的签字，即作为证据。

（5）任何人不得有任何责任、义务或法律责任，或以任何方式被强迫，在任何程序中披露根据第（1）款作出的任何事情的程序、方法、方式或手段，或与之有关的任何事宜。

第51条　陈述的可接受性

（1）即使任何成文法有相反的条文，如果某人被控犯有本法所规定的罪行，不论该陈述是否构成供词，亦不论该陈述是口头的或书面的，无论在该人被指控之前还是之后，无论是否在根据本法进行调查的过程中，不论是否全部或部分地回答助理局长或不低于督察级别警官的问题，无论是否由助理局长、不低于督察级别的警官或任何其他与案件有关或无关的人向他解释，则不低于督察级的警务人员或与案件有关的任何其他人在审讯时的陈述均可接纳为证据，而如该人自称为证人，则任何该等陈述均可用作盘问及质疑其信用：

（a）但在下列情况下，该陈述不得被采纳或用作上述用途：

（i）在法庭看来，陈述似乎是由于任何涉及对该人提出指控的引诱、威胁或承诺的情况下作出的，而且法庭认为，该引诱、威胁或承诺足以使该人有理由相信，通过作出陈述，他将在对他提出的诉讼中获得任何好处或避免任何暂时性的不利；或

（ii）就该人在被捕后作出的陈述而言，除非法庭相信他已被用以下词语或类似的词语警告过：

"我有责任警告你，你没有义务说任何话或回答任何问题，但你所说的任何话，无论是否回答问题，都有可能被作为证据"；且

（b）如及时受到警告，任何人在来不及警告他之前所作的陈述，不得仅因为他没有受到警告而被视为不可接受的证据。

（2）即使任何成文法条文有相反的规定，被控犯有第（1）款所适用的罪行的，在被警告后，无须回答与该个案有关的任何问题。

第51A条　密探提供的证据可予采用

（1）即使任何成文法或法律规则有相反的规定，如果该企图教唆或教唆的唯一目的是取得不利于该人的证据，任何密探不得仅因其企图教唆或教唆任何人侵犯本法所规定的罪行而推定其不值得信任。

（2）即使有相反的成文法或法律规定，任何其后被控犯本法所规定罪行的人向密探所作的任何陈述，不论是口头或书面的，在其审判中均可作为证据。

第52条　信息披露

向任何其他人披露他根据本法获得的任何信息的，即属犯罪，但在履行本法规定的职能和职责的过程中或为了履行这些职能和职责而进行的披露除外。

第52A条　通风报信

（1）任何人：

（a）知道或有理由怀疑，助理局长或不低于督察级别的警官正在或拟在与根据本法或为本法目的而进行的调查有关的情况下采取行动，并向任何其他人员披露可能损害该调查或拟进行的调查或任何其他事项；或

（b）知道或有理由怀疑，已根据本法向助理局长或警官披露信息，并向任何其他人披露可能会影响到在披露后可能进行的任何调查或任何其他事项，根据本法即属犯罪。

（2）第（1）款并未规定辩护人、律师或其雇员向下列人员披露任何信息或其他事项构成犯罪：

（a）向其当事人或当事人代表提供信息，该信息属于在辩护人和律师的专业工作过程中为当事人提供建议有关的信息；或

（b）在考虑到任何法律诉讼或与之有关的情况下，向任何人披露。

第53条　提出检控

非经检察官提出或经检察官书面同意，不得对本法规定的任何罪行提出起诉。

第54条　没收物品

（1）根据本法扣押的任何物品、车辆、图书、文件、复制品或发明物应予没收。

（2）无论被审判人是否被定罪，审判根据本法被控犯罪的人的法庭可以在审判结束时，处理从该人那里扣押的物品、车辆、图书、文件、复制品或装置，或在涉及侵权复制品的情况下，将其交给版权第一所有人、其受让人或排他许可人，视情况而定。

（3）在行使本法赋予的权力时没有对扣押的任何物品、车辆、图书、文件、复制品或装置提出起诉的，除非在该日之前按下述方式提出要求，否则自扣押之日起一个日历月届满时，该物品应被扣押并视为被没收。

（4）声称自己是根据本法扣押的任何物品、车辆、图书、文件、复制品或装置的所有人认为该等物品不应予以没收的，可亲自或由其书面授权的代理人向助理局长发出书面通知，说明其要求。

（5）助理局长收到根据第（4）款发出的通知后，应将该通知转交局长，局长可在进行必要的调查后，指示放弃或没收该物品、车辆、图书、文件、复制品或装置，或将有关事宜提交法院裁决。

（6）受理案件的法院应发出传票，要求声称自己是该物品、车辆、图书、文件、复制品或装置的所有人及被扣押的人出庭，且不论该人是否出庭，法院应证明其传票已送达。法院应审查此事并证明犯了依照本法或根据本法制定的附属法律规定的犯罪行为，如果认定该物品、车辆、图书、文件、复印品或装置是犯罪行为的标的物或用于犯罪行为，则应下令将其没收。在无法证明犯罪的情况下，可下令将该物品、车辆、图书、文件、复制品或装置返还给有权获得该物品的人。

（7）没收或被视为没收的任何物品、车辆、图书、文件、复制品或装置，均须交付局长，局长应以其认为适当的方式处理该物品，或交付有关的版权人、受让人或排他被许可人，视情况而定。

第 55 条　按比例查验被扣押的物品

（1）已扣押装有涉嫌侵权复制品或可能被扣押的复制品的包裹或容器，仅需打开并检查每个被扣押包裹或容器内装物的 1/100 或任何 5 份复制品（以较低者为准）即可。

（2）法院应推定包裹或容器中剩余的复制品与所检查的复制品具有同样的性质。

第 56 条　保护举报人不被发现

（1）除下文另有规定外，任何民事或刑事程序中的证人均无义务或准许披露举报人的姓名或地址，或从举报人那所收到的信息的内容和关键点，或陈述可能导致就举报人被发现的任何事宜。

（2）在民事或刑事程序中作为证据或可供检查的任何记录、文件或文书中含有任何记录，其中提到或描述了举报人的信息，或可能导致他被发现的，法院应将所有此部分隐藏或删除，但仅限于保护举报人不被发现所必需的范围内。

（3）在对违反本法或根据本法规定的任何附属法律的任何犯罪进行审判时，法院在对案件进行充分调查后认为举报人在其陈述中非法作出了他明知或相信是虚假的重要陈述，或在其他任何程序中，法院发现如果没有揭露举报人，就不能在当事人之间充分实现公平，法院应合法地要求出示原始举报内容（如是书面），并允许查询，以及对有关举报人信息的充分披露。

第57条 对助理局长和警务人员的保护

助理局长或不低于督察级别的警官为实施本法而命令或采取任何行动的，不得在任何法院对其提出、提起或维持诉讼或指控。并且，对于任何其他人根据助理局长或不低于督察别的警官为上述目的发出的命令、指示或指令所作的或声称所作的任何行为，不得在任何法院对其提起诉讼或指控；

前提是该行为是出于善意，并合理地认为对其所要达到的目的是必要的。

第8章 其他规定

第58条 根据第952号法律废除

第59条 条例

部长可为执行本法的规定制定条例。

第59A条 扩大本法的适用范围

（1）部长可以制定条例，将本法的任何规定适用于条例中所规定的国家（在本条中称为"特定国家"）。该国可能是或可能不是版权或表演者权利有关的任何公约或联盟的缔约方或成员（该公约或联盟马来西亚是缔约方或成员），以确保该等条款：

（a）适用于首次在该特定国家出版的文学、音乐或艺术作品，电影，录音，或文学、音乐或艺术作品的出版版本，如同其适用于首次在马来西亚出版的文学、音乐或艺术作品，电影或录音，或文学、音乐或艺术作品的出版版本；

（b）适用于在条例规定的重要时间是该特定国家的公民或居民的人，如同其在该时间是马来西亚的公民或永久居民的人；

（c）适用于根据该特定国家法律成立的法人团体，如同其在马来西亚成立并根据马来西亚法律构成或被授予法人资格的法人团体；

（d）适用于从该特定国家发送的广播，如同是从马来西亚发送的广播；

（e）适用于在该特定国家建造的建筑作品或在该特定国家建造的建筑物内的任何其他艺术作品，如同其是在马来西亚建造的建筑作品或在马来西亚建造的建筑物内的任何其他艺术作品；

（f）适用于每件在特定国家创作的有资格获得版权保护的作品，如同每件有资格获得版权保护的作品都是在马来西亚创作的；

（g）适用于特定国家的衍生作品，如同其是马来西亚的衍生作品；且

（h）适用于在特定国家进行的表演，如同其是在马来西亚进行的表演。

（2）第（1）款（a）项中对在特定国家首次出版的作品应包括在其他地方首次出版，但在其他地方出版后 30 日内在该特定国家出版的作品。

（3）根据第（1）款制定的条例可适用本法的规定：

（a）对于马来西亚以外的特定国家，受这些法规可能规定的例外或修改的限制；

（b）一般而言，或与这些条例中可能指定的此类作品或其他主题有关。

（4）在马来西亚成为有关版权或表演者权利的条约或公约或联盟成员之前，根据第（1）款制定的条例可以规定该条例适用于制作的作品或进行的表演，如同其适用于成为成员之后制作的作品或进行的表演（视属何情况而定）。

（5）在马来西亚成为有关版权或表演者权利的此类条约缔约国或此类公约或联盟成员之前，根据特定国家的法律已经到期的作品，根据第（1）款制定的条例不应解释为恢复任何版权或表演者的权利。

（6）部长不得根据本条制定条例，将本法的任何规定适用于特定国家，但马来西亚也是缔约国或成员的有关版权或表演者权利的条约缔约国或任何公约或联盟的成员除外。除非部长确信，就这些条款所涉及的作品类别或其他主题而言，该特定国家法律已经或将要作出规定，从而根据本法给予版权所有者或表演者充分的保护。

（7）仅根据第（1）款制定的规定，在此类规定生效之前创作的作品中存在版权，或者表演者的权利存在于表演中的，在该等条例生效日期前所作的任何事情，不得视为构成侵犯该等版权或表演者的权利（视属何情况而定）。

第 59B 条　部长限定广播定义的权力

（1）部长可以通过命令将下列各项排除在有线传输的广播的定义之外：

（a）互动服务；

（b）内部业务服务；

（c）个人家庭服务；

（d）在单一住户处所提供的服务，而非以商业便利的方式提供；

（e）为通过有线方式提供广播服务或为此类服务提供节目的人提供的服务。

（2）部长可以通过命令修改第（1）款，以增加或删除该款中提到的排除的情形。

第 59C 条　使用费相关争议

（1）法庭可以审理许可机构与其任何成员之间产生的有关使用费的任何争议，但须经该许可机构和该成员的同意。

（2）法庭应根据第（1）款裁定争议并据此作出命令。

（3）根据第（2）款发出的命令可以无限期生效，或在法庭确定的期限内生效。

第 60 条　保留条款

（1）本法中的任何内容都不影响包括政府在内的任何人，在任何成文法下的任何权利或特权，除非该法律被本法明确废除、修正或修改，或与本法不一致。

（2）本法的任何规定均不影响马来西亚政府或任何从政府获得所有权的人销售、使用或以其他方式处理根据关于海关法律没收的物品的权利，包括因本法或被本法废除的任何成文法而被没收的物品。

第 61 条　废除

1969 年版权法（第 10 号法律）被废除，但：

（a）本法任何规定均不影响任何人因本法生效前根据已废除的法令所犯的罪行，或在该日之前就此类罪行提起的任何诉讼或判刑而受到起诉或惩罚的责任；

（b）任何诉讼程序，不论是民事或刑事程序，或在本法生效前未决或存在的诉讼事由，应根据已废除的法律继续进行或提起，如同本法尚未制定一样；

（c）根据已废除的法案和任何法律程序（民事或刑事）获得、产生或招致的任何权利、特权、义务或责任，或有关此类权利、特权、义务或责任的补救措施不受影响，并且任何此类法律程序或补救措施均可根据本法的相关规定提起或执行。

欧 洲

·第 2121/1993 号法律·

希腊著作权、邻接权和文化事务法❶

廖志刚* 译

（官方公报 A 25 1993 – 生效日期：1993 年 3 月 4 日）

第 2121/1993 号法律已经更新，包含所有最新修订和补充。第 4761/2020 号法律 [政府公报（Fek）A'/248/13.12.2020] 引入了最新修订。

第 1 章 著作权的客体和内容

第 1 条 著作权

（1）基于作品的创作，作者应享有该作品的著作权，其中包括作为排他权和绝对权的对作品进行利用的权利（财产权）以及保护其与作品的人身联系的权利（人身权）。

（2）上述权利应包括本法第 3 条和第 4 条规定的授权。

第 2 条 著作权的客体

（1）作品，是指以任何形式表达的智力原创文学、艺术和科学作品，特别是书面或口头文本、有歌词或无歌词的音乐作品、有伴音或无伴音的戏剧作品、舞蹈和哑剧、视听作品、美术作品（包括图画、绘画和雕塑作品、雕刻和版画作品、建筑和摄影作品、实用艺术作品）、插图、地图和与地理、地形、建筑或科学有关的三维作品。

（2）此外，作品还应包含作品或民间文学艺术表达的翻译、改编、整理

---

* 译者简介：西南政法大学知识产权学院法学教授，硕士生导师，国家知识产权战略专家库成员。

❶ 本法根据世界知识产权组织官网公布的希腊著作权、邻接权和文化事务法英语版本翻译，同时参照了希腊文化和体育部版权组织官网公布的相关英语版法律法规。——译者注

和其他演绎，以及作品集或者民间文学艺术表达或简单事实和数据的集合（如百科全书和文集），但其内容的选择或安排必须具有独创性。对本款所列作品给予的保护，不应以任何方式损害作为改编或汇编对象的原有作品中的权利。

（2a）数据库因其内容的选择或安排而构成作者的智力创造的，应受著作权的保护。著作权保护不应延及数据库的内容，且不得损害该等内容本身存在的任何权利。数据库，是指以系统或有组织的方式排列的单独作品、数据或其他材料的集合，可通过电子或其他方式分别检索［第 96/9 号指令第 3 条和第 1 条第（2）款］。

（3）在不损害本法第 7 章规定的情况下，计算机程序及其准备性设计资料应被视为著作权保护意义上的文学作品。本法规定的保护适用于计算机程序的任何形式的表达。构成计算机程序任何要素的思想和原则，包括构成其界面的思想和原则，不受本法保护。如果计算机程序具有独创性，即它是作者的个人智力创造，则应受到保护。

（4）根据本法提供的保护应当适用，而不论作品的价值及目的如何，也不论该作品是否可能根据其他规定受到保护。

（5）本法规定的保护不适用于表现国家机关的官方文本，特别是立法、行政或司法文件，也不适用于民间文学艺术表达、新闻信息或单纯事实和数据。

第 3 条　财产权

（1）财产权应明确规定作者有权许可或禁止下列行为：

（a）固定和以任何方法、任何形式、全部或部分、直接或间接、临时或永久复制其作品。

（b）对其作品进行翻译。

（c）对其作品进行编排、改编或其他改动。

（d）通过销售或其他方式以任何形式向公众发行其作品的原件或复制件。只有权利人或经其同意在欧洲共同体内首次销售或以其他方式转让原件或复制件的所有权的情况下，发行权才会在欧洲共同体内用尽。

（e）出租或公开出借其作品的原件或复制件。该等权利不因原件或复制件的任何销售或其他发行行为而用尽。该等权利不适用于建筑作品和实用艺术作品。出租或公开出借具有 1992 年 11 月 19 日第 92/100 号理事会指令（欧洲共同体公报 L 346/61 – 27.11.1992）规定的含义。

（f）公开表演其作品。

（g）通过电台和电视台，以无线或电缆或任何种类的电线或任何其他方式，平行于地球表面或通过卫星向公众广播或转播其作品。

（h）以有线或无线方式或任何其他方式向公众传播其作品，包括向公众提供其作品，使公众可以在其个人选择的地点和时间获取该等作品。该等权利不应因本条规定的任何向公众传播的行为而用尽。

（i）未经创作者同意，进口其作品在国外制作的复制件，或者从欧洲共同体以外的国家进口其作品的复制件，而在希腊进口该复制件的权利已由作者通过合同保留［第 2001/29 号指令（欧洲共同体公报 L.167/10 – 22.6.2001）第 2 条、第 3 条第（1）款和第（3）款、第 4 条］。经第 3057/2002 号法律第 81 条第（1）款修正。

（2）当作品通过使用、表演或展示，使一个比作者狭小的家庭和直接社交圈更广泛的人群可能获取时，应被视为"公开"，而不论该更广泛圈子中的人是在相同还是不同的地点。

（3）数据库的作者应对下列行为享有实施或许可实施的专有权：* a）以任何方法和任何形式临时或永久复制全部或部分内容；b）翻译、改编、安排和任何其他改动；c）以任何形式向公众发行数据库或其复制件，由权利人或经其同意在欧洲共同体内首次出售数据库的复制件，应使控制该复制件在欧洲共同体内转售的权利用尽；d）向公众进行任何传播、展示或表演；e）对公众复制、发行、传播、展示或表演（b）项所述行为的成果。数据库或其复制件的合法用户为获取数据库内容，以及合法用户正常使用数据库内容所必须实施的上述任何行为，无须获得数据库作者的授权。合法使用者仅获授权使用部分数据库的，本条款仅适用于该部分。任何违反前两句规定的协议均属无效［第 96/9 号指令第 5 条、第 6 条第（1）款和第 15 条］。第（3）款由第 2819/2000 号法律第 7 条第（3）款补充。

（4）"不允许为私人用途复制电子数据库"。第（4）款由第 3057/2002 号法律第 81 条第（13A）款补充。

---

* 该层级格式不是常见层级的格式，为方便读者理解，与原文保持一致，未作修改，下同。——编辑注

第 4 条　人身权

（1）人身权应特别赋予作者以下权利：决定发表作品的时间、地点和方式；要求承认其作为作品作者的身份，特别是在可能的情况下，在其作品的复制件上注明其姓名，并在公开使用其作品时标注其姓名，或者相反，如果其愿意，以匿名或假名展示其作品；禁止对其作品进行任何歪曲、割裂或其他修改，禁止因公开展示作品而对作者产生任何冒犯；接触其作品，即使该作品的财产权或该作品的物质载体属于他人；系后一种情况的，应在尽量减少对权利人损害的前提下接触该作品；就文学或科学作品而言，作者认为由于其信仰或情况的改变，为保护其人格而有必要采取此种行动的，可解除以其作品为标的的财产权转让合同或利用合同或许可，但须向合同另一方支付损害赔偿金，以弥补其遭受的金钱损失。

（2）前款最后一种情形，合同的解除自支付损害赔偿后生效。在解除合同后，作者再次决定转让财产权，或允许利用该作品或类似作品的，必须优先给予原合同另一方机会，以与解除合同时有效的条款相同或类似的条款重新订立原合同。

（3）人身权应独立于财产权，即使在财产权转让之后，人身权仍属于作者。

第 5 条　转售权——追续权

（1）原创艺术作品的作者享有转售权，即一项在生存者之间无法转让的权利，也不能事先放弃，在其首次转让作品后，有权根据作品任何转售所获得的价金收取版税。该权利应适用于所有涉及卖方、买方或中介艺术品市场专业人员（如拍卖场、美术馆以及通常意义上的任何艺术品交易商）的所有转售行为。版税应由卖方支付。当涉及中介艺术品市场专业人员时，其应与卖方分担支付版税的责任〔第 2001/84 号指令第 1 条第（1）款、第（2）款和第（4）款〕。

（2）原创艺术作品，是指图形或造型艺术作品，如图片、拼贴画、绘画、绘图、雕刻、版画、石版画、雕塑、挂毯、陶器、玻璃器皿和照片，只要其是由艺术家本人制作或被视为原创艺术作品的复制件。就转售权而言，由艺术家本人或在其授权下制作数量有限的艺术作品复制应被视为"原创艺术作品"。该等复制件通常会有编号、签名或以其他方式获得艺术家的正式授权

（第 2001/84 号指令第 2 条）。

（3）第（1）款规定的版税应按下列费率确定：

（a）售价 50000 欧元及以下的，按 5% 支付；

（b）售价 50000. 01 至 200000 欧元的，按 3% 支付；

（c）售价 200000. 01 至 350000 欧元的，按 1% 支付；

（d）售价 350000. 01 至 500000 欧元的，按 0. 5% 支付；

（e）售价超过 500000 的，按 0. 25% 支付。

无论如何，版税总额不得超过 12500 欧元（第 2001/84 号指令第 3 条和第 4 条）。

（4）前款所述售价为税后净额（第 2001/84 号指令第 5 条）。

（5）上述规定中的版税应支付给作品作者，并在其死亡后支付给其权利继受人。

（6）对于第（2）款所述类别作品的转售权，其管理和保护可以委托依据文化和体育部决议运作的集体管理组织（第 2001/84 号指令第 6 条）。

（7）转售后 3 年内，受益人和集体管理组织可要求第（1）款所述任何艺术品市场专业人员提供任何必要的资料，以确保支付与转售有关的版税。希腊视觉艺术协会也有权获取信息（第 2001/84 号指令第 9 条）。

（8）转售权的保护期应与本法第 29 条、第 30 条以及第 31 条第（1）款和第（2）款的规定一致［第 2001/84 号指令第 8 条第（1）款］。

（9）身为第三国国民的作者及其权利继承人，只有在作者或其权利继承人所属国家的立法允许希腊作者或来自其他欧盟成员国的作者及其权利继承人在该国享有转售权保护的情况下，才可根据本国法律享有转售权。非成员国国民但在希腊拥有惯常居所的作者也应享有转售权［第 2001/84 号指令第 7 条第（1）款和第（3）款］。

第 2 章　著作权的原始主体

第 6 条　原始权利人
（1）作品的财产权和人身权的原始权利人是该作品的作者。
（2）上述权利归属于作品的作者，无须履行任何手续。

第 7 条　合作作品、集合作品和编辑作品
（1）合作作品，是指任何由两个或两个以上作者直接合作完成的作品。

合作作品的财产权和人身权的原始权利人应是该作品的合作作者。除另有约定外，权利由合作作者共有。

（2）集合作品，是指在一个自然人的智力指导和协调下，通过若干作者的独立贡献而创作的任何作品。该自然人是集合作品的财产权和人身权的原始权利人。每位做出贡献的作者应是其贡献部分的财产权和人身权的原始权利人，只要该部分能够被单独利用。

（3）编辑作品，是指由单独创作的各部分组成的作品。各部分的作者应为编辑作品权利的原始共同权利人，且每位作者应为编辑作品中其所创作部分的排他性原始权利人，只要该部分能够被单独利用。

第8条 雇员创作的作品

作品是由雇员在履行雇佣合同过程中创作的，该作品的财产权和人身权的原始权利人应是该作品的作者。除非合同另有约定，否则只有为实现合同目的所必需的财产权才应单独转移给雇主。除非合同另有约定，公共部门或公法法律实体的雇员在任何工作关系下为履行其职责所创作的作品的财产权应依法转移给雇主。

第9条 视听作品

视听作品的主要导演视为其作者。

第10条 推定

（1）其姓名以通常表示作者身份的方式出现在作品复制件上的人，应推定为该作品的作者。出现的姓名是笔名的，只要该笔名不会对确认该人的身份引发疑问，则同样适用。

（2）对于集合作品、计算机程序或视听作品，其姓名或名称以通常用来表明权利人的方式出现在该作品的复制件上的自然人或法人，应被推定为该特定作品的著作权人。

（3）本条第（1）款应比照适用于与其受保护客体有关的著作权人，以及享有特别权的数据库创作者（第2004/48号指令第5条b'项）。

（4）前文第（1）款及第（2）款所述推定，可由相反证据推翻。

第 11 条　拟制原始权利人

（1）合法地向公众提供匿名或笔名作品的人，视为对第三方的财产权和人身权的原始权利人。当作品的真正作者透露其身份时，就获得在拟制权利人行为所造成的状态下的上述权利。

（2）在前款规定的情况下，人身权应属于拟制权利人，因为这与其身份相符。

第 3 章　权利的转让、利用和行使

第 12 条　转让

（1）财产权可以于在世者之间转让，也可以因其死亡而转让。

（2）人身权不得于在世者之间转让。作者死亡后，人身权应传给其继承人；继承人应按照作者的意愿行使权利，前提是该意愿应明确表达。

第 13 条　利用合同和许可

（1）作品的作者可以订立合同，借此将财产权委托给合同另一方（使用合同）。合同另一方承担行使受托权利的义务。

（2）作品的作者可以授权他人行使财产权（使用许可）。

（3）使用合同和许可可以是排他性的或非排他性的。排他性使用合同和许可应授权合同另一方在排除任何第三人的情况下行使合同或许可所赋予的权利。非排他性使用合同和许可应给予合同另一方行使合同或许可所赋予的权利，与作者和其他合同当事人并行。在没有相反约定的情况下，当其所行使的权利遭受第三方非法侵害时，合同另一方有权以自己的名义寻求法律保护。

（4）如果对使用合同或许可的排他性存疑，该合同或许可应视为非排他性。

（5）合同或许可在任何情况下都不得就作者未来作品授予任何绝对权利，也不得被视为涉及合同订立之日未知的使用形式。

（6）未经作者同意，对作品进行利用或可能利用之人的权利不得于在世者之间转让。

第 14 条　法律行为的形式

涉及财产权的转让、使用权的转让或许可以及人身权的行使，非经订立

书面合同，均属无效。无效请求只能由作者提出。

第 15 条　转让及使用合同和许可的范围

（1）财产权的转让及使用合同或许可利用该权利的合同，可限制其所赋予权利的范围和期限、地理适用范围以及利用的程度或方式。

（2）转让或使用合同或许可未对期限作出明确约定的，除惯例另有规定外，其期限应被视为限于 5 年。

（3）转让或使用合同或许可未明确约定地理适用范围的，上述法律行为应被视为适用于履行该等行为的国家。

（4）未明确约定转让、利用或者许可涉及的程度和方式的，应当认为上述行为是指实现合同或者许可目的所必需的程度和方式。

（5）在所有涉及转让财产权或授予独占使用许可的情况下，取得权利或许可的人应确保在合理的期限内，通过适当的利用形式使该作品为公众所获取。

第 16 条　作者对行使人身权的同意

作者对本来会构成对其人身权的侵犯的作为或不作为表示同意，应被视为行使其人身权的一种形式，并对其具有约束力。

第 17 条　物质载体的转让

除非事先与财产权的原始权利人订有相反的书面协议，否则将作品纳入其中的物质载体所有权的转让，不论是原件还是任何形式的复制件，均不构成著作权的转让，也不赋予新的所有人任何利用作品的权利。

第 4 章　对财产权的限制

第 18 条　供个人使用的复制

（1）在不影响下列各款的前提下，可以不经作者同意且不支付报酬，允许复制合法出版的作品，但该复制意在供使用者自己个人使用。"个人使用"不包括企业、服务机构或组织的使用。

（2）为个人使用而进行复制的权利，不适用于该行为与作品的正常利用相冲突的情况，或作者的合法利益受到损害的情况，特别是：

a）复制的是建筑物或任何类似建筑形式的建筑作品；

b）使用技术手段复制以有限数量发行的美术作品，或者复制音乐作品的图形表示。

（3）为免费复制作品供个人使用而利用技术手段，如录音机或录像机或者音像机、磁带或其他适合复制声音或图像或者声音和图像的材料，包括数字复制设备和媒介（特别是 CD–RW、CD–R、DVD 和容量超过 4GB 的其他存储介质）、计算机、便携式电子设备（平板电脑）、智能手机、仪器或组件（不论其操作是否属于计算机范畴并用于数字拷贝、转录或以任何其他方式复制）、复印机和适用于复印的纸张、扫描仪和打印机，除拟出口物品外，均应向作品创作者和本条规定的邻接权人支付合理报酬。合理报酬按以下方式确定：

a）计算机、便携式电子设备（平板电脑）和智能手机的应得报酬定为其价值的 2%。该报酬应在作者、表演者或者表演艺术家、录音磁带或其他声音或图像或者声音和图像记录介质的制作者以及印刷品的出版者之间分配。分配给代表每一类或每一子类权利人集体管理组织的前述所涉技术手段的合理报酬比率，以及收取和支付方式，应根据第（9）款确定。

b）声音或图像或者声音和图像记录设备、磁带或任何其他适合复制声音或图像或者声音和图像的介质、数字复制设备和介质以及容量超过 4 GB 的其他存储介质，以及仪器或组件（不论其操作是否在计算机环境中进行并以任何方式用于数字拷贝、转录或复制目的）的应得报酬，定为其价值的 6%。数字复制设备和媒体、其他存储介质，以及仪器或组件，不论其操作是否在计算机范畴中进行并以任何方式用于数字拷贝、转录或复制，其应得报酬应按照第（9）款规定的程序在代表著作权和邻接权人的集体管理组织之间分配。涉及声音或图像或者声音和图像的记录装置的应得报酬，应当以下列方式分配给各权利人：55%给作者，25%给表演者或表演艺术家，20%给录制磁带或任何其他声音或图像或者声音和图像记录介质的制作者。

c）复印机、扫描仪、打印机和用于复印的纸张的，应得报酬为其价值的 4%。该报酬应由印刷品的作者和出版者平分。任何能够复印的多功能机器也应包括在"复印机"的含义范围内。有前款情形之一的，其价值应在进口或从工厂处置时计算。报酬应由该等物品的进口商或生产者支付，记入发票，并由文化和体育部部长授权运作的集体管理组织收取，该等组织全部或部分涵盖有关权利人的类别。

（4）a）任何根据第（3）款进口，或通过欧洲共同体内部获取，或生产和提供技术设备和（或）适用于影印的纸张、须支付合理报酬的人，应在每个日历季度结束后 30 日内，根据第 1599/1986 号法律以书面形式向希腊版权组织郑重声明：

（aa）其在欧洲共同体内进口或获得或在上一日历季度内生产和提供的技术手段和/或适合复印的纸张的数量和总值，按技术手段的类别和类型分列；且

（bb）此为没有任何隐瞒的实际数量和总值。

b）任何集体管理组织有权随时以书面通知的方式要求债务人根据第 1599/1986 号法律以书面形式向希腊版权组织郑重声明：

（aa）按类别和类型详细列出适用于影印的技术手段和/或纸张的数量和总值，根据第（3）款，该等技术手段和/或纸张须支付合理报酬，并根据具体情况，由其在欧洲共同体内进口或获取或生产和提供；且

（bb）此为没有任何隐瞒的实际数量和总值。

在发出该请求后 1 个月内，有义务作出该声明的人应向希腊版权组织提交上述郑重声明，是独资企业的，由其本人签署；是公司的，则由其法定代表人签署。

（5）有义务提交第（4）款所述郑重声明的人未履行该义务的，一审法院独任法官应依照临时措施程序，依照第 4481/2017 号法律第 54 条第（2C）款，判决被要求立即提交郑重声明的人在任何不遵守的情况下向提出请求的集体管理组织支付 3000 至 30000 欧元的罚款。

（6）任何集体管理组织均有权自付费用要求由希腊版权组织委任的宣誓审计师对任何郑重声明内容的准确性进行核查。被要求提交该声明的人拒绝接受上述审计的，应由一审法院独任法官根据上述规定责令其履行。发布的每一份审计报告均应提交给希腊版权组织，任何集体管理组织都有权收到该报告文本。其他集体管理组织就同一郑重声明进行再次审查的请求应予拒绝。

（7）前述各款所述集体管理组织的权利也赋予所有进口、生产、提供或销售须按本条规定支付款项的技术手段和媒介的企业，并可对任何人行使该等权利。由宣誓的审计师进行核查的，有关费用应由提出要求的企业承担。

（8）在进口商有责任支付合理报酬的情况下，无论是进口还是在欧洲共同体内部获得第（3）款所述的声音或图像或者声音和图像媒介或技术手段，应根据外国公司发票上所填的价值计算应付报酬；而与该等媒介和技术手段的处置有关发票应在本条规定的发票备注中标明，按第（3）款规定上述价值计算的报酬包括在折扣发票金额中。报酬在进口后 3 个月支付。

（9）多个集体管理组织代表同一类别或子类别的权利人，而该等组织在每年 4 月 1 日之前未就各自间的酬金比率分配达成协议的，代表每一类别或子类别权利人的每个集体管理组织的合理酬金比率分配、收取和支付方法以及任何其他相关细节，应由希腊版权组织作出决定予以确定。该决定是根据有关集体管理组织表达的意见和诚信、公平交易惯例以及国际和欧洲共同体遵循的标准制定的。集体管理组织不同意希腊版权组织发布的决定的，可请求一审法院独任法官根据临时措施程序确定差别分配；然而，有义务支付该等报酬的人应着手向集体管理组织支付由希腊版权组织作出决定所确定的数额。此种支付包括付款及其清偿。

（10）未在希腊设立且未根据第 4132/2013 号法律（A' 59）和第 1126/12.6.2013 号法律（B' 1420）部长决定引入的海关法典［第 2960/2001 号法律（A' 265 号）］第 29 条第（4a）款获得经营许可的外国公司，没有义务为根据延迟增值税制度进口的产品支付合理报酬。需向权利人支付的合理报酬应由在希腊领土内设立的首个买方支付，该买方从根据海关法典第（4a）款获得授权的外国公司获得产品，目的是在希腊领土内提供产品，且该报酬在上述公司交付上述产品时签发的税务文件中以百分比税率和金额的形式提及，由本条所界定的集体管理组织收取。上述公司应按照第（8）款的规定，以季度报表的方式，将有关在本国领土内交货的资料通知受益收款机构，特别应提供关于买方、数量、价值、种类代码、购买日期以及被认为收取报酬所必需的任何其他要素的全面报告。与实施本款有关的任何细节可由文化和体育部部长签发决定具体规定。

（11）集体管理组织应当提供并在其网站上公布一套迅速有效的程序，以退还就第（3）款所述技术手段收取的合理报酬，条件是企业或专业人员已提交相关申请，且申请人成功地证明这些资料仅意在用于个人使用以外的其他用途。该退款申请应完全由企业或专业人士而非第三方进口商或贸易商提交。合理报酬的退还程序应规定，除其他外，与第（3）款 a）项至 c）项中提及各种情形相关的申请应提交给集体管理组织［经第 4540/2018 号法律第 37 条第（1）款修订］。

注：［第 4540/2018 号法律第 37 条第（2）款］。

在不影响第 2 项的情况下，第（1）款的规定应溯及第 4481/2017 号法律（A' 100）生效之日。关于涉及第 2121/1993 号法律第 18 条在本法生效时的现有诉讼程序，在以最终判决的形式结束之前，第 2121/1993 号法律第 18 条继续以经第（1）款修正前的文本适用。

第 19 条　摘录的引用

为支持引用人提出的观点或者批评作者的立场，允许在未经作者同意的情况下引用作者合法发表的作品的简短摘录，且无须支付报酬；但引述须符合公平惯例，且摘录的范围不得超过其目的所证明的合理范围。如果所述名字出现在相关资料中，则引用摘录时，必须注明摘录的来源以及作者和出版商的名称。

第 20 条　学校教科书和选集

（1）应允许将一个或多个作者合法出版的文学作品，按照国家教育和宗教部或其他主管部门的官方详细教学大纲，复制到经批准用于中小学教育的教材中；无须作者同意，也无须支付报酬。复制仅包含每位作者全部作品的一小部分。本规定仅适用于以印刷方式复制的情形。

（2）作者死亡后，准许在合法出版的超过一名作者的文学作品选集中复制其作品，而无须获得权利人的同意，也无须支付报酬。复制仅包含每位作者全部作品的一小部分。

（3）前述第（1）款和第（2）款规定的复制不得与所涉作品的正常利用相冲突。如果所述名字出现在相关资料中，则必须注明来源以及作者和出版商的名称。

第 21 条　为教学目的复制

允许在未经作者同意且不支付报酬的情况下，专门为教育机构的教学或考试目的复制在报纸或期刊上合法发表的文章、作品的短篇摘录或短篇作品的一部分或者合法出版的美术作品，其程度应与上述目的相符，但复制应按照公平惯例进行，且不得与作品的正常利用相冲突。如果所述名字出现在相关资料中，则必须注明来源以及作者和出版商的名称。

第 22 条　图书馆和档案馆（根据第 4481/2017 号法律第 54 条修订）

（1）非营利性图书馆或档案馆可以在未经作者同意且不支付报酬的情况下，从其永久收藏的作品中再复制一份复制件，以保留该额外复制件或将其转移到另一非营利性图书馆或档案馆。只有在市场上不能及时并以合理的条件获得额外的复制件时，才允许此类复制。

（2）允许在未经作者同意且不支付报酬的情况下，从中小学教育机构的图书馆（学校图书馆）和希腊学术图书馆协会成员的学术图书馆公开借阅作品。*

b）根据内政部部长，教育、研究和宗教事务部部长以及文化和体育部部长的提议，本法生效后一年内颁布的总统令应确定权利人因公共借阅而获得的报酬、其收取和分发的方式和方法、除前款插入的第 L. 2121/1993 号法律第 22 条第（2）款所述图书馆之外的属于该规定范围内的所有图书馆和实体，以及任何其他有关细节。在前款所述总统令发布之前，公共图书馆、属于受国家监管私法和公法管辖的法人图书馆、市政图书馆、希腊的公共福利机构和组织的图书馆、教育机构和教会以及私立学校图书馆无须为公共借阅支付报酬（第 4481/2017 号法律第 54 条补充）。

第 23 条　电影作品的复制

在财产权持有人滥用权利拒绝复制具有特殊艺术价值的电影作品的情况下，为了将其保存在国家电影资料馆内，应允许不经其同意免费复制，但须经文化和体育部部长按照电影咨询委员会的事先相应意见作出决定。

第 24 条　为司法或者行政目的复制

在为特定目的而具有充分理由的范围内，允许为在司法或行政程序中使用而复制作品，无须征得作者同意，也无须支付报酬。

第 25 条　为信息目的复制

（1）在为特定目的而具有充分理由的范围内，允许在未经作者同意且无须支付报酬的情况下进行下列复制行为：

（a）以大众传媒报道时事为目的，复制和向公众传播在事件发生过程中看到或听到的作品；

（b）为提供时事信息，大众传媒复制并向公众传播政治演说、演讲、布道、法律演讲或其他性质相同的作品，以及讲座摘要或摘录，只要该等作品已公开发表。

（2）在可能的情况下，复制和向公众传播时，应注明其来源和作者的姓名。

---

* 第 22 条第（2）款下仅有 b）层级，没有 a）层级，与原文保持一致，未作修改。——编辑注

第 26 条　公共场所作品影像的使用

允许大众传媒偶尔复制和传播永久放置在公共场所的建筑作品、美术作品、摄影作品和实用艺术作品，可以不经作者同意，也无须支付费用。

第 27 条　在特殊场合公开表演或展示

在下列情况下，允许公开表演或展示作品，无须作者同意，也无须支付报酬：

（a）在与仪式性质相适应的正式仪式上；

（b）在教育机构的教职员工和学生活动范围内，但听众必须完全由上述人员、学生或学生家长、负责照料学生的人员或直接参与该机构活动的人员组成。

第 27A 条　允许对孤儿作品的特定使用

（1）允许在第 3 条第（1）款（h）项的意义上向公众开放，并允许公共图书馆、教育机构或博物馆、档案馆、影片或音频传承机构，以及在欧盟成员国建立的公共服务广播组织（孤儿作品的受益人）为数字化、供公众查阅、编制索引、编目、保藏或修复（允许的用途）的目的而复制其收藏的作品；该等作品没有确定权利人，或者即使确定了权利人，但孤儿作品的受益人根据本条（孤儿作品）的规定，进行了勤勉检索，仍然无法找到。

（2）本规定仅适用于：

a. 以图书、期刊、报纸形式出版的作品，或者公共图书馆、教育机构或博物馆收藏的其他作品，以及在档案馆、影片或音频传承机构收藏的作品；

b. 公共图书馆、教育机构或博物馆收藏的电影或视听作品和录音制品，以及档案馆、影片或音频传承机构收藏的作品和录音制品；

c. 截至 2002 年 12 月 31 日由公共服务广播组织制作并保存在其档案中的电影或视听作品和录音制品；

d. 作品和其他受保护的客体嵌入或纳入上述作品或录音制品，或构成该等作品的组成部分，只要 a、b、c、d 所述该等作品受到著作权或邻接权的保护，并在欧盟成员国首次出版；或未出版的，在欧盟成员国首次播出。该等作品未出版或广播的，孤儿作品的受益人只有以下情况才能使用该等作品：

a）经权利人同意，孤儿作品的任何受益人都可以公开获取该等作品（甚至以出借的形式）；且

b）有理由推定，权利人不会反对本条所述的允许使用。

（3）作品或录音制品中有一名以上权利人，但没有查明所有权利人，或者即使查明，在根据第（6）款和第（7）款进行了勤勉检索和记录后才找到的，作品或录音制品可以按照前述规定使用，但条件是已被确定和找到的权利人已就其所拥有的权利授权孤儿作品的受益人进行与其权利有关的许可使用。

（4）允许孤儿作品的受益人使用孤儿作品，只是为了实现与其公益使命有关的目标，特别是保存、修复与提供文化和教育使用其收藏的作品和录音制品。孤儿作品的受益人可以将使用该等作品过程中产生的收益，专门用于支付其数字化孤儿作品并向公众提供该等作品的费用。

（5）孤儿作品的受益人在使用孤儿作品时，应标注已查明的作者和其他权利人的姓名，并贴附以下标签："孤儿作品：［……］［内部市场协调局单一在线数据库中的录入编号］"。

（6）希腊版权组织理事会通过发布决定，确定适当的来源，由孤儿作品的受益人进行勤勉和诚信检索，以根据第（1）款在作品或录音制品中确定和找到权利人，包括在使用前包含其中的作品及受保护客体。孤儿作品的受益人或代表孤儿作品受益人的第三方，应在首次出版的欧盟成员国，或在未出版的情况下，在首次广播的欧盟成员国进行勤勉检索。对于电影或视听作品，其制作人的总部或惯常居所在欧盟某一成员国的，应在其总部或惯常居所的成员国进行勤勉检索。作品没有根据第（2）款的最后一句发表或广播的，应在孤儿作品的受益人使作品可公开获取的欧盟成员国进行勤勉检索。有证据表明需对其他国家的信息来源进行搜索的，也应在该等国家进行检索。

（7）对孤儿作品进行勤勉检索的受益人应在孤儿作品使用期间以及使用终止后的7年内将检索记录存档，并向希腊版权组织提供具体信息。该机构应立即将该等信息转发给内部市场协调局的单一在线数据库。该等信息应包括：

a）孤儿作品的详细描述和已确定作者或权利人的姓名；

b）孤儿作品的受益人进行勤勉检索后得出的结论，即某一作品或录音制品被视为孤儿作品；

c）孤儿作品的受益人对其意图进行的许可使用作出的声明；

d）孤儿作品的状态可能发生的变更（告知其已获悉的新数据）；

e）孤儿作品受益人的联系信息；

f）根据内部市场协调局就数据库确定的程序，希腊版权组织理事会决定并发布在希腊版权组织网站上的任何其他信息。

（8）对于已经作为孤儿作品登记在内部市场协调局单一在线数据库中的作品，无须勤勉检索。作品或录音制品在欧盟任何成员国被定性为孤儿作品的，应被视为孤儿作品。

（9）被登记为孤儿作品、录音制品或其他受保护客体的权利人出现的，有权终止该孤儿作品的状态，要求孤儿作品受益人停止使用该作品，并为使用该孤儿作品支付补偿。使用孤儿作品的受益人有义务终止该作品的孤儿作品状态。出现的权利人提交的申请和证据足以确认其对特定孤儿作品的权利，并将其定性为"非孤儿作品"或驳回申请的，孤儿作品的受益人必须在自该权利人提交申请次日起算的 20 个工作日内作出决定。孤儿作品的受益人在上述期间内未就申请作出决定的，或尽管申请已获批准，仍继续使用该作品的，适用第 63A 条至第 66D 条的规定。根据欧洲内部市场协调局的单一在线数据库，如果一件作品成为"非孤儿作品"，则孤儿作品的受益人有义务在收到上述协调局有关通知后的 10 个工作日内停止使用该作品。

补偿应相当于孤儿作品受益人通常或依法支付的使用费的一半，并且该补偿应在该作品的孤儿作品状态终止后 2 个月内支付。双方未能达成协议的，补偿的条件、期限和标准应由雅典初审法院通过临时措施确定。

（10）在任何情况下，证明某一作品由于不勤勉和不诚信的检索而被错误地认定为孤儿作品的，适用第 63A 条至第 66D 条的规定。

（11）希腊版权组织对孤儿作品的受益人进行的勤勉检索不承担责任，对作品的孤儿作品状态是否确定或终止也不承担责任。

（12）本条不影响关于匿名或笔名作品的规定，也不影响现行法律关于权利管理的规定（第 4212/2013 号法律第 7 条补充）。

第 28 条　美术作品的展览与复制

（1）拥有美术作品物质载体的博物馆，有权在博物馆内或在博物馆举办的展览会期间，在不经作者同意和不支付任何费用的情况下，向公众展出该等美术作品。

（2）允许向公众展示美术作品，并在促销的必要范围内将该作品复制于目录中；无须作者同意，也无须支付报酬。

（3）在上述第（1）款和第（2）款所述情况下，允许复制，但此等复制不得与作品的正常利用相冲突，也不得不合理地损害作者的合法利益。

第 28A 条　为印刷品阅读障碍者和其他残障人士利益的许可用途 ［根据第 4672/2020 号法律第 2 条第（1）款和第（2）款修正］

（1）就本条而言，适用下列定义：

a）作品，是指受著作权保护且出版或以其他方式合法公开的，呈现于任何媒体，包括数字格式和音频形式的（如有声读物），以图书、期刊（科学或其他）、报纸或其他形式的文字、记谱（包括乐谱）和相关插图形式的作品；

b）受益人，是指下列人员，不论有无其他残疾：

（aa）盲人；

（bb）具有无法改善的视力障碍，使其视觉功能不能实质上等同于没有该等损害的人，因而阅读印刷作品的能力也不能实质上等同于没有该等损害的人；

（cc）有感知或阅读障碍，因而阅读印刷作品的能力不能实质上等同于没有该等损害的人；

（dd）因身体残疾而不能手持或翻阅图书，或将眼睛集中或移动到通常可接受阅读的程度；

c）无障碍格式版，是指使受益人能够以替代方式或替代形式获得作品的任何复制件，特别是使受益人能够与未患 b）所述任何损伤或残疾的人一样切实可行、舒适地使用该作品；

d）获授权实体，是指已获授权或被认可为受益人提供指导培训、教育、适应性阅读材料和以非营利方式获取信息的任何组织、协会、联盟或其他实体。获授权实体，亦指向受益人提供相同服务并作为其主要活动之一、作为机构义务或作为其公益使命的一部分的公共或非营利组织（经第 4672/2020 号法律第 3 条修订）［第 2017/1564 号指令（欧盟）第 2 条］。

（2）在不经作者授权也不付酬的情况下，应允许实施任何必要的行为，以便：

a）受益人或代表其行事的人制作受益人可合法获取的、专供其个人使用的作品无障碍格式版；

b）获授权实体制作可合法获取的作品无障碍格式版，或者在非营利的基础上，将此版本传播、提供、发行或出借给受益人或其他获授权实体，以供受益人个人专用（经第 4672/2020 号法律第 4 条修订）［第 2017/1564 号指令（欧盟）第 3 条］。

（3）不允许任何与第 2 条相悖的协议（经第 4672/2020 号法律第 4 条修订）［第 2017/1564 号指令（欧盟）第 3 条］。

（4）每份无障碍格式版均应尊重作品的完整性，并适当考虑以替代格式所需的修改（经第 4672/2020 号法律第 4 条修订）［第 2017/1564 号指令（欧盟）第 3 条］。

（5）应允许获授权实体代表受益人或在另一个欧盟成员国设立的其他获授权实体在不经作者授权也不支付报酬的情况下实施第（2）款 b）规定的行为。也应允许受益人或在希腊设立的获授权实体从欧盟成员国设立的获授权实体获取并利用无障碍格式版（经第 4672/2020 号法律第 5 条修订）［第 2017/1564 号指令（欧盟）第 4 条］。

（6）在希腊设立的获授权实体实施第（2）款和第（5）款规定的行为时：

a）它确立并遵循自己的习惯做法，以确保：

（aa）仅向受益人或其他获授权实体发行、传播和提供作品的无障碍格式版；

（bb）采取适当措施，阻止未经授权复制、发行、向公众传播或提供作品的无障碍格式版；

（cc）在处理作品及其无障碍格式版时表现应有的谨慎，并保存记录；

（dd）可能在其网站上或通过其他在线或离线渠道发布和更新有关其如何遵守（aa）至（cc）规定的义务的信息，符合希腊国家图书馆根据第 3149/2003 号法律（A141）第 1 条第 4 款（ia）规定制定的标准和指南的，推定被授权实体满足上述先决条件。

b）根据要求，以可行的方式向受益人、其他获授权实体或权利人提供：

（aa）具有无障碍格式版和可用格式的作品清单；

（bb）根据第（2）款和第（5）款与其交换无障碍格式版的获授权实体名称和联系方式（经第 4672/2020 号法律第 6 条修订）［第 2017/1564 号指令（欧盟）第 5 条］。

（7）出版商以数字格式保存的作品文档，应当以数字格式提供给主管部门。在不遵守这一义务的情况下，应特别适用民事诉讼法典第 946 条。因本款产生的争议应由具有地域管辖权的一审法院独任法官按临时措施程序审理（经第 4672/2020 号法律第 6 条修正）［第 2017/1564 号指令（欧盟）第 5 条］。

（8）国家图书馆存有一份作品的无障碍格式清单，其中包括复制作品所采用的无障碍格式类型以及保存该等作品的主管部门。主管部门应在无障碍格式制作完成后的合理期限内，向国家图书馆提供更新清单所需的必要信息（经第 4672/2020 号法律第 6 条修订）［第 2017/1564 号指令（欧盟）第 5 条］。

（9）对使用小学、中学和高等教育教科书所涉权利人的补偿应采取适用于非受益人的相同补偿形式（经第 4672/2020 号法律第 7 条修订）［第 2017/1564 号指令（欧盟）第 6 条和第 7 条］。

（10）实施第（5）款规定行为的主管部门，可将其名称和联系方式告知希腊版权组织，由该组织将该等信息提供给欧盟委员会（经第 4672/2020 号法律第 7 条修订）［第 2017/1564 号指令（欧盟）第 6 条和第 7 条］。

（11）在本条框架内进行的个人数据处理应遵循有关保护个人数据的法律（经第 4672/2020 号法律第 7 条修订）［第 2017/1564 号指令（欧盟）第 6 条和第 7 条］。

（12）根据本条规定，除第（5）款外，如果该等用途与残障人士的残疾直接相关，且在该特定残疾所需的范围内不具有商业性质，则应允许为了聋哑人士的利益复制、向公众传播和提供作品；无须作者授权，也无须支付报酬。可通过文化和体育部部长与教育、研究和宗教事务部部长的联合决定进一步规定该等使用的条件（经第 4672/2020 号法律第 8 条修订）［第 2001/29 号指令第 5 条第（3）款 b 项］，经第 2017/1564 号指令（欧盟）第 8 条修订］。

第 28B 条　复制权的例外

"短暂的或偶然的临时复制行为，是技术处理的必要成分和基本成分，其唯一目的是：

"a）通过媒介在第三方之间进行网络传输；或

"b）对作品或其他受保护客体的合法使用，且无独立的经济意义，则应豁免受复制权调整"［第 2001/29 号指令第 5 条第（1）款］。

第 28C 条　关于限制的一般适用条款

"现行第 2121/1993 号法律第 4 章所规定的限制只适用于与作品或其他受保护客体的正常利用不相冲突且不会不合理地损害权利人的合法权益的某些特殊情况。"［第 28A 条、第 28B 条、第 28C 条由第 3057/2002 号法律第 81 条第（2）款补充］。

第5章 保护期限

第29条 一般期限

（1）著作权的保护期限为作者终生及其死亡后70年，自作者死亡后次年1月1日起算。

（2）著作权保护期限届满后，文化和体育部部长可代表国家根据本法第4条第（1）款（b）项和第（1）款（c）项行使源自人身权的与承认作者身份有关的权利和与保护作品完整性有关的权利。

第30条 合作作品和有歌词的音乐作品

（1）就合作作品而言，著作权的保护期限为最后一位在世作者终生及其死亡后70年，自该作者死亡后次年1月1日起算。

（2）只要作曲者和作词者的作品都是专门为特定的有歌词的音乐作品创作的，该音乐作品的保护期限与第（1）款所述规定相同（经第4481/2017号法律第54条修订）。

第31条 期限起算的特别规定

（1）对于匿名作品或笔名作品，其著作权的保护期限为70年，自作品合法提供给公众之后次年1月1日起算。但在上述期间内，作者公开其身份，或者作者使用的笔名使其身份毫无疑问的，适用一般规则。

（2）作品以卷、章、节、专题或集出版的，保护期限自作品合法向公众公开之日起计算，各项目的保护期限分别计算。

（3）视听作品的保护期限截止最后在世的下列人员（首席导演、剧本作者、对白作者和专为视听作品创作音乐的作曲家）死亡后70年届满。

第6章 与使用合同和许可有关的规则

第32条 百分比费用

（1）有关全部或部分财产权的转让、授权使用或许可的法律协议缔约另一方向作者支付的费用，应按双方自愿协商的百分比强制确定。百分比的计算应毫无例外地以总收入为依据，或者按支出总额计算，或按缔约另一方在利用该作品时从其活动中产生的综合总收入和支出计算。作为例外，在下列情况下，费用可以一次性总付：

（a）实际上无法确定计算百分比费用的基础，或无法监督百分比安排的执行情况；

（b）有关计算及监督工作所需的开支，很可能与所收取费用的合理比例不相称；

（c）由于使用的性质或条件，不可能实施百分比，特别是当作者的贡献不是整个知识创造的基本要素时，或当作品的使用相对于使用的对象而言是次要的。

（2）如本法无相反规定，且不涉及雇员在履行雇佣合同时所创作的作品、计算机程序或任何形式的广告，则前述第（1）款规定的费用强制百分比安排，应在各种情况下实施。

第33条 关于印本合同和译者权利的规则

（1）印本的出版者为复制、发行作品或作品的复制件而支付给作者的费用，应按所有已售出复制件的零售价的一定比例约定。如果印本合同是指以原版文字出版的文学作品，如短篇故事、短篇小说、小说、诗歌、散文、评论文章、戏剧作品、游记或传记，但不包括袖珍版图书，则出版商在销售1000册后向作者支付的费用不得低于所有已销售复制件零售价的10%。

（2）作为上述第（1）款规定的例外，当作品为下列任何一项时，可同意向作者一次性支付费用：

（a）集合作品；

（b）百科全书、词典或他人作品选集；

（c）教科书；

（d）相册、日历、议程、教学图书、印刷游戏和教育项目，如地图或地图集；

（e）序言、评论、介绍、演示；

（f）印刷版插图或摄影材料；

（g）非文学类儿童绘本；

（h）限量的豪华版；

（i）杂志或报纸。

（3）作品有一名以上作者的，如无另外的约定，则按其贡献程度在各作者之间按比例分配费用。一名或多名作者不受著作权法律条款保护的，应向享有著作权保护的作者支付商定的百分比费用；或者所有作者都受到保护的，根据本条第（1）款应享有的百分比费用进行分配。

（4）作品的复制件是涉及第三方的出租或出借安排标的的，授予必要许可的费用应由作者和出版者平均分担。

（5）作者的费用是按零售额的百分比确定的，除非商定了其他监测方法，否则出售的每一件复制件都应由作者签名。根据文化和体育部部长在与有关专业部门协商后提出的建议，将在本法生效后 6 个月内颁布总统令，确定监测销售数量的替代方法。

（6）印本的出版者就该作品的翻译、复制和发行而向译者支付的费用，应按所售复制件零售价的百分比商定。本条第（2）款、第（4）款和第（5）款的规定应参照适用。

（7）必须在作品的主扉页上标明译者的姓名。如果出版者同意，还可以在作品封面标明译者的姓名。

第 34 条　关于视听节目制作合同的规则

（1）制作者与作者签订的视听作品创作合同，应当载明转移给制作者的财产权。不符合上述规定的，合同应当被视为按照约定的目的将利用该作品所必需的一切财产权转移给制作者。为了进行利用而据以制作复制件的母版经作者同意后，视同作品完成。未经作者事先同意，不得对已获作者批准的视听作品的最终形式进行任何改动、删节或其他修改。对某一视听作品有个人贡献的多名作者，只能经作者批准后对作品的最终形式行使其人身权。

（2）视听作品制作者与作品中作出个人贡献的创作者之间的合同，应当载明转移给制作者的财产权。不符合上述规定的，制作者与作出个人贡献的作者（音乐作曲家和歌词作者除外）之间的合同应被视为将根据合同目的利用视听作品所必需的财产权转移给制作者。对视听作品的贡献可以单独利用的，与其他用途有关的财产权应由其作者保留。视听作品的作者被视为剧本作者、对白作者、音乐作曲家、摄影导演、舞台设计师、服装设计师、音响师和最终执行人（编辑）。

（3）视听作品的作者应保留对作品每一种形式的使用收取单独费用的权利。上述费用应按有关合同约定的百分比商定。百分比的计算，毫无例外地以总收入、总支出或者利用作品过程中实现的收入总额和支出总额为基础。视听作品的制作人有义务每年以书面形式向作品作者提供关于作品利用的所有信息，并向其出示所有相关文件。广告短片不受本款规定的限制。

（4）载有固定视听作品的视听作品是出租安排的对象的，作者在任何情况下均应保留获得合理报酬的权利。本规定亦适用于与录音制品有关的出租安排。

第 35 条　关于广播和电视播放的规则

（1）若无另外的约定，以广播、电视方式转播作品，除首次播放时应获许可外，无须另获作者同意。但是，广播组织转播作品，应当向作者支付额外费用。第一次转播应付的费用，不低于第一次播放时约定初始费用的50%；随后每次转播的额外费用为初始费用的20%。本法第56条所述集体管理协会与使用者之间的安排，不适用本规定。

（2）若无相反协议，作者与广播组织之间的合同不应授权广播组织允许第三方以无线电波或有线或任何其他方式，平行于地球表面或通过卫星，向公众传播或转播作为合同标的的作品。

（3）通过卫星向公众传播作品的行为仅发生在欧盟成员国，由广播组织控制和负责，将载有节目的信号引入不间断的通信链，抵达卫星并向下传送至地球。载有节目的信号是加密的，广播组织或经其同意向公众提供解密广播手段的情况下通过卫星向公众进行传播。如果通过卫星向公众传播的行为发生在未达到本法所规定的保护水平的非共同体国家，则予以修正：i) 如果载有节目的信号是从位于某一成员国的上行链路向卫星发送，则通过卫星向公众传播的行为应被视为发生在该成员国，并可对上行链路站的操作者行使相关权利；ii) 如果没有使用位于成员国境内的上行链路站，但在某一成员国内设立的广播组织已委托使用卫星向公众进行传播，则该行为应被视为发生在该广播组织位于欧洲共同体的主要机构所在的成员国，并可对该广播组织行使相关权利。通过卫星向公众传播，是指由广播组织控制和负责，将供公众接收载有节目的信号引入连接卫星和地面不间断通信链的行为。通过卫星向公众传播作品的授权只能通过协议获得。

（4）从欧盟其他成员国向希腊有线转播节目，就著作权而言，是根据本法规定，并基于著作权人、邻接权人与有线电视经营者之间的单独或者集体合同的约定。未就广播的有线转播授权达成协议的，任何一方均可要求从版权组织每两年起草的调解员名单中选出一名或多名调解员予以协助。版权组织在起草上述名单时，可征求集体管理协会和有线电视运营商的意见。调解员可向各方当事人提出建议。在收到建议之日起 3 个月内没有任何一方表示反对的，应假定所有当事人均接受该建议。有线转播是指通过有线或无线方式，包括通过卫星，由电缆或微波系统同时、不加改动和完整地转播从另一成员国传输的初始电视或广播节目，供公众接收。

（5）作者同意或拒绝授权有线电视经营者通过有线方式转播的权利，只能通过集体管理组织行使。作者未委托集体管理组织管理有线转播权的，文化和体育部批准管理同一类别权利的集体管理组织，可以管理有线转播权。一个以上集体管理组织获授权管理同一类别权利的，作者可自由选择授权管理其有线转播权的集体管理组织。本款所指的作者享有与委托本组织管理的权利人相同的权利和义务，并可在作品被有线转播之日起 3 年内主张该等权利。

（6）前款规定不适用于广播组织就其广播行使的权利，不论有关权利是属于自身，还是已由其他作者或权利人转让给广播组织。

（7）利用电缆或者其他物质材料再次同步、连续、不变地播放广播电视节目的，必须对作者的有关权利进行集体管理。

（8）第（5）款至第（8）款的规定应参照适用于第 2121/1993 号法律第 8 章（经第 4481/2017 号法律第 54 条补充）规定邻接权的管理和保护。

第 36 条　戏剧表演费

（1）在扣除公众娱乐税后，按收入总额的百分比确定剧作家的费用。

（2）收费标准以原著或者翻译或改编的近现代经典作品整个节目演出的总收入为基础，在公立剧院演出的最低费用为 22%，在私营剧院演出的最低费用为 10%。当代国际剧目现代作品的翻译，最低费用为 5%。如果一个节目包含一个以上的剧作家的作品，费用应按每个剧作家作品的演出时间比例在他们之间分配。

第 37 条　电影音乐伴奏

在电影院或其他场所向公众放映的电影中音乐、歌曲伴奏作曲家的最低费用，为扣除公众娱乐税后的总收入的 1%。

第 38 条　摄影师的权利

（1）若无另外的约定，与在报纸、期刊或其他大众媒体上出版照片有关的财产权的转移或使用合同或许可，仅指在转移或使用合同或许可中指定的特定报纸、期刊或大众媒体上出版照片并将照片存档。随后的每一出版行为均须支付相当于现行费用一半的费用。从报纸、期刊或其他大众媒体的档案中转移的照片，只有在附上报纸或期刊的标题或照片最初合法存放在其档案中大众媒体名称的情况下，才允许出版。

（2）因交出照相底片而便于出版的照片，在无另外约定的情况下，只能在首次出版时使用该底片；之后应将该底片归还给摄影师。

（3）摄影师应保留查阅和要求归还其照片的权利，该等照片是与某一特定报纸、期刊或其他大众媒体签订的使用合同或许可安排的对象，且在使用合同或许可签订之日起 3 个月仍未出版。

（4）每次出版照片时均应注明摄影师的姓名。本规定同样适用于报纸、期刊或其他大众媒体档案的转移。

（5）报纸或期刊的所有者未经雇员同意，不得在图书或影集中出版由其雇用的摄影师创作的照片。本规定同样适用于照片的出借。

第 39 条　相反约定无效

除法律另有规定外，任何协议约定的条件违反本章条文规定的，或费用数量低于本章规定收费标准的，对作者不利的条款无效。

第 7 章　关于计算机程序和数据库制作者特别权的特殊规定

第 40 条　雇员编写的程序

除合同另有约定外，雇员履行雇佣合同或者按照雇主的指令编写的计算机程序的财产权，应当依法转移给雇主。

第 41 条　权利用尽

作者或经其同意在欧洲共同体首次销售某一程序的复制品，即用尽该复制件在欧洲共同体内的发行权，但控制进一步出租该程序或其复制件的权利除外。

第 42 条　限制

（1）若无另外的约定，对计算机程序的复制、翻译、改编、编排或任何其他修改，只要上述行为是合法取得人按照其预期目的使用该程序（包括更正错误）所需的，均无须作者授权，也无须支付费用。

（2）为加载、显示、运行或存储计算机程序所需的复制，不受前款限制，须经作者授权。

（3）在程序使用所必需的情况下，有权使用该计算机程序的人制作备份复制件不得因合同而受到妨碍，也无须获得作者授权或支付费用。

（4）有权使用计算机程序复制件的人，在实施其有权实施的任何行为时，无须作者授权，也无须付费，有权观测、研究或测试该程序的功能，以便确定作为程序任何要素的思想和原则。禁止任何相反的约定。

（5）除前述第（3）款和第（4）款规定的情形外，禁止复制供个人使用的计算机程序。

（6）第28A条第（1）款至第（11）款规定的限制也适用于计算机程序权利人的权利［经第4672/2020号法律第9条第（1）款补充］［第2017/1564号指令（欧盟）第3条第（1）款］。

第43条　反编译

（1）如果该行为对于获得独立创建的计算机程序与其他程序的互操作性所必需的信息是必不可少的，而实现互操作性所需的信息以前并非轻易地被有权使用计算机程序的人所获取，且该等行为仅限于实现上述互操作性所必需的原始程序部分，则有权使用计算机程序复制件的人可以不经作者授权也无须付费，而实施第42条第（1）款和第（2）款所述的行为。

（2）第（1）款规定不应允许通过其应用获得如下数据：

（a）用于实现独立创建的计算机程序的互操作性以外目的；

（b）提供给他人，但为独立编写的计算机程序的互操作性所必需的除外；或

（c）用于开发、生产或销售在表达上与原始程序实质相似的计算机程序，或用于任何其他侵犯著作权的行为。

（3）对本条规定的解释，不得使其适用方式与计算机程序的正常利用相冲突或不合理地损害作者的合法利益。

第44条　已被第2557/1997号法律第8条第（8）款废除

第45条　其他规定和协议的效力

（1）本章规定不影响其他法律规定，特别是有关专利权、商标、不正当

竞争、商业秘密、半导体产品保护或合同法的规定。

（2）违反本法第42条第（3）款、第（4）款和第43条规定的协议无效。

第45A条　数据库制作者的特别权

（1）数据库制作者有权阻止提取和/或再次利用该数据库的全部或从质量和/或数量上评估的实质内容，这表明在获取、验证或展示内容方面存在质量和/或数量上的大量投入。数据库的制作者是主动制作数据库和承担投资风险的个人或法人。数据库承包商不被视为制作者［第96/9号指令第7条第（1）款］。

（2）就本条而言：

a）提取，是指以任何方式或形式将数据库的全部或实质部分内容永久或暂时转移到另一媒介；

b）再次利用，是指通过发行复制件、出租、在线或其他传输形式等任何形式向公众提供数据库全部或实质部分内容。权利人或经其同意在欧洲共同体内首次销售数据库复制件后，应穷尽其控制该复制件在欧洲共同体内转售的权利。公共借阅不是提取或再次利用行为［第96/9号指令第7条第（2）款］。

（3）无论所述数据库或其内容是否受著作权规定或其他规定的保护，第（1）款所述权利均属有效。基于第（1）款所述权利的保护并不损害其内容上的潜在权利。数据库制作者的特别权可以有约因或无约因转移，其利用可以通过许可证或合同转让［第96/9号指令第7条第（3）款和第（4）款］。

（4）如果涉及有悖于正常利用数据库的行为，或者不合理地损害数据库制作者的合法权利，则不允许反复和系统地提取和/或再次利用数据库内容的非实质性部分［第96/9号指令第7条第（5）款］。

（5）以任何方式向公众提供数据库的制作者，不能阻止出于任何目的通过提取和/或再次利用已被定性或定量评估的非实质性内容等方式合法利用该数据库。如合法使用者只有权提取和/或再次利用数据库的一部分，则本款仅适用于该部分。以任何方式向公众提供的数据库的合法使用者不得：a）实施与数据库正常利用相悖的行为，或者不公正地损害数据库制作者的合法利益；b）对所述数据库所载作品或表演的著作权或邻接权的受益人造成损害。任何违反本款规定安排的协议都是无效的（第96/9号指令第8条和第15条）。

（6）以任何方式向公众提供数据库的合法使用者不经数据库制作者同意，

可摘录和/或再次利用数据库内容的重要部分：a）提取是为了教育或研究目的，但须引用来源，并以所追求的非商业目的为理由；b）提取和/或再次利用是出于公共安全或行政或司法程序的目的。这一特别权适用于数据库的制作者或受益人是一个成员国的公民或在欧洲共同体领土上有惯常居所的情况，也适用于根据成员国立法设立的公司和企业，其注册办事处、中央行政机构或主要机构设在欧洲共同体内。如果特定的公司或企业在欧洲共同体领土上只有注册办事处，其业务必须与成员国经济具有持续的真实联系（第96/9号指令第9条和第11条）。第28A条第（1）款至第（11）款规定的限制也适用于数据库制作者的特别权［经第4672/2020号法律第9条第（2）款补充］［第2017/1564号指令（欧盟）第3条第（1）款］。

（7）本条规定的权利自数据库制作完成之日起生效。有效期为15年，自完成之日次年1月1日起算。若数据库在上述规定的期限届满前以任何方式向公众发布，则该权利的保护期限应自数据库首次向公众发布之日次年1月1日起15年失效。对数据库内容进行定性和/或定量评估的任何重大变化，包括因不断增加、删除或修改而累积产生的任何重大变化，如果会导致数据库被视为一项重大的新投资，经定性和/或定量评估，则应使该投资所产生的数据库符合其本身的保护期限（第96/9号指令第10条）。

第8章　邻接权

第46条　表演者的许可

（1）"表演者"一词指以任何方式演出或表演作品的人，如演员、音乐家、歌手、合唱歌手、舞蹈演员、木偶演员、皮影戏艺术家、综艺演员或马戏艺术家。

（2）表演者、表演艺术家有权许可或者禁止：

a）固定其表演。

b）以任何方式或形式全部或部分地直接或间接、暂时或永久复制其固定的表演。

c）以出售或其他方式将其表演的录制品向公众发行。其对表演的录制品在共同体内的发行权不得穷竭，除非在共同体内首次销售是由权利人或经其同意的。

d）出租和公开出借其表演的录制品。这种权利不会因任何销售或其他发行上述录制品的行为而穷竭。

e）通过无线电波、卫星或电缆等任何方式在电台或电视台播放非法录制品，以及向公众传播对其现场表演的非法录制品。

f）以无线电波、卫星或电缆等任何方式在电台或电视台播放其现场表演，但该播放是合法播放的转播者除外。

g）通过无线电或电视传输以外的任何方式向公众传播其现场表演。

h）以有线或无线方式向公众提供其表演的录制品，使公众成员可以在其个人选定的地点和时间获取。本款意义上任何向公众提供录制品的行为都不会穷竭这项权利［第 2001/29 号指令第 2 条，第 3 条第（2）款、第（3）款和第（4）款］。

（3）除非合同条款与此相反，明确规定哪些行为是授权的，否则，如果表演者与从事上述行为的一方订立了以实施这些特定行为为目的的雇佣合同，则应推定上述第（2）款所列行为是授权的。表演者对上述第（2）款所列的每一项行为，不论其表演的利用形式如何，均应随时保留获得报酬的权利。特别是，表演者如果授权声音或影像或视听录制品的制作者出租载有其表演的录制品，应保留获得公平租金的不可放弃的权利。

（4）凡乐团演出的，组成乐团的表演者须以书面形式选举和委任一名代表，行使上述第（2）款所列权利。此代表不得包括管弦乐队指挥、合唱团指挥、独奏家、主要角色演员和主要导演。乐团的表演者未能委任代表的，由乐团团长行使上述第（2）款所列权利。

（5）禁止表演者在生前转移和放弃上述第（2）款所列权利。可以根据本法第 54 条至第 58 条的规定委托集体管理协会管理和保护上述各项权利。

第 47 条　录音录像制作者的许可

（1）唱片制作者（录音制品制作者）有权许可或禁止：

a）以任何方式或形式直接或间接、暂时或永久复制其全部或部分录音制品。

b）以销售或其他方式向公众发行上述录音制品。在欧洲共同体内，有关上述录音制品的发行权不得穷尽，除非在欧洲共同体内首次销售是由权利人或经其同意进行的。

c）出租和公开出借上述录音制品。该等权利不会因任何销售或其他发行上述录音制品的行为而穷尽。

d）以有线或无线方式向公众提供其录音制品，使公众成员可以在其个人选定的地点和时间获取。本款意义上任何向公众提供录音制品的行为均不会穷尽本项权利。

e）未经其同意进口在国外制作的上述录音制品，或从欧洲共同体以外的国家进口，而录制者通过合同保留了在希腊的此类进口权［第 2001/29 号指令第 2 条，第 3 条第（2）款、第（3）款和第（4）款］。

（2）视听作品制作者（影像制品或音像制品制作者）有权许可或禁止：

a）以任何方式或形式直接或间接、临时或永久复制其影片的全部或部分原件和复制件。

b）以销售或其他方式向公众发行上述音像制品。在欧洲共同体内，有关上述录制品的发行权不得用尽，除非在欧洲共同体内首次销售是由权利人或经其同意进行的。

c）出租和公开出借上述音像制品。该等权利不会因任何销售或其他发行上述录制品的行为而穷尽。

d）以有线或无线方式向公众提供其影片的原件和复制件，使公众成员可以在其个人选定的地点和时间获取。本款意义上任何向公众提供影片的行为均不会穷尽本项权利。

e）未经其同意进口在国外制作的上述录制品，或从欧洲共同体以外的国家进口，而录制者通过合同保留了在希腊的此类进口权。

f）通过卫星或电缆等任何方式播放以及向公众传播所述录制品［第 2001/29 号指令第 2 条，第 3 条第（2）款、第（3）款和第（4）款］。

（3）录音制品制作者，是指发起并对实现一系列声音首次固定负有责任的任何自然人或法人。影像制品或音像制品制作者，是指发起并对实现一系列有声或无声影像首次固定负有责任的任何自然人或法人。

第 48 条　广播、电视组织的许可

（1）广播、电视组织有权许可或禁止：

a）以无线电波、卫星、电缆等任何方式传输其广播。

b）在对公众开放的场所，通过收取入场费向公众传送其广播。

c）将其广播固定在录音或音像制品上，不论该广播是通过有线或无线传送，包括电缆或卫星传播。

d）以任何方式和形式，直接或间接、临时或永久复制其广播的全部或部

分固定，不论该广播是通过有线或无线（包括电缆或卫星）传送的。

e）通过销售或其他方式向公众发行固定其广播的录制品及其复制件。对于载有其广播录制品的设备，在欧洲共同体内的发行权不得穷尽；但权利人或经其同意在欧洲共同体内首次销售的情况除外。

f）出租和公开出借固定其广播的录制品。该等权利不会因任何销售或其他发行上述录制品的行为而穷尽。

g）以有线或无线方式向公众提供其广播的固定，使公众成员可以在其个人选定的地点和时间获取。本款意义上任何向公众提供广播的固定的行为均不会穷尽该项权利［第 2001/29 号指令第 2 条，第 3 条第（2）款、第（3）款和第（4）款］。

（2）广播或电视组织仅通过有线方式转播广播或电视组织的广播时，不享有上述第（1）款（c）项规定的权利。

第 49 条　获得合理报酬的权利

（1）以无线电波、卫星、电缆等任何方式用于电台、电视台广播或者向公众传播的，用户应当向录音制品的表演者和录制者一次性支付合理的报酬。该报酬应仅支付给集体管理协会。上述集体管理协会应负责谈判和商定报酬数额，提出付款要求和向用户收取报酬［经第 4481/2017 号法律第 54 条第（6）款（a）项修正，不影响第 4481/2017 号法律第 53 条第（11）款］。

（2）在不影响根据本法第 54 条至第 58 条运作的集体管理协会权利管理和报酬收取的强制转移的前提下，表演者获得上述第（1）款规定合理报酬的权利不得转让。

（3）收取的报酬，50% 分配给表演者，50% 分配给录制者。收取的报酬应当按照包含在各集体管理协会细则中由表演者和录制者签订的协议，在各表演者和录制者之间分配。

（4）表演者因广播、电视转播其表演，有权获得合理报酬。在不妨碍根据本法第 54 条至第 58 条规定将权利管理和报酬收取转移给集体管理协会可能性的情况下，不得转让本款规定的获得合理报酬权。

（5）以无线电波、卫星、电缆或者向公众传播等方式通过电台、电视台播放影像或音像制品的，使用人应当向在该录制品中进行表演的表演者支付合理报酬。本条第（1）款第二句和第三句以及第（2）款和第（4）款的规定应参照适用［经第 4481/2017 号法律第 54 条第（6）款（b）项修正，不影响第4481/2017号法律第53条第（11）款]。

（6）废除第4481/2017号法律第54条第（6）款（c）项，不影响第4481/2017号法律第53条第（11）款。❶

（7）单一集体管理协会成立期间的未决诉讼，由原当事方继续进行，直至该诉讼不可撤销地解决（经第3905/2010号法律第46条补充）。

第50条　人身权

（1）表演者在其有生之年，有权要求其表演者的身份得到充分承认和认可，并有权禁止对其表演进行任何形式的更改。

（2）表演者死亡后，其人身权应传给其继承人。

（3）表演者的人身权，参照适用本法第12条第（2）款和第16条的规定。

第51条　出版者的权利

印刷品出版者有权许可或者禁止以利用为目的通过复印、电子或者任何其他方式复制其出版作品的排版和分页格式。

第51A条　对先前未发表作品的保护

著作权保护期限届满后，首次合法出版或依法向公众传播先前未发表作品的，应享受相当于作者财产权的保护。该等权利的保护期限为该作品首次合法出版或依法向公众传播之时起25年，自首次合法出版或依法向公众传播后次年1月1日起算。

第52条　许可的形式，权利的限制、期间以及其他事项规定

本法第46条至第51条规定的权利，应当遵循下列规则：

（a）有关上述权利的协议，必须以书面形式订立，方可成为有效的法律协议。

（b）对著作权中财产权的限制，应参照适用。

（c）本法第46条和第49条对表演者的保护期，自表演之日起50年届

---

❶ 第4481/2017号法律第54条第（1）款（b）项将"不影响第（11）款"误写为"不影响第（12）款"。

满，但不得短于表演者的有生之年。然而：

录音制品以外表演的固定在此期间合法出版或依法向公众传播的，该权利自首次出版或向公众传播之日起50年届满，以较早者为准；

录音制品中表演的固定在此期间合法出版或依法向公众传播的，该权利自首次出版或向公众传播之日起70年届满，以较早者为准（经第4212/2013号法律第3条修订）。

（d）唱片制作者（录音制品制作者）的权利在该固定完成后50年届满。但是，录音制品在此期间已经合法出版的，所述权利将自首次合法出版之日起70年届满（经第4212/2013号法律第4条修订）。未在第一句中提及的期限内合法出版，而在该期间向公众合法传播该录音制品的，上述权利应自首次向公众合法传播之日起70年届满（经第4212/2013号法律第4条修订）。然而，根据欧洲议会和理事会2001年5月22日关于协调信息社会中著作权和邻接权的某些方面的指令（2001/29/EC）修订前的本款规定的保护期限届满的，录音制品制作者的权利至2002年12月22日不再受到保护，本款不再具有保护该等权利的效力（第2001/29号指令第11条第2款）：

（aa）在录音制品合法出版50年后，或者未如此出版，在合法向公众传播50年后，该录音制作者并未提供足够数量的录音制品用于销售，以满足市场需求，或没有以有线或无线方式向公众提供该录音制品，使公众成员可以在其个人选定的地点和时间获取的，该表演者可终止关于将利用其至少复制、发行及向公众提供其表演固定的权利转让予该录音制作者的合同。制作者在表演者根据前一句书面通知其意欲终止合同后的1年内未实施该句中提到的两种利用行为的，可以行使终止本合同的权利。上述权利已根据（gg）转移给第三方的，应针对该目定义的制作者发出书面通知。表演者不得放弃该终止权。录音制品包含多个表演者表演固定的，可根据第46条第（4）款第一句终止该合同。没有确定代表的，适用权利共有的规定。本情形第一句合同的终止，其法律后果是录音制品制作者的权利和衍生于此权利的任何其他第三方权利随即失效。

（bb）（aa）第一句的合同赋予表演者要求非经常性报酬权利的，表演者有权在该录音制品合法出版后第50年起，或在该录音制品合法向公众传播后第50年起，每满一年从录音制品制作者处获取年度补偿性报酬。必须在每个财政年度结束后的6个月内支付报酬。表演者不得放弃获得年度补偿性报酬的权利。

（cc）录音制品制作者为支付（bb）所述年度补偿性报酬而拨出的总额，应相当于其支付上述报酬的前一年，在该录音制品合法出版或向公众传播后第50年，从复制、发行和向公众提供该录音制品中所获收入的20%。

（dd）（bb）中所述获得年度补偿性报酬的权利，由表演者集体管理协会实施。

（ee）录音制品制作者应按要求每年和全部（针对所有有权获得年度补偿性报酬的表演者和所有录音制品制作者）向负责收取（bb）年度补偿性报酬的集体管理协会提供所需的任何资料，以确保支付该报酬。

（ff）表演者有权获得经常性报酬的，特定录音制品的预付款或合同约定的任何扣减，均不得从该录音制品合法出版或向公众传播50年后付给表演者的款项中扣除。

（gg）录音制品制作者为上述（aa）至（ff）所述目的被视为主要受益人或权利继承人或任何受让相关权利的第三方（经第4212/2013号法律第4条补充）。

（e）"视听作品制作者（录音和录像制作者）的权利自该固定完成之日起50年届满。但是，在此期间合法发行或向公众合法传播该装置的，该等权利应自首次发行或向公众传播之日起50年届满，以先发生者为准"。

（f）本法第48条规定的广播组织权利应在首次传送广播之日起50年届满，不论该广播是通过有线或无线播送，包括通过电缆、卫星或任何其他传输手段播送。

（g）本法第51条规定的编辑权利应自作品最新版出版后50年届满。

（h）本条中（c）项、（d）项、（e）项和（f）项确定的期限从相关事件发生后次年1月1日起算。

（i）为了通过卫星和有线转播向公众传播，表演者、录音或影像或音像制品制作者以及广播组织的权利，根据本法第8章的规定受到保护，并相应地适用本法第35条第（3）款和第（4）款的规定。

第53条 著作权的保护

本法第46条至第52条规定的保护应当保持不变，不影响对著作权的保护。在任何情况下，对上述条款任何规定的解释，均不得减损该保护。表演者、录音或影像或音像制品制作者以及广播电视组织、出版者除取得邻接权外，还取得著作权的，该等权利相互并行适用，并赋予由此产生的权利。

第 9 章　集体协会的管理

第 54 条　管理的指定

第（1）款至第（4）款失效［与第 4481/2017 号法律第 54 条第（1）款一并废除，但不影响第 4481/2017 号法律第 53 条第（11）款］。

第（5）款至第（6）款失效［与第 4481/2017 号法律第 54 条第（1）款一并废除，但不影响第 4481/2017 号法律第 54 条第（14）款］。

第（7）款至第（9）款失效［与第 4481/2017 号法律第 54 条第（1）款一并废除，但不影响第 4481/2017 号法律第 53 条第（11）款］。

（10）集体管理组织很有可能由于缺乏自有资金而无法履行其义务，特别是无法代表权利人收取款项并将其归于权利人的，文化和体育部部长在与希腊版权组织协商后，可采取预防性行政措施委任 1 名临时专员，任期为 6 个月；可连任 2 次，每次最多 6 个月（经第 4514/2018 号法律第 127 条修订）。

临时专员应确保使用者支付款项，并将其归于权利人。同时，临时专员应代表该组织为维护其所代表权利人的利益而提起任何法律诉讼和上诉，并应在司法程序和非司法程序以及因其决定或行为而引起的任何争议中代表该组织，以保障权利人的权利。为实现上述目标，临时专员自其任命通知在政府官方公报上刊登之日起，取代该组织的行政工作。

同时，临时专员须果断介入，立即撤销非由专员自身作出的任何行为或决定，以免扰乱该组织的运作并避免其破产。

理事会应随时向临时专员通报其他管理问题，临时专员不同意可能影响该组织生存或权利人利益的决定或行动的，应自行作出决定。

临时专员由文化和体育部部长从具有公认声望并在商业或组织管理或财务或法律事务方面具有足够专业经验的人员中遴选。

不得援引临时专员的任命作为修改或终止该组织作为当事方的任何合同或协议的理由。

集体管理组织的管理机构和雇员应立即向临时专员提供所要求的任何资料或数据，以帮助其履行职责。

临时专员在履行职责时，其法律责任仅限于恶意和重大过失。

为了协助临时专员工作，希腊版权组织可根据临时专员的提议，与法律、财务或技术顾问以及行政人员签订服务协议，但该等人员及其薪酬须经文化和体育部部长批准。

各部委、独立机构以及一般政府内受公法和私法管辖的法人长期雇员可借调到希腊版权组织，以便协助临时专员工作。开展借调可减损可适用的规定，但应视情况由文化和体育部部长及任何主管部长共同决定。借调员工将获得其所在组织的全部薪酬。上述酬金将从希腊版权组织预算中列支。

服务协议以及任何借调的期限不得超过临时专员的任期。

临时专员的薪酬，应根据希腊版权组织的建议，在其任命决定中确定；并按前文规定，连同管理费用和受聘协助其工作的人员的薪酬，从希腊版权组织预算中列支。

关于协助临时专员工作的人员超过法定工作时间的补偿，应适用第 4354/2015 号法律（A'176）第 20 条第 C 款 2 项 a 目的规定。上述强制性加班的补偿应由临时专员证实，并从希腊版权组织预算中列支。

专员应在每个月底向文化和体育部部长提交一份关于其活动的简要报告以及次月日程安排和其任期结束时的综合报告。

临时专员的任期应在其获委任的任期届满时终止。否则，文化和体育部部长可基于履行职责有关或需要重组机构的事由，通过合理决定，撤销对临时专员的任命 [经 4481/2017 号法律第 54 条第（15）款(a)项修订]。

注：有下列任一情况的，经本法修正的第 2121/1993 号法律第 54 条第（10）款不再适用：

（a）临时专员的任命因上述规定所列任何事由而被文化和体育部部长决定撤销或终止的；或

（b）专员是根据本法第 52 条第（2）款 [第 4481/2017 号法律第 54 条第（15）款（b）项] 任命的。

第 55 条　集体管理协会的权限

（1）集体管理协会应当有权履行下列职能：

（a）与使用者订立合同，载明作品的使用条件和应支付的酬金；

（b）确保作者获得本法第 32 条第（1）款所述百分比费用；

（c）收取酬金，必要时在作者之间分配；

（d）在作者之间收取和分配本法第 18 条第（3）款规定的酬金；

（e）执行一切必要的行政、司法和非司法任务，以确保依法保护作者和其他权利人的权利，特别是采取法律措施和法庭诉讼，提出申诉和提交文书，作为民事原告出庭，根据本法第 64 条的规定，寻求制止侵犯其受保护权利的行为，并请求没收非法复制件；

（f）从使用者处获取计算、收取和分配酬金所需的一切资料；

（g）与公共机构合作，或根据本法第 64 条所述程序，在出售、出租和出借受其保护的作品复制件的卖场以及在公开表演作品时进行一切必要的检查，以防止侵犯作者的权利，集体管理协会设立法可将其权利限制在上述部分范围内。

（2）对于以书面形式向集体管理协会作出转移声明或已向协会授权的所有作品或作者，应推定该协会有权管理和/或保护该等作品或作者的权利。经文化和体育部部长批准运作的集体管理协会行使本法第 49 条第（1）款所述一次性合理报酬权，应推定该集体管理协会毫无例外地代表所有本国和外国受益人及其所有作品。在此情况下，针对每一类受益人有多个集体管理协会的，只要权利完全由主管集体管理协会共同行使，也应作出相同推定（由第 3905/2010 号法律第 46 条补充）。不论其获授权是基于权利转移还是授权书，在任何情况下，该集体管理协会均有权以自身名义采取司法或非司法行动，并完全合法地行使所有转移的权利或获得的授权。

（3）集体管理协会为其保护的作品或作者寻求法院保护时，不得要求其提供未经许可利用的所有作品的详尽清单，可以只提供抽样清单。

（4）权利人就集体管理协会对某件作品的权限提出异议，而该作品被推定包括在上文第（2）款所述声明中，并因此在该声明的基础上被列入集体管理协会与某一使用者订立的合同的，集体管理协会应为该使用者的案件辩护，并在随后的任何法院诉讼中提供一切可能的协助。判定无权处分该作品的，除接受任何处罚外，还应向与其签订合同的使用者支付赔偿金，其数额应根据特别保障措施确定。本规定不适用于本法第 49 条第（1）款所述强制性集体管理的情形（经第 3905/2010 号法律第 46 条补充）。

第 56 条　与使用者的关系

（1）集体管理协会向使用者提供利用向其转让的作品的设施时，应当要求使用者支付本法第 32 条第（1）款规定的百分比费用。本法第 32 条第（2）款规定的关于收费百分比的例外，不适用此情形。

（2）若无正当理由，集体管理协会不得拒绝与使用者订立第 55 条第（1）款（a）项所述合同。意向使用者认为集体管理协会所要求的报酬明显高于在类似情况下通常须支付金额的，该使用者在使用之前，要么向集体管理协会支付其要求的酬金，要么请求初审法院根据保障措施裁定在类似情况下通常须支付的金额。有关酬金的最终判决，应由主管法院作出。

（3）在争议出现前，代表使用者的组织可连同集体管理协会，通过书面协议决定委任一名仲裁员，特别应注明其姓名或职位，以确定用户应支付的酬金数额。在最终决定应当支付的酬金前，仲裁员可以责令使用者缴纳预付金。由此任命的仲裁员应具备解决争议的专有权限。仲裁员的裁决应当是公正的。文化和体育部部长可以自行决定任命一名仲裁员。在该情况下，争议各方应自愿并同意诉诸该仲裁员。集体管理协会应当编制使用者须支付的酬金清单（收费表），并在不少于三种日刊上发布，其中一种为财经期刊。集体管理协会在编制和实施收费表时，应避免出现不一致和差别对待。

"集体管理协会和代表使用者的组织可签订协议，规定任何类别受益的使用者应支付的酬金，以及在适用随后修订的现行法律框架内涉及双方关系的任何其他事项"。

（4）为便利第55条第（1）款（a）项、（b）项、（c）项和（d）项所述情形下的行动，使用者应毫不迟延地向集体管理协会提供其正在制作、出售、出租或出借复制品的作品清单，连同制作或发行复制件的确切数目，以及他们正在公开表演的作品清单，连同有关表演频率的陈述。

（5）集体管理协会与使用者之间就使用者须向集体管理协会支付的酬金所发生的任何争议，可提交仲裁。仲裁员从版权组织每两年起草的名单中选任。在起草上述名单时，必须考虑集体管理协会和使用者的意见。关于所有其他事项，相应地适用民事诉讼法典第867条及其后各条的规定。

第57条　与作者的关系

（1）集体管理协会无正当理由不得拒绝为任何特定作者管理和/或保护该作者和作为集体管理协会管理对象的财产权所产生的权利。

（2）集体管理协会应每年与向其移交权利的作者协商，以便作者就确定酬金数额的规则、收取和分配酬金的方法以及与管理和/或保护其权利有关的任何其他事项发表意见。集体管理协会在管理过程中必须考虑该等意见。

（3）将其权利的管理和/或保护移交给集体管理协会的作者，连同代表其的社团，应有权获得集体管理协会活动的所有相关信息。

（4）作者将其所有作品移交给集体管理协会管理和/或保护的，应以书面形式向该协会提供有关该等作品出版的全部信息，并在其权利转移日之后出版新作品时通知协会。

（5）集体管理协会应当制定作者酬金的分配规则。分配应至少每年进行一次，并应在尽可能高的程度上与作品的实际利用相称。

（6）对于每一普通类别作者和每一种利用形式，集体管理协会应在其代收的酬金中确定一定比例，以支付其经费。作者在转移或授予其权利前，应被告知相关比例。只有经作者同意或提前一年送达通知后，才能增加固定比例。

（7）若有如此行为无可辩驳的正当理由，作者或集体管理协会有权终止转移财产权的协议。通知时间不少于 3 个月的，终止应自通知的日历年结束时生效。通知时间少于 3 个月的，终止应自下一日历年年末生效。

（8）作者批准或拒绝有线运营商进行有线转播的权利只能通过集体管理协会行使，其他所有事项适用本法第 54 条第（2）款的规定。权利人未将其有线转播权的管理转移给集体管理协会的，由经文化和体育部批准管理同类权利的集体管理协会代为管理其有线转播权。有一个以上的集体管理协会管理该类权利的，权利人可自由选择委托其中之一管理其有线转播权。本款所述作者应享有与委托集体管理协会的权利人相同的权利和义务，并可在广播节目有线转播之日起 3 年内主张该权利。

（9）前款规定不适用于广播组织就其自身传送所行使的权利，不论有关权利是属于自己的，还是由其他著作权人和/或其他权利人转移给该组织的。

第 58 条　对邻接权的适用

第 54 条至第 57 条的规定应参照适用于本法第 8 章规定的邻接权的管理和/或保护。

第 10 章　防止侵权的措施

第 59 条　规范的实施和遵守

可根据文化和体育部部长的建议颁布总统令，针对复制作品所用设备和其他材料制定规范，以防止或限制将该等设备和材料用于与正常行使著作权及邻接权相冲突的目的。

第 60 条　控制系统的使用

可根据文化和体育部部长的建议颁布总统令，强制使用允许指定复制或使用的作品以及复制或使用的范围和频率的设备或系统，但该等方法不得对使用者的合法利益造成不合理的损害。

第 61 条　控制标签

可根据文化和体育部部长的建议颁布总统令，规定只有当影像或录音或者音像录制品在外壳上或在另一显著位置贴附主管集体管理协会提供的任何类型特殊标记或控制标签，才表明其在市场上的发行或其他方式的流通不构成对作者权利的侵犯。

第 62 条　禁止解码

未经电缆、卫星等有线、无线传输加密节目的广播组织许可，禁止发行、使用和意图使用或发行而持有解码设备。

第 63 条　侵权的中止或持续

（1）发现存在可能侵犯著作权的行为，例如明显意图非法公开表演戏剧、电影或音乐作品的，地方主管警察机关应作者或权利人的请求，应禁止该侵权行为。根据要求，检察当局应授予警察机关任何必要的权力。公开展示作品超过 2 日而未支付应有酬金的，亦应如此。

（2）颁发允许使用乐器或证明场地适宜性的城市许可证（经第 3905/2010 号法律第 46 条修订），或法律规定的使用场地表演音乐或其他作品的任何其他许可证，委托有权授权公开表演作品的集体管理协会管理的，申请人须提交该集体管理协会出具的演出授权书面证明。

（3）侵犯本法第 46 条、第 47 条和第 48 条规定的邻接权受益人的，亦适用本条第（1）款和第（2）款的规定。

第 11 章　法律保护

第 63A 条　证据

（1）一方当事人提出合理可得证据，足以支持其关于侵犯或威胁侵犯本法规定权利的主张，并在证实该等主张时指明了由对方当事人控制的证据的，法院可以根据一方当事人申请，责令对方当事人提交该等证据。在商业规模侵权的情况下，法院还可应一方当事人申请，责令对方当事人提交其控制下的银行、金融或商业文件。大量复制件的存在应视为构成商业规模侵权行为的合理证据。无论如何，法院应确保秘密信息受到保护［第 2004/48 号指令第 6 条第（1）款和第（2）款］。

（2）在涉及侵犯本法所规定权利的诉讼中，应原告正当合理的请求，合议庭庭长或独任法庭的法官甚至可在开庭日之前，责令侵权人和/或下列任何其他人提供侵犯知识产权的货物或服务来源和分销网络的信息：

（a）被发现在商业规模上持有侵权货物；

（b）被发现在商业规模上使用侵权服务；

（c）被发现以商业规模提供用于侵权活动的服务；或

（d）由（a）项、（b）项或（c）项所述人员指示参与生产、制造或分销货物或提供服务。

（3）第（2）款所述信息应酌情包括：

（a）货物或服务的生产商、制造商、分销商、供应商和其他先前持有人以及意向批发商和零售商的名称和地址；

（b）关于生产、制造、交付、接收或订购的数量以及就有关货物或服务获得的价格信息。

（4）第（2）款和第（3）款应在不影响下列其他法律规定时适用：

（a）赋予权利人获得更充分信息的权利；

（b）规范根据本条第（2）款和第（3）款提供的信息在民事或刑事诉讼中的使用；

（c）规范滥用信息权利的责任；或

（d）使第（2）款所述人员有机会拒绝提供被迫承认其本人或其近亲属参与侵犯知识产权行为的信息；或

（e）规范信息来源秘密性保护或个人数据的处理（第 2004/48 号指令第 8 条）。

（5）一方当事人被传唤出示第（1）款所述证据，但无正当理由未出示该证据的，要求出示或公告证据的一方当事人的主张应被视为已供认。任何一方无正当理由违反第（2）款所述法院命令的，除诉讼费用外，还应处以 5 万至 10 万欧元的罚款，罚款应转交给税务局。

第63B条　诉讼费用

本法所涉案件的诉讼费和其他费用，应当包括胜诉方合理支付的其他相关费用，如证人费、律师费、专家和技术咨询费以及查明侵权人的费用。民事诉讼法典第173条及其后各条的规定适用于任何其他事项（第2004/48号指令第14条）。

第64条　禁令措施和预防性证据保全

（1）在指控侵犯第46条至第48条和第51条规定的著作权或邻接权或者数据库制作者特别权的案件中，一审法院独任法官应下令预防性扣押被控侵权人持有的构成侵权工具的物品或侵权产品或证据。除预防性扣押外，法院可以责令详细描述该等物品（包括拍照）。

民事诉讼法典第687条第（1）款应适用于该等案件，并应根据民事诉讼法典第691条第（2）款发布临时命令（第2004/48号指令第7条）。

（2）法院应下令采取禁令措施或预防性证据保全，无须详细说明被侵犯或被威胁侵犯的作品。

（3）法院可向被控侵权人发布禁令，以防止任何即将发生的侵犯本法规定权利的行为，或暂时禁止，并在适当情况下根据民事诉讼法典第947条对每一侵权行为或持续侵权行为处以罚款。应适用民事诉讼法典第686条及其后各条的程序，以确定是否违反所发布的禁令或民事诉讼法典第691条第（2）款的相关规定。法院可以要求针对持续侵权行为提供旨在确保权利人获得赔偿的担保。法院还可下令预防性扣押或交出涉嫌侵犯本法规定权利的货物，以防止该等货物进入商业渠道或在商业渠道内流通。

（4）在商业规模侵权案件中，法院可下令预防性扣押被控侵权人的财产，包括冻结其银行账户。为此，法院可责令提交银行、金融或商业文件，或适当查阅有关资料。

（5）根据民事诉讼法典第687条第（1）款，在适当情况下，特别是当任何延误都会对权利人造成无法弥补的损害时，可不经聆讯被告，而采取第（3）款和第（4）款所述禁令措施。该等情况下，如果法院的决定或命令在执行前或者执行中未通知被告的，应当在执行后首个工作日通知被告；否则，任何相关诉讼行为无效。

（6）法院可采取第（1）款、第（3）款和第（4）款所述临时措施，条件是申请人须提供决定或临时命令中确定的担保和/或未提供担保，并应指明根据民事诉讼法典第 693 条第（1）款对案件提起诉讼的时限，不得超过 30 日。逾期未提起诉讼的，依法解除禁令。

（7）临时措施因申请人的任何作为或不作为而被撤销，或者后来发现没有侵犯或威胁侵犯本法规定的权利的，法院可应被告请求，责令申请人就该等措施造成的任何损害向被告提供适当赔偿（第 2004/48 号指令第 7 条和第 9 条）。

第 64A 条　禁令

权利人可以针对其服务被第三方用于侵犯著作权或邻接权的中介机构申请禁令。数据库制作者的特别权亦应如此。

第 65 条　民事制裁

（1）在任何侵犯或威胁侵犯著作权或邻接权的情况下，作者或权利人可要求行为人承认该权利、停止侵权以及将来不会侵权。应申请人请求，停止侵权可包括：

（a）从商业渠道收回其认为侵犯本法规定权利的货物，并在适当情况下收回主要用于创造或制造该等货物的材料和工具；

（b）从商业渠道彻底移除；或

（c）销毁。

本款第一句所述权利，由权利人向其服务被第三方用于侵犯本法规定的权利的中介机构行使（第 2004/48 号指令第 10 条第（1）款和第 11 条）。

（2）故意或过失侵犯他人著作权或邻接权的，应赔偿他人因此遭受的精神损害；并应承担不低于针对侵权方未经许可实施利用形式的法律规定的或者通常应支付酬金两倍的损害赔偿责任。

（3）作为寻求损害赔偿的替代，无论侵权行为是出于故意还是过失，作者或邻接权人既可要求侵权方根据本法第 46 条至第 48 条和第 51 条支付未经许可利用作品或邻接权客体所得款项，也可要求侵权方支付从该利用中获得的利润。

（4）对于每一项导致侵权的不作为，法院可判令向作者或本法第 46 条至第 48 条和第 51 条所述邻接权人支付 880 至 2900 欧元的罚款（经第 4481/2017 号法律第 54 条第 7 款修订），并处 1 年以下监禁。在根据保障措施规定的程序定罪时，同样适用。所有其他事项，根据民事诉讼法典第 947 条之规定处理。

（5）本条的民事制裁相应地适用于债务人未向集体管理协会支付本法第18条第（3）款规定酬金的情形。

（6）本条的民事制裁亦适用于侵犯数据库作者的知识产权和数据库制作者特别权的情形（第96/9号指令第12条）。

第65A条　行政制裁

（1）未经授权且违反本法规定复制、销售或以其他方式向公众发行或以发行为目的而持有计算机程序的，不论是否受到其他制裁，均应对每一份非法复制的计算机程序处以1000欧元的行政罚款。

（2）对于抓捕的以销售或其他方式向公众发行或持有并意图发行已录制受著作权或邻接权法律保护作品的录音制品的街头小贩或店外兜售之人，根据逮捕侵权人期间起草的扣押报告，对每一份录音作出相当于非法录音制品的行政处罚（20欧元）。行政处罚的最低限额为1000欧元。在商店内复制和发行声音的物质载体，同样适用［经第3905/2010号法律第46条补充和第4481/2017号法律第54条第8款（a）项修正］。

（2A）无任何合法权利且违反本法规定复制存储在任何技术存储介质（包括硬盘）上录音制品的，无论该技术存储介质是否嵌入计算机，处1000欧元行政罚款［经第4481/2017号法律第54条第8款（b）项补充］。

（3）根据财政部与文化和体育部提议颁布的总统令可修订第（1）款和第（2）款所述行政处罚的数额和最低费率。

（4）负责该等规定和制裁执行的主管当局是特别管制部门（IPEE）、警察、港口（经第3905/2010号法律第46条补充）和海关当局，在发现侵权行为后，通过希腊版权组织通知权利人。

（5）由财政部、文化和体育部联合发布决议，确定执行和征收罚款的程序、主管的征收服务项目和为适用本条规定所需的任何其他细节。

第66条　刑事制裁

（1）违反本法或依法批准的保护著作权多边国际公约的规定，非法固定作品或复制件，以任何形式，全部或部分、直接或间接、临时或永久地进行复制、翻译、改编、修改或转换，或以出售或其他方式向公众发行或意图发行、出租、通过无线电或电视或任何其他手段公开广播、以任何方式向公众传播作品或其复制件、未经作者同意而进口在国外非法制作作品的复制件，以及在一般情况下利用著作权保护对象的作品、复制件，或侵犯作者自由决定不经增删发行和向公众展示其作品的人身权的，处 1 年以下监禁，并处 2900 至 15000 欧元的罚金。

（2）上述制裁适用于任何违反本法规定或依法批准的保护邻接权多边国际公约规定，实施下列行为的人：

A）未经表演者许可：

a）固定其表演；

b）直接或间接、临时或永久地以任何方式或形式，全部或部分复制其表演的固定；

c）向公众发行其表演的固定或为发行目的而持有；

d）出租其表演的固定；

e）通过无线电和电视以任何方式播放现场表演，除非该播放是合法广播的重播；

f）向公众传播除无线电和电视播放外的任何方式所作的现场表演；

g）以有线或无线方式向公众提供，使公众可以在其个人选定的地点和时间获取该表演的固定。

B）未经录制品制作者（录音录制者）许可：

a）直接或间接、临时或永久地以任何方式或形式，全部或部分复制其录音制品；

b）向公众发行上述录音制品，或为发行目的而持有该等录音制品；

c）出租所述录音制品；

d）以有线或无线方式向公众提供该等录音制品，使公众可以在其个人选定的地点和时间获取；

e）未经其同意，进口在国外制作的所述录音制品。

C）未经视听作品制作者（影像或音像录制品制作者）许可：

a）直接或间接、临时或永久地以任何方式或形式，全部或部分复制其影片的原件及复制件；

b）向公众发行上述录制品（包括其复制件），或为发行目的而持有该等录制品；

c）出租该等录制品；

d）以有线或无线方式向公众提供该等录制品，使公众可以在其个人选定的地点和时间获取；

e）未经其同意，进口在国外制作的所述录制品；

f）通过无线电和电视（包括卫星和有线传输）以任何方式播放以任何方式通过广播或电视广播以及向公众传播。

D）未经广播和电视组织许可：

a）以任何方式转播其广播；

b）在公众可获取的地方向公众播放其广播，以收取入场费；

c）将其广播固定在录音或音像记录中，无论广播是通过有线还是无线（包括电缆或卫星）传输的；

d）直接或间接、临时或永久地以任何方式或形式、全部或部分复制其广播的录制；

e）向公众发行包含其广播固定的录制品；

f）出租包含其广播固定的录制品；

g）以有线或无线方式向公众提供，使公众成员可以在其个人选定的地点和时间获取其广播的固定（第 2001/29 号指令第 8 条第 1 款）。

（3）实施上述第（1）款和第（2）款所列行为，所获得的经济利益或造成的损害特别重大的，处 2 年以上监禁，并处 6000 至 30000 欧元罚金。罪犯以职业或商业规模实施上述任何行为，或与实施该行为有关的情况表明罪犯对著作权或邻接权的保护构成严重威胁的，处 10 年以下监禁，并处 500 万至 1000 万德拉克马罚金，并吊销作为该行为载体的企业营业执照。罪犯先前曾因违反本条规定或之前的著作权法律而被定罪并被判处不可撤销的监禁的，该行为同样应被视为以标准做法实施的。任何以重罪形式侵犯著作权和邻接权的行为，均由有管辖权的重罪上诉法庭 3 名法官组成的合议庭审理［经第 4481/2017 号法律第 54 条第 9 款（a）项修订］。

（4）不按本法第 18 条第（3）款的规定向集体管理协会支付酬金的，根据本条第（1）款、第（2）款和第（3）款的规定予以制裁。债务人在一审法院独任法官作出裁决后，未根据本法第 18 条第（6）款的规定提交声明的，也将被判处同样的刑罚（经第 3207/2003 号法律第 10 条第 33 款最终修订）。

（5）上述第（1）款规定的制裁同样适用于下列任何人：

（a）使用或分销任何系统或手段，或者为意图分销而拥有，其唯一目的是帮助未经许可而移除用于保护计算机程序的技术系统或使其失效；

（b）制造、进口或分销不符合本法第 59 条确定规范用于复制作品的设备和其他材料，或者为意图分销而拥有；

（c）制造、进口或分销可能妨碍上述规范效力的物品，或者为意图分销而拥有，或从事可能导致上述结果的行为；

（d）未使用本法第 60 条规定的设备或系统复制或者利用作品；

（e）发行或者为意图发行而持有未贴附本法第 61 条规定的特殊标志或管制标签的录音制品或影片。

（6）作为刑法典第 82 条第（10）款（b）项规定的例外，在转换扣押刑罚的情况下，将转换金额设定为刑法典对每一案件规定的转换金额限额的 5 倍〔经第 4481/2017 号法律第 54 条第 9 款（b）项修订〕。

（7）有减轻情节的，处以不低于本法规定应处最低罚金数额一半的罚金。

（8）未经授权对数据库进行临时或永久复制、翻译、改编、安排及任何其他更改，向公众发行数据库或其复制件，向公众传播、展览或演示数据库的，处 1 年以上监禁，并处 3000 至 15000 欧元罚金〔经第 4481/2017 号法律第 54 条第 9 款（c）项修订〕。

（9）未经作者授权而提取和/或再次利用数据库的全部或实质部分内容的，处 1 年以上监禁，并处 3000 至 15000 欧元罚金（第 96/9 号指令第 12 条）〔经第 4481/2017 号法律第 54 条第 9 款（c）项修订〕。

（10）当侵权对象是计算机软件时，在侵权人无保留地缴纳行政费用，且侵权行为涉及数量不超过 50 项程序的情况下，该侵权行为在符合该条规定的先决条件后，具备第 65A 条第（1）款规定的可责性。

（11）当侵权对象涉及利用受著作权法保护作品制作的录音时，根据第 65A 条第（2）款规定无保留地缴纳行政费用，且在符合该条规定的先决条件后，不予起诉；侵权涉及的非法录音载体数量不超过 500 件的，驳回起诉〔经第 4481/2017 号法律第 54 条第 9 款（d）项修订〕。

（11A）如果违法行为涉及存储在任何技术存储介质或计算机上的录音制品（音乐创作），在规定情况下行为人根据第 65A 条第（2）款规定无保留地缴纳行政罚款，且涉及不超过 1000 首音乐创作的，不予起诉；已经起诉的，应驳回起诉〔经第 4481/2017 号法律第 54 条第 9 款（e）项补充〕。

（12）缴纳行政费用和不予或驳回刑事起诉，并不免除侵权人购买著作权和邻接权的义务，也不免除侵权人根据相关法律规定向该等权利人赔偿和支付其余费用的义务〔经第 4481/2017 号法律第 54 条第 9 款（d）项修订和第 4481/2017 号法律第 54 条第 9 款（g）项重新编号〕。

（13）在同一财政年度内再犯的，应双倍支付第65A条规定的行政费用。

第66A条　技术措施

（1）技术措施，是指在正常运行过程中，旨在防止或限制未经任何著作权及邻接权、数据库特别权权利人授权而利用有关作品或其他客体的行为的任何技术、装置或部件。受保护的作品或其他客体的利用是由权利人通过实施访问控制或保护程序，如对作品或其他客体的加密、加扰或其他转换，或复制控制机制来达到保护目的的，该技术措施应被视为“有效”［第2001/29号指令第6条第（3）款］。

（2）禁止未经权利人许可，在明知或有合理理由知道其正在实现该目标的情况下，规避任何有效的技术措施［第2001/29号指令第6条第（1）款］。

（3）未经权利人许可，禁止制造、进口、分发、销售、出租、发布销售或出租广告，或者为商业目的持有下列装置、产品或部件或提供服务：

（a）为规避的目的而宣传、广告或营销；或

（b）除了规避以外，只有有限商业意义上的目的或用途；或

（c）主要是为了促成或帮助规避任何有效技术措施而设计、生产、改造或实施［第2001/29号指令第6条第（2）款］。

（4）从事违反上述规定的活动的，处1年以上监禁，并处2900至15000欧元罚金，并将受到第2121/1993号法律第65条的民事处罚。一审法院独任法官可根据民事诉讼法典颁发禁令，也可适用第2121/1993号法律第64条的规定［第2001/29号指令第6条第（1）款和第（2）款］。

（5）尽管本条第（2）款规定了法律保护，但由于它涉及第2121/1993号法律第4章所规定的关于在纸上或任何类似介质上供个人使用的复制（第18条）、为教学目的的复制（第21条）、图书馆和档案馆的复制（第22条）、为司法或行政目的的复制（第24条）以及为残障人士的利益而使用（第28A条）的现有限制（例外），权利人有义务向受益人提供措施，确保在必要的范围内以及在受益人能够合法获取受保护作品或有关客体的状态下受益于例外情况。权利人未采取包括与受益于该例外情况的第三人签订协议在内的自愿措施的，权利人和受益于该例外情况的第三人可以请求从版权组织拟定的调解人名单中选定一名或者数名调解人协助。调解人向各方当事人提出建议。如在建议提交后1个月内没有任何一方提出异议，视为各方均已接受该建议。否则，争议由雅典上诉法院在初审和终审中解决。该等规定不适用于根据约

定的合同条款提供给公众的作品或其他客体，公众成员可以在其个人选定的时间和地点获取［第 2001/29 号指令第 6 条第（4）款］。

第 66B 条　权利管理信息

（1）权利管理信息，是指由权利人提供的任何信息，该信息能识别作品和受邻接权或数据库制作者特别权保护的其他客体，并表明作者或任何其他权利人的身份，或关于使用作品或其他客体的条款和条件的信息，以及代表该等信息的任何数字或代码［第 2001/29 号指令第 7 条第（2）款］。

（2）禁止任何人在未经权利人许可的情况下，明知而从事下列任何行为：

a）删除或变更任何电子权利管理信息；

b）发行、为发行而进口、播放、向公众传播或提供作品或其他受邻接权或数据库制作者特别权保护的客体，而该等权利管理信息是未经授权而被删除或改变的；如果该人明知或有合理理由知道，其行为是在诱导、促成、帮助或隐瞒对任何著作权或邻接权或数据库制作者特别权的侵犯［第 2001/29 号指令第 7 条第（1）款］。

（3）违反上述规定的，处 1 年以上监禁，并处 2900 至 15000 欧元罚金，并将受到第 2121/1993 号法律第 65 条规定的民事处罚。一审法院独任法官可根据民事诉讼法典颁发禁令，也可适用第 2121/1993 号法律第 64 条的规定（第 2001/29 号指令第 7 条）。

第 66C 条　裁决的公布

民事或刑事法院关于本法规定权利的裁决，可应申请人的请求并由侵权人承担费用，责令采取适当措施，公布与裁决有关的信息，包括发布该裁决，并在大众媒体或互联网上公布该裁决的摘要或全文。

第 66D 条　道德守则和信息交流

（1）有关商业或专业协会以及集体管理协会或保护组织应制定道德守则，以便在国家、欧洲共同体或全球层面为行使本法规定的权利作出贡献；并建议在光盘中使用守则，以查明其制造来源。道德守则和对其实施的任何评估应提交欧盟委员会。

（2）针对本法规定权利的国家组织是希腊版权组织。

第66E条　网络权利的行使

（1）在互联网上发生侵犯著作权或邻接权的情况下，权利人可遵循本条规定的程序。在互联网上通过广告或促销提供产品或服务，侵犯著作权或邻接权的，权利人可遵循相同程序。就本条而言，权利人是指其权利在互联网上受到侵犯的权利人，以及被指派对著作权或邻接权进行集体管理或保护的任何集体管理组织或集体保护组织。该程序不适用于最终用户实施的侵权行为。本程序不影响希腊电信和邮政委员会.gr域名管理和分配条例确定的程序，该条例由希腊电信和邮政委员会的决定规定。

（2）为使本条规定的程序生效，根据文化和体育部部长的决定，设立委员会，负责通报互联网侵犯著作权和邻接权的情况。委员会应得到希腊版权组织工作人员的协助，并使用该组织的场所。委员会由3名成员组成，包括由希腊版权组织行政委员会副主席替代的行政委员会主席，由希腊电信和邮政委员会主席指定的1名代表或其替代者，以及由希腊数据保护局局长指定的1名代表或其替代者。委员会主席应由希腊版权组织行政委员会主席担任，希腊电信和邮政委员会的代表应为其秘书。该委员会任期3年。

（3）与该委员会的组成、职能和权限有关的任何事项应由文化和体育部部长决定。经第4369/2016号法律（A'33）第52条修订的第4354/2015号法律（A'176）第21条的规定，应适用于确定须支付给委员会成员的报酬。本款第一句的决定还应确定申请人在向委员会提出申请时应向希腊版权组织支付的作为审查费用的费用。该费用应预先支付，并应作为程序启动的先决条件。

（4）权利人应当面或者以电子方式提出制止侵权的申请。其应向委员会提交申请表，该表可在希腊版权组织的网站上获取。随附提交其中涉及的所有和任何必须提交的文件，以及支持其主张的任何补充证据。为使提交的申请得到受理，权利人必须利用提供者确定的、在合理时间内完成但尚无结果的相应程序。

（5）在收到申请后的10个工作日内，委员会应（a）予以备案，或（b）完成有关程序。

（a）案件应通过委员会决议备案，其中应至少提及下列理由之一：

aa. 未使用格式申请；*

---

* 第66E条第（5）款（a）项下以aa.，ab.，ac. …编号的层级与原文保持一致，未作修改。——编辑注

ab. 缺乏充分资料；

ac. 相同当事人之间的案件正在法院审理，或有待发布关于所涉争议的最后裁决；

ad. 超越权限；

ae. 缺乏依据和充分证据（明显无确实证据）；

af. 在审查前撤回申请；

ag. 未按上述第（3）款规定支付审查费；

ah. 取得使用许可。

（b）如程序完成，委员会须在收到申请后10个工作日内，同时通知互联网接入提供商，并在可能的情况下，通知主机供应商、网站和/或域名的管理者和/或所有者。

该通知应至少包括据称受到侵犯权利的确切定义、权利人宣称违反的法律规定、事件摘要和证据评估结果、可能遭受异议的主管人员、程序可终止的条件，并提及有关各方自愿遵守的可能性。

（6）申请所涉网站或域名的管理人或所有者可在收到通知之日起10个工作日内向权利人取得相关许可。收到该通知的人可在收到通知之日起5个工作日内自愿按照申请人的要求，以电子邮件方式通知委员会，或向委员会提交异议，据此同时提交主要证明并无侵权行为发生的所有证据。

经委员会决定，该期限可延长1倍。

收到通知的人自愿遵守要求的，委员会将发布决定，特别载明其自愿遵守要求。获得权利使用许可的，案件应予备案。

在提出异议的最后期限届满时，如认为有必要，委员会应要求其在5个工作日内提交进一步证据。

（7）在上述截止日期届满后5个工作日内，委员会应审查案件，并自提交申请之日起40个工作日内，将其决定通知申请人和收到通知的人。在此决定中：

（a）证实没有侵犯著作权或邻接权的，应当出具理由充分的意见，将案件备案；或

（b）侵权行为得到证实的，应当出具理由充分的决定，要求收到通知的各方自收到之日起3个工作日内予以遵守。

委员会根据上文第（5）款的规定决定延长上述期限的，本款第一句所述40个工作日的截止日期应延长至60个工作日。

（8）委员会证实著作权或邻接权受到侵犯的，应要求被通知者从非法发布的网站上删除侵权内容，或阻止对其访问，并采取委员会认为适当的任何其他措施，以停止侵权，防止再次发生或/和防止侵权。

内容托管在服务器位于希腊境内的网站上的，委员会应要求收到通知的网站删除该等内容，并采取委员会认为适当的旨在中止侵权行为、防止再次发生或/和防止侵权行为的任何其他措施。发生大规模侵权行为的，委员会可决定不删除内容，而是阻断对该内容的访问，并采取委员会认为适当的任何其他措施，旨在中止侵权行为、防止再次发生或/和防止侵权行为。网站的服务器托管在希腊境外的，委员会应要求互联网接入提供商阻止对该内容的访问，并采取委员会认为适当的任何其他措施，旨在中止侵权行为、防止再次发生或/和防止侵权行为。

（9）委员会的决定发布并执行后，有可能出现以任何技术方式违反决定或决定中所述内容有重复侵权的威胁情况的，申请人可向委员会提出申请，并提供证据证明存在违反上述决定或上述重复侵权的威胁的情况，要求发布新决定，而无须重新支付第（3）款所述审查费。

（10）委员会应通过任何方式传达申请，通知该申请所涉网站或/和域名中所述管理人或所有者，并规定5日最后期限，以便上述所有者或管理人陈述其意见。委员会应在上述5日期限届满之日起10日内发布决定。委员会创建和更新包含域名和子域名或/和IP地址的目录，并以其证实侵犯著作权或/和邻接权以及关于禁止访问相关内容的决定为依据。

委员会应将根据本条发布的决定上传至希腊版权组织网站。

（10A）1. 权利人提交申请后，存在下列情况的：*

a）在互联网上大规模侵犯受保护的著作权和邻接权的行为即将发生，无论是全国性还是全球性的事件，都将与他们的行为同时传播；

b）该侵权行为表明将通过某些统一资源定位器（URL）、IP地址或域名，支持以任何方式进行未经授权的订阅连接，特别是通过使用密码或解码器；且

c）存在防止对公共利益或权利人造成直接、严重和紧迫危险或不可弥补损害的紧急情况，

委员会可通过决定责令在与该事件及其持续时间相称的期间内禁止访问

---

* 第66E条第（10A）款下以 1., 2., 3. … 编号的层级与原文保持一致，未作修改。——编辑注

某些网站或域名，委员会认为，根据 a）和 b）的规定，存在权利即将受到侵犯的可能性就足以作出该决定。

2. 权利人最迟应在事件的预定传播前 15 日向委员会提交申请。委员会受理申请后，发布决定，责令互联网接入提供商在不得少于 6 小时，不再是自决定发布后 12 小时的时限内阻止对内容的访问。委员会的决定最迟在事件的预定传播前 24 小时发布，并根据第（7）款所述沟通细节，在同一时限内，通过电子邮件发送给权利人和服务提供商。在同一时限内将决定通知希腊电信和邮政委员会。第 2 项规定的期限届满后，委员会应将该决定通知网站经营者和所涉网站或域名的所有者。

3. 权利人最迟可在委员会作出决定之前，向委员会提交新的证据，特别是关于推断侵权行为所依据的域名、统一资源定位器或 IP 地址变更的新证据。

4. 委员会决定中所涉网站或域名的管理人和所有者，可在接到决定通知之日起 10 日内，向雅典行政法院提起诉讼。该诉讼不得自动中止执行委员会的决定。如果在上述时限内没有提起诉讼，或者起诉被法院驳回，责令禁止访问的决定将不可撤销。

5. 如果该诉讼因法院评估认为未满足第 1 款规定的条件而胜诉，则要求委员会发布决定的权利人应向提起法律诉讼并受委员会决定影响的网站或域名管理人或所有者支付赔偿。赔偿数额应根据情节、程度，并考虑权利人的合理行为或者滥用行为，酌情确定。

6. 为审查第 1 款规定的申请，须缴纳费用。根据文化和体育部部长以及数字治理部部长发布的联合决议，将确定与权利人的申请、委员会的决定、费用的数额和支付方法有关的特别事项。

7. 委员会备存一份特别提供商登记簿，其中包括下列信息：提供商及其代表的姓名、公司名称、特别称谓和电子邮件地址。提供商有义务在第 4761/2020 号法律生效之日起 30 日内向委员会提交上述信息以及其认为的任何其他补充资料。若有变更，提供商有义务以书面声明的方式迅速将该新信息通知委员会。

8. 供应商不及时且不适当地履行第 1 款所述决定的主体部分以及第 7 款规定的通知和更新信息的义务的，适用第（11）款的规定（经第 4761/2020 号法律第 68 条补充）。

（11）不执行该决定的意见的，委员会应对每一行为处以每日 500 至 1000 欧元罚款。侵权行为的严重性及重复性应列为考虑的标准之一。财政部部长应配合文化和体育部部长共同决定罚款的征收方式、征收的主管部门和所有其他相关事项。

（12）委员会程序的启动不影响或减损就同一争端诉诸法庭的权利。但是，案件是由同一申请人以相同理由提交法院的，委员会应将案件备案。此外，委员会发布决定并不妨碍有关当事方行使诉诸裁判庭保护其合法利益的权利。

（13）对于委员会的决定，可在通知后 60 日的截止日期内向雅典行政上诉法院起诉。起诉的截止日期及其行使不中止该决定的执行。雅典行政上诉法院可根据申请人的请求作出决定，分别适用行政诉讼法典的有关规定，中止执行该决定。应当事人的请求而推迟聆讯的可能性只有一次，若有正当理由，应在尽可能接近的日期进行聆讯，除非有更多案件合并的情况。根据现行规定（由第 4761/2020 号法律第 68 条取代），对雅典行政上诉法院的裁决，可向国务委员会提出撤销原判的上诉。

第 13 章　最终和过渡条款

第 67 条　适用的法律

（1）已发表作品的著作权，应受该作品首次合法公开出版国的法律管辖。未发表作品的著作权，应受作者国籍所在国的法律管辖。

（2）邻接权应受表演发生地，或者录音或影像或音像录制品制作地，或者广播或电视播放地，或者印刷出版物发行地国家的法律管辖。

（3）在所有情况下，对权利的主体、客体、内容、期限和限制的确定应受上述第（1）款和第（2）款所适用的法律管辖；但任何使用许可安排除外。对一项权利的保护应遵从寻求保护国家的法律。

（4）上述第（1）款、第（2）款和第（3）款应予适用，但与希腊批准的任何国际公约相抵触的除外。对于未与希腊共同加入一项国际公约的国家，上述第（1）款、第（2）款和第（3）款应适用于保护著作权或任何特定的著作权客体或任何特定的邻接权，只要相关国家的法律对在希腊首次公开发表的作品以及在希腊实施的行为所产生的邻接权提供充分的著作权保护。

第 68 条　法律不溯及既往

（1）本法施行前保护期限届满的作品，不受著作权保护。

（2）本法第 2 条第（3）款和第 40 条至第 53 条规定的保护，自本法生效之日起，适用于本法生效前创作的计算机程序以及过去实施行为所产生的邻接权。

（3）本法生效前订立的合同，自本法施行之日起一年内受旧法调整。

第 68A 条 历时法

（1）第 29 条、第 30 条第（1）款、第 31 条和第 52 条规定的保护期限应适用于 1995 年 7 月 1 日在至少一个成员国根据有关著作权和邻接权的国家法律受到保护的所有有关作品和邻接权。在本法生效前已成为共同拥有的、利用作品或受邻接权保护客体的第三方，可以同样方式、同样手段和同样程度，继续进行上述利用，直至 1999 年 1 月 1 日。第 30 条第（2）款规定的保护期限应适用于音乐作品，但该音乐作品或歌词须于 2013 年 11 月 1 日在欧盟至少一个成员国受到保护，并适用于在此日期之后创作的有歌词的音乐作品，且须尊重 2013 年 11 月 1 日前实施的任何利用行为和第三方的任何既得权利〔经第 4481/2017 号法律第 54 条第 10 款（b）项修订〕。

（2）1995 年 1 月 1 日以前有效的关于利用作品和其他受保护客体的协议，自 2000 年 1 月 1 日起适用本法第 35 条第（3）款的规定，但在该日期后失效。如果一个成员国的共同制作人与其他成员国或第三国的一个或多个共同制作人在 1995 年 1 月 1 日之前签订的国际联合制作协议明确规定，共同制作人对所有向公众传播手段利用权的地域分配制度，而不区分适用于通过卫星向公众传播的安排和适用于其他传播手段的规定，且通过卫星向公众传播会损害一个共同制作人或其受让人在某一特定领土内的排他性，特别是语言排他性，则在授权共同制作人或其受让人通过卫星向公众传播时，必须征得上述排他性受益人（无论他是共同制作人还是受让人）的同意。本法第 30 条规定的保护期限适用于有歌词的音乐作品，如果该音乐作品或歌词于 2013 年 11 月 1 日在欧盟至少一个成员国受到保护，也适用于该日期之后产生的有歌词的音乐作品，但不影响 2013 年 11 月 1 日之前实施的任何利用行为和第三方的任何既得权利。如果由于本规定，根据许可或合同转让或以其他方式让与给第三方的权利得以恢复，则保护期的延长应使最终受益人或其特别受让人获益；否则，制作人的继承人将受益。第 52 条第（1）款（c）项和（d）项规定的保护期限适用于，根据 2011 年 10 月 30 日生效版本中相关规定仍然受到保护的表演者或录音制品制作者表演的物质固定和录音制品，截至 2013 年 11

月 1 日，并适用于在该日期之后生效的表演和录音的固定（经第 4212/2013 号法律第 5 条补充）。

1a. 在合同没有相反明确表示的情况下，在 2013 年 11 月 1 日之前订立的第 52 条第（1）款（aa）和（dd）下的转让或让与合同，应视为在第 52 条第（1）款（c）项规定的表演者不再受保护的时刻之后继续以第 2011/77 号指令实施条例纳入国内法之前的版本产生效力（经第 4212/2013 号法律第 5 条补充）。*

（3）第 27A 条关于孤儿作品的规定，适用于自 2014 年 10 月 29 日起首次受到著作权或邻接权保护的所有作品和录音制品，但不得影响在上述日期之前实施的行为和获得权利的有效性（经第 4212/2013 号法律第 8 条补充）。

第 69 条　版权组织的设立

（1）应在雅典注册地址设立一个由文化和体育部管辖的私法法人，名称为"版权组织"。版权组织的宗旨应为保护作者和邻接权人，监督集体管理协会，执行本法和有关国际公约，制作有关著作权和邻接权问题的法律研究报告，并代表希腊与所有主管国际组织和欧洲共同体各机构联络。希腊版权组织也可举办任何形式的研讨会，对法官、律师、公务员、作者、邻接权人、教育工作者、学生进行著作权和邻接权的教育和宣传，并就著作权、邻接权和集体管理问题提供调解服务和时间标记服务，即提供与可能受著作权和/或邻接权保护的作品或保护对象有关的认证日期（时间标记服务）。版权组织在任何情况下均不得以本法第 54 条至第 58 条规定的权利管理为目的（经第 4481/2017 号法律第 54 条第 11 款修订）。

（2）"知识产权组织将获得每个集体管理组织年度总收入 1% 的补贴，应在每年 10 月 31 日之前根据上一年度资产负债表支付，并根据国库收入征收法典收取。集体管理组织的年度资产负债表应当报送知识产权组织、文化和体育部。上述规定也适用于有义务编制年度资产负债表并报送知识产权组织、文化和体育部的集体保护组织。总收入是统一会计方案中界定的收入。"版权组织应当以赠款方式获得不超过集体管理协会征收总额 5% 的资助，其确切百分比和支付方式应由根据文化和体育部部长的建议发布的总统令确定。版权组织还可以获得国际组织和欧洲共同体机构的赠款资助、赠与和遗赠，任何第三方的赠款以及因提供服务而应得的收入。作为启动资金，版权组织将从

---

* 第 68A 条第（2）款下以 1a. 编号的层级与原文保持一致，未作修改。——编辑注

文化和体育部预算中获得 2000 万德拉克马的一次性拨款。

版权组织也可以从文化和体育部的资金或乐透彩票和亲乐透彩票的收益中获得补贴。

（3）与版权组织在其总体目标框架内的主要重点和详细权限领域，总体目标的具体实现方式，权力的确切履行方式和行使程序，行政管理及其监督，内部结构和人员，服务收费（根据需要可由文化和体育部部长决定调整），其科技、管理和辅助人员需求的确定，薪酬和所有其他细节等有关的事项，应由根据文化和体育部部长、总理办公室部长和财政部长的联合建议发布的总统令确定。

（4）版权组织是公益法人。版权组织不属于公共部门的一部分，不受公共会计规定的约束，也不受社会任务和公共工程及其他有关规定的调整。版权组织在私营经济规则下为公众利益运作，并受私法调整。

（5）版权组织享有国家的所有行政、经济和司法豁免以及所有程序和实体特权。

（6）希腊版权组织的建设合同、设计、供应和服务的规则由希腊版权组织成员委员会的决议制定（经第 3905/2010 号法律第 46 条补充）。

第 70 条　已运作的集体管理协会

（1）在本法颁布之日已运作的集体管理协会应在本法生效后 12 个月内向文化和体育部提交本法第 54 条第（4）款规定的章程声明和文本，通常应采取一切其他必要的行动以遵守本法。

（2）本法颁布之日正在从事第 4301/1929 号法律第 5 条和第 1597/1986 号法律第 43 条所述管理活动的作家协会，可自本法生效之日起 24 个月内继续从事该活动。

第 71 条　欧洲共同体指令的实施

（1）本法第 2 条第（3）款和第 40 条至第 45 条应构成对 1991 年 5 月 14 日关于计算机程序法律保护的理事会指令（91/250/EEC）的实施。

（2）本法第 3 条第（1）款（d）项、第 9 条、第 34 条、第 46 条、第 47 条、第 48 条、第 49 条、第 52 条和第 53 条应构成对 1992 年 11 月 19 日关于出租权和出借权以及知识产权领域中某些邻接权的理事会指令（92/100/EEC）的实施。

（3）本法第 35 条第（3）款和第（4）款、第 35 条第（5）款至第（8）款、第 52 条第（1）款（h）项和第 68A 条第（2）款为实施 1993 年 9 月 27 日关于协调适用于卫星广播和有线转播的著作权和邻接权的某些规则的理事会指令（93/83/EEC）而补充［经第 4481/2017 号法律第 54 条第 12 款（b）项修订］。

（4）本法第 11 条、第 29 条第（1）款、第 30 条第（1）款、第 31 条、第 51A 条、第 52 条第（1）款（c）项、（d）项、（e）项、（f）项、（g）项和第 68A 条第（1）款实施 1993 年 10 月 29 日协调权利、著作权和邻接权保护期限的理事会指令（93/98/EEC）［经第 4481/2017 号法律第 54 条第 12 款（c）项修订］。

（5）本法第 2 条第（2a）款、第 3 条第（3）款、第 45A 条、第 64 条最后一句、第 65 条第（6）款、第 65 条第（9）款和第（10）款、第 72 条第（8）款是为适用 1996 年 3 月 11 日关于数据库法律保护的欧洲议会和理事会指令（96/9/EC）而通过的（第 96/9 号指令第 16 条第 2 款）。

（6）本法第 3 条第（1）款、第 28A 条第（12）款、第 28B 条和第 28C 条、第 46 条第（2）款、第 47 条第（1）款和第（2）款、第 48 条第（1）款、第 52 条第（1）款（d）项、第 64A 条、第 66 条第（1）款和第（2）款、第 66A 条和第 66B 条，构成对 2001 年 5 月 22 日关于协调信息社会著作权和邻接权某些方面的欧洲议会和理事会指令（2001/29/EC）的实施［经第 4672/2020 号法律第 9 条第（3）款修订］［第 2017/1564 号指令（欧盟）第 3 条第（1）款］。

（7）第 5 条构成对 2001 年 9 月 27 日关于原创艺术作品作者受益的转售权的欧洲议会和理事会指令（2001/84/EC）的实施。

（8）第 10 条第（3）款、第 63A 条、第 63B 条、第 64 条、第 65 条第（1）款、第 66C 条和第 66D 条构成对 2001 年 9 月 27 日关于实施知识产权的欧洲议会和理事会指令（2004/48）的实施。

（9）第 30 条第（2）款、第 52 条第（1）款（c）项最后一句、第 52 条第（1）款（d）项第二句和第三句、第 52 条第（1）款（d）项（aa）至（gg）、第 68A 条第（1）款，实施 2011 年 9 月 27 日欧洲议会和理事会指令（2011/77/EU），以修订关于著作权和某些邻接权保护期限的指令（2006/116/EC）［经第 4481/2017 号法律第 54 条第 12 款（c）项修订］。

（10）第 27A 条和第 68A 条第（3）款构成了对 2012 年 10 月 25 日关于孤

儿作品某些许可使用的欧洲议会和理事会指令（2012/28/EU）的实施（经第4212/2013 号法律第 9 条补充）。

（11）第 2121/1993 号法律第 28A 条第（1）款至第（11）款、第 42 条第（6）款和第 45A 条第（6）款最后一点构成了对 2017 年 9 月 13 日欧洲议会和理事会指令的实施（2017/1564/EU）〔经第 4672/2020 号法律第 9 条第（4）款补充〕〔第 2017/1564 号指令（欧盟）第 3 条第（1）款〕。

第 72 条　条文的废除及其他事宜的调整

（1）自本法生效之日起，凡与本法相抵触或涉及本法调整事项的规定，均应予废止。具体而言，废除下列法律及法律组成部分：希腊戏剧著作权法/1909 和第 2387/1920 号法令，1926 年 6 月第 12/15 号法令，第 4186/1929 号、第 4301/1929 号和第 4489/1930 号法律，第 619/1941 号法令第 2 条第（1）款，第 2179/1943 号法令，第 763/1943 号、第 1136/1944 号和第 56/1944 号法律，第 3188/1995 号法律第 12 条，第 4264/1962 号法令，第 1064/1980 号法律第 4 条，第 1075/1980 号法律第 5 条和第 10 条至第 22 条，第 1348/1983 号法律第 19 条和第 1597/1986 号法律第 3 条、第 40 条、第 43 条和第 46 条。

（2）第 988/1943 号法律继续有效。

（3）根据本法第 54 条至第 58 条设立和运作的集体管理协会，有权组织和参加有关著作权和邻接权的会议。本法第 54 条至第 58 条不应妨碍在其他国家设立的集体管理协会与在希腊设立的集体管理协会签订互惠合同。

（4）在 1994 年 7 月 1 日以前，本法第 49 条第（1）款、第（2）款和第（3）款不适用于在居民人口少于 5000 人的市镇咖啡馆向公众播放的录音制品。

（5）本法第 38 条第（4）款第一句适用于任何照片的出版。

（6）自本法生效之日起至能够就应收款项作出决定的集体管理协会运行一年或一年以上时止，本法第 5 条第（2）款所述之人至少缴存部分买方已付费用的，不适用该条第（1）款和第（2）款的规定，但条件是：

a）对于这笔款项，适用的法律在任何时间都规定免征应交税款；

b）该笔款项已存入收款人为此目的在贷款和寄售基金或在希腊合法经营的银行开立的账户；且

c）存款单包括下列内容：

（aa）存款人和收款人的详情；

（bb）存款数额；

（cc）存款日期以及收款人或其法定代表人的签名。

（7）希腊作曲家协会（EMSE）可作为集体管理组织继续其管理活动，直至 1999 年 12 月。

（8）关于数据库作者的权利和数据库制作者的特别权的规定，不应损害特别是有关著作权、邻接权或者纳入数据库的数据、作品或其他材料中存在的任何其他权利或义务、专利权、商标、外观设计权、国宝保护、关于限制竞争和不正当竞争的法律、商业秘密、安全、保密性、数据保护和隐私、公共文件的获取及合同法的规定（第 96/9 号指令第 13 条）。

（9）根据文化和体育部部长的提议颁布的总统令可允许全面编纂有关著作权、邻接权和集体管理的法律，修改各项条文的顺序和编号，合并类似规定，以及对该等立法的行政编纂进行任何必要的修正〔经第 4481/2017 号法律第 54 条第（12）款（b）项修订〕。

第 13 章　文化事务和其他安排

第 73.1 条（无）*

第 74 条

非营利的集体管理协会常务董事、总干事、经理、主席及副主席的职位，不得视为与律师职业不符，也不得作为将担任该职位的任何律师从律师登记簿上除名或降低其身份的理由。

第 75 条和第 76 条因与著作权或邻接权无关不列出。

第 14 章　生　效

第 77 条

除第 69 条之外，本法于在官方公报上发布之日起生效。本法第 69 条在官方公报上发布之日起 6 个月后生效。本法应在官方公报上发布，并作为国家法律予以施行。

---

* 第 73.1 条下无法条具体内容，与原文保持一致，未作修改。——编辑注

匈牙利著作权法❶❷

秦　洁[*]　刘天松^{**}　译

秦　洁[*]　刘天松^{**}　译

现代著作权法与技术同步发展，在鼓励智力创造、保护国家和世界文化遗产方面发挥着决定性作用。为满足教育、学术和科学研究以及获取免费信息的需要，著作权法在作者和其他著作权人以及用户与广大公众的利益之间建立并保持平衡。同时，著作权法确保著作权和邻接权得到广泛和有效的实施。有鉴于此，为了与匈牙利的国际承诺、欧洲共同体关于保护知识产权的立法保持一致，议会通过了以下法案。❸

第1部分　总　则

第1章　导　言

著作权客体

第1条

（1）本法保护文学、学术、科学和艺术作品。

（2）所有文学、学术、科学和艺术作品，不论是否在本法中列明，均受著作权保护。特别是下列作品：

a）文学作品（例如，文献、技术著作、学术和科学出版物）；

b）公开演说；

c）所有形式的计算机程序和相关文档（以下简称"软件"），无论是以源代码、目标代码或任何其他形式被记录；包括用户程序和操作系统；

---

　　*　译者简介：秦洁，西南政法大学副教授，硕士生导师，重庆大学法学博士。

　　**　译者简介：刘天松，法学硕士，广东利君律师事务所执行主任。

　　❶　本法于1999年7月6日由匈牙利议会通过。

　　❷　本法根据世界知识产权组织官网公布的匈牙利著作权法英语版本翻译，同时参照了匈牙利知识产权局官网发布的匈牙利著作权法匈牙利语版本。——译者注

　　❸　根据2003年第102号法案第51条予以设立，应与颁布匈牙利加入欧盟条约的法案同时生效。根据2011年第173号法案第42条予以修订，自2012年1月1日起生效。

d）戏剧、音乐剧、芭蕾舞和哑剧；

e）音乐作品，无论有无歌词；

f）广播和电视节目；

g）电影和其他视听作品（以下简称"电影作品"）；

h）通过线描、绘画、雕塑、雕刻、光刻或任何其他类似方式创作的作品及其设计；

i）摄影作品；

j）地图和其他制图创作；

k）建筑作品及其规划，以及建筑群和城市建筑规划；

l）技术结构设计；

m）实用艺术作品及其设计；

n）服装、布景及其设计；❶

o）工业设计；

p）任何被视为汇编作品的数据库。❷

（3）作品或创作因其源于作者智力活动的独特性和原创性而受到著作权保护。著作权保护不取决于数量、质量或美学特征，也不取决于对作品质量的任何判断。

（4）立法、国家行政管理的法律文件。司法与行政决议、行政与其他官方通讯和文件，以及其他类似法规，不属于本法规定的范畴。❸

（5）印刷媒体公告发布的事实和时事新闻不受著作权保护。❹

（6）思想、原则、理论、程序、操作方法和数学运算无法获得著作权保护。

（7）民间传说的表现形式不受著作权保护。但是作者受民间传说启发而创作的具备独特性和原创性作品的著作权保护不在本条规定之列。

（8）表演者、录音制品制作者、广播和电视组织、电影制作人和数据库制作者应受本法保护。❺

---

❶ 根据 2013 年第 16 号法案第 33 条予以设立，自 2013 年 1 月 4 日起生效。

❷ 根据 2001 年第 77 号法案第 1 条予以颁布，自 2002 年 1 月 1 日起生效。可适用于随后达成的授权协议。

❸ 根据 2021 年第 37 号法案第 1 条予以设立，自 2021 年 6 月 1 日起生效。

❹ 根据 2003 年第 102 号法案第 52 条予以设立，应与颁布匈牙利加入欧盟条约的法案同时生效。

❺ 根据 2001 年第 77 号法案第 2 条予以设立，自 2002 年 1 月 1 日起生效。可适用于随后达成的授权协议。

本法的适用范围

第 2 条

只有作者是匈牙利公民，或作者根据国际条约或互惠原则有权获得保护时，本法规定的保护才延伸适用于首次在国外出版的作品。

第 3 条❶

（1）对于著作权和邻接权的转让、转移和抵押，以及与受保护作品和本法规定的其他客体相关的人身和财产问题，本法未作规定的，应适用民法典的规定。

（2）对于著作权和邻接权的集体管理，本法未作规定的，应适用著作权和邻接权集体管理法（以下简称"新著作权法"）。

著作权

第 4 条

（1）创作作品的人（作者）有权享有著作权。

（2）对他人作品进行再创作、改编或翻译如具有独特性和原创性，且不损害原作者利益的，受著作权保护。

合作作品

第 5 条

（1）多人创作的、各个部分不能单独使用的合作作品，合作作者有权共同享有著作权保护；如有争议，平等享有著作权保护。但是，任何合作作者均有权对著作权侵权行为进行单独起诉。

（2）各个部分可以单独使用的合作作品（关联作品），每个作者可就自己创作的部分独立行使著作权。将原始创作的合作作品（包括关联作品）的一部分同另一作品结合的，需获得原始合作作品全体作者的同意。

集体作品❷

第 6 条

（1）自然人或法人出版由其发起创作、指导创作并以其名义出版的作品

---

❶ 根据 2016 年第 93 号法案第 173 条予以设立，自 2016 年 7 月 28 日起生效。
❷ 根据 2013 年第 16 号法案第 34 条予以颁布，自 2013 年 1 月 4 日起生效。

的，作为作者的合法继受人有权享有合作作品的著作权（即国家标准）。❶

（2）合作作品，指合作者将各自的创作成果统一结合在一起的作品，其无法单独确定各个作者的权利。

汇编作品❷

第 7 条

（1）如果对汇编作品内容的收集、编排或编辑是具备独特性和原创性的作品集，则汇编作品受著作权保护。即使作品集的部分或组成部分不受或无法受著作权保护，该作品集仍受著作权保护。

（2）汇编者对整个作品集享有著作权。然而，这并不涉及已列入汇编的单个作品的作者和邻接权人的独立权利。❸

（3）对作品集的著作权保护不包括构成其内容的组成部分。

匿名或以笔名发表的作品

第 8 条

如果作品是匿名或以笔名发表的，首次发表该作品者有权行使著作权，直至作者提起诉讼。

著作权的起源与金融流通中的著作权

第 9 条

（1）自作品创作之日起，作者有权享有全部著作权，包括人身权和财产权。

（2）作者不得转让或放弃其人身权，或以其他任何方式将该等权利转让他人。

（3）除第（4）款至第（6）款规定的例外情况外，财产权不得转让或放弃；该等权利也不能以任何其他方式转让给任何其他人。

（4）财产权可以继承，作者死亡时可就财产权作出指示。

（5）多人通过继承方式获得财产权的，有权为彼此的利益处置权利。

（6）财产权可在法律规定的情况和条件下转让或转移。获得财产权的人此后有权处置该等权利，但有关财产权转让的合同另有规定的除外。

---

❶ 根据 2016 年第 93 号法案第 174 条予以设立，自 2016 年 7 月 28 日起生效。

❷ 根据 2001 年第 77 号法案第 3 条予以设立，自 2002 年 1 月 1 日起生效。可适用于随后达成的授权协议。

❸ 根据 2011 年第 173 号法案第 42 条予以修订，自 2012 年 1 月 1 日起生效。

第2章 人身权

作品出版

第 10 条

（1）作者决定其作品是否出版。

（2）作品出版前，只有经作者同意才能向公众提供作品的基本内容。

（3）除另有规定外，作者的同意必须被视为基于使用合同作出，以便使用人以适合于使用目的的方式向公众提供有关作品内容的信息。

（4）作者去世后发现的作品，应被视为作者有意出版的作品，但作者或其合法继承人作出相反声明或证实存在相反情况的除外。

第 11 条

作者有权撤销对其作品的出版许可；撤销必须以书面形式作出，且具备充分理由。作者亦有权禁止进一步使用已出版作品。但作者有义务对禁止使用声明作出前发生的任何损害予以赔偿。上述规定不影响雇主进一步使用作品的权利；在转让财产权时，亦不妨碍获得财产权的人基于转让的财产权而使用作品。

署名权

第 12 条

（1）作者有权在其作品或作品相关出版物上被注明为作者，这取决于出版的规模和性质。作品某一部分被采用、引用或展示时，必须注明作者。作者有权以适当方式且根据使用性质，行使注明其姓名的权利。

（2）原作作者的姓名必须在进行再创作、改编和翻译时注明。

（3）作者有权匿名或以笔名发表其作品。对已以作者名义发表的作品进行新的、合法的使用时，作者有权要求在将来使用该作品时不注明作者姓名。

（4）作者有权要求其作者身份不受质疑。

保护作品完整性

第 13 条❶

以任何方式歪曲、诽谤或篡改作品，或以任何形式滥用作品，从而损害

---

❶ 根据 2021 年第 37 号法案第 2 条予以修订，自 2021 年 6 月 1 日起生效。

作者的人格或名誉的，视为对作者人身权的侵犯。

人身权的行使

第 14 条

（1）作者去世后，本法规定的人身权可在著作权保护期内（第 31 条）由作者委托保护（管）其文学、科学、学术或艺术财产的任何人行使；没有委托人或委托人没有提起诉讼的，由基于继承获得作者财产权的人行使。

（2）著作权保护期结束后，受影响的权利集体管理组织或作者代表组织有权对在著作权保护期内，就侵犯作者在其作品或与作品相关的出版物上注明为作者的权利的行为提起诉讼。❶

第 15 条

作者在使用合同中明确同意的，使用人有权提起诉讼保护作者的特定人身权。

第 15A 条❷

具有公共服务职能的机构应被授权满足任何访问公共信息或公共利益信息的著作权作品的请求，在保护作者人身权的情形下，允许访问（在规定的满足请求的时限内）审查作品中包含所请求的公共信息或公共利益信息的部分，而不是以请求方希望的形式和手段进行访问。

第 3 章　财产权

关于财产权的一般规定

第 16 条

（1）在著作权保护的基础上，作者均享有使用作品全部或可识别部分的专有权利，无论是经济性还是非经济性的使用，作者还享有对每次使用进行授权的专有权利。使用许可可通过使用合同获得，本法另有规定的除外。❸

（2）使用作品的特定标题，也需经作者许可。

---

❶ 根据 2011 年第 173 号法案第 43 条第（1）款予以修订，自 2012 年 1 月 1 日起生效。

❷ 根据 2015 年第 129 号法案第 23 条予以设立，自 2015 年 7 月 16 日起生效。

❸ 根据 2003 年第 102 法案第 53 条予以修订，应与颁布匈牙利加入欧盟条约的法案同时生效。

（3）作者有权对其作品中出现的典型和原创人物进行商业使用。此外，作者享有授权商业使用的专有权利。

（4）作者有权因许可使用其作品获得报酬，但本法另有规定的除外。除非合同另有规定，报酬必须与使用作品的相关收入成比例。有权获得报酬的人如放弃报酬，必须作出明确声明。如果法律要求使用合同需具备一定形式方能生效的，有关放弃报酬的声明也仅在具备特定形式后生效。

（5）法律有规定的情况下，即使作者并不享有可授权他人使用的专有权利，仍有权因作品的使用获得报酬。法律可以排除放弃此类报酬的权利。即使法律无此规定，作者只有在作出明确声明的情况下才有权放弃报酬。

（6）法律或权利人未在合同中授权使用作品，或使用人超出授权范围使用作品的，视为违法使用。

（7）使用人有义务就使用方式和范围通知作者或其继承人，或权利集体管理组织，但本法或新著作权法另有规定的除外。❶

（8）本法所称的文学和音乐作品著作权集体管理，应理解为新著作权法第33条第（2）款规定的代表性集体管理组织。该组织行使文学和音乐作品相关的许可权利，或代表作者、作曲家和作词家获得报酬，且有权在此方面扩大行使集体管理权利，设立特许权使用费并收取权利收入。本法涉及与美术和实用艺术作品有关的著作权集体管理组织的，则同样适用本条。❷

第 17 条

下列行为被视为对作品的使用：

a）复制作品（第18条至第19条）；

b）发行作品（第23条）；

c）公开表演（第24条至第25条）；

d）以广播或其他方式向公众展示（第26条至第27条）；

e）通过原作者以外的组织向公众转播广播作品（第28条）；

f）改编（第29条）；

g）展览（第69条）。

---

❶ 根据2016年第93号法案第175条第（1）款予以设立，自2016年7月28日起生效。

❷ 根据2016年第93号法案第175条第（2）款予以颁布，自2016年7月28日起生效。

复制权

第 18 条

（1）作者享有自行复制并授权他人复制作品的专有权利。复制包括以下内容：

a）以任何方式在任何媒介上永久或临时地记录作品（直接或间接）；及

b）制作一份或多份复制件。

（2）作品的复制包括机械（印刷）或磁记录、胶片记录或复印；录音或录像；通过广播或电缆公开传输录音；以数字方式在电子媒体上存储作品；制作以有形形式通过计算机网络传输的作品。对于建筑作品，复制包括实施规划中记录的作品及后续建造。

第 19 条

（1）作曲人和作词人只能通过权利集体管理组织行使复制或发行先前已出版的非戏剧作品或歌词复制件，或从戏剧作品中摘录的录音制品有关的权利，并有权在应付金额范围内放弃费用，费用的放弃仅在费用分配日期后生效。❶

（2）第（1）款规定不适用于改编权或改编权的行使。

第 20 条

（1）在广播和电视组织的节目中播放作品、艺术表演、电影或录音制品，或将其纳入通过电缆向公众传送的节目的，作者、表演者、录音制品制作者和电影制作人有权就私人目的复制其作品、艺术表演、电影或录音制品而获得报酬。❷

（2）第（1）款所述的报酬，应由文学或音乐作品相关著作权集体管理组织与其他权利人的集体管理组织协商一致后确定。报酬数额的确定应与为保护有关作品、艺术表演、电影或录音制品的著作权和相关权利而采取的有效技术措施的应用情况（第 95 条）相一致。空白视频和音频媒体的制作者必须在销售后的 8 日内，或在为发行目的而储存的日期（以较早的为准），向集

---

❶ 根据 2016 年第 93 号法案第 176 条予以设立，自 2016 年 7 月 28 日起生效。

❷ 根据 2003 年第 102 号法案第 54 条第（1）款予以设立，应与颁布匈牙利加入欧盟条约的法案同时生效。

体管理与文学或音乐作品有关的著作权的组织支付优先购买权费用。就外国制作者而言，法律要求缴纳关税的人，或在无关税缴纳义务的情况下进口视频、音频媒体（制品）的人和首次将其投入商业流通的人，必须在海关手续办理完毕后的 8 日内，或投入商业流通之日，或在支付关税后（如有关税缴纳义务），向文学或音乐作品相关著作权集体管理组织支付优先购买权费用。相关媒体的所有国内分销商应共同承担支付费用的责任。❶

（3）支付优先购买权费用的义务不适用于以下情况：

a）为出口目的而投放市场；

b）仅用于特定设备（如录音室设备、录音机）的视频和音频媒体。上述设备通常不用于因私人目的而制作作品、艺术表演或录音制品的复制件。

（4）就录音制品而言，作曲家和作家有权获得扣除成本后剩余使用费的 45%，表演者有权获得 30%，录音制品制作者有权获得 25%，但相关权利集体管理组织在每年 3 月 31 日前另作约定的除外。❷

（5）就视频媒体而言，电影作品制片人有权获得扣除成本后剩余使用费的 13%；电影制作人有权获得 22%；美术家、实用艺术家和摄影师有权获得 4%；电影编剧有权获得 16%；作曲者和作词者有权获得 20%；表演者有权获得 25%，但相关著作权集体管理组织在每年 3 月 31 日前另作约定的除外。

（6）未被授权文学和音乐作品著作权集体管理组织代表的作者、著作权人、表演者和录音制品制作者的应得费用，应转付至该权利人的著作权集体管理组织。

（7）权利人只能通过著作权集体管理组织行使其主张费用的权利。他们仅能在应得份额的范围内放弃该费用，且仅在费用分配日期后生效。❸

第 21 条

（1）作品通过复印或以其他类似方式在纸张或其他相似媒介上复制时（以下简称"复制"），其作者有权就私人复制获得适当报酬。该费用必须由

---

❶ 根据 2003 年第 102 号法案第 54 条第（1）款予以设立，应与颁布匈牙利加入欧盟条约的法案同时生效；根据 2005 年第 165 号法案第 18 条予以修订，自 2006 年 1 月 1 日起生效。可适用于此日期之后开始的诉讼程序。

❷ 根据 2003 年第 102 号法案第 54 条第（2）款予以设立，应与颁布匈牙利加入欧盟条约的法案同时生效。

❸ 根据 2011 年第 173 号法案第 43 款第（1）款予以修订，自 2012 年 1 月 1 日起生效。

复制设备制造商支付；设备在国外生产的，由按照法律规定需缴纳关税的人缴纳；没有关税缴纳义务的，由进口设备的人和将其投放市场的人共同缴纳，在第 20 条第（2）款第 3 句所订明的期限内支付该费用。费用支付应由相关设备的所有国内经销商共同负责。复制设备的运营人也有义务支付额外费用。两项费用必须支付给权利集体管理组织。❶

（2）用于复制的设备清单应以政府法令的形式发布。

（3）第（1）款所述费用由权利集体管理组织确定。在确定费用时，有必要考虑设备使用的方式、其产量以及在有偿经营情况下的经营场所。

（4）第（1）款所述费用应不高于复制设备制造商价格的 2%；在国外制造的，应不高于合法完税价格的 2%。

（5）支付该费用的义务不适用于为出口目的而将设备投放市场的行为。

（6）所收取的费用，扣除支出和出版商根据新著作权法第 12 条第（3）款规定的合同所应得份额（如果有的话），按如下方式分配：学术和科学出版物的作者有权获得 42%，其他文学作品作者有权获得 42%，美术家和摄影师有权获得 16%。费用应按照所适用的百分比向权利人的权利集体管理组织支付。

（7）除非相关的权利集体管理组织或代表组织在每年 3 月 31 日前另有约定，否则应适用第（6）款规定的分配比例。

（8）作者和根据新著作权法第 12 条第（3）款规定的合同有权获得份额的出版商，只能通过其权利集体管理组织行使获得报酬的权利。其仅能在应得份额范围内有权放弃费用，且这种放弃仅在费用分配日期后生效，但根据新著作权法第 12 条第（3）款达成协议的除外。

第 22 条

（1）从事第 20 条所述空白视频和音频媒体生产或第 21 条所述设备制造的人、免关税进口此类媒体的人，或者首次将此类媒体投入商业流通的人，以及根据法律规定支付此类视频和音频媒体进口关税的人，有义务在每个日历月的第十日前或最晚在第 20 条第（2）款规定的付款期限内，向权利集体管理组织告知其投入市场数量或进口数量以及视频和音频媒体或设备种类。著作权集体管理组织有权要求提供有关市场数据和购买来源的额外信息。此

---

❶ 根据 2016 年第 93 号法案第 177 条予以设立，自 2016 年 7 月 28 日起生效。

外，著作权集体管理组织有权要求复制设备的经营者提供必要信息，以确定适当比例的费用。❶

（2）未遵守或即使部分遵守第（1）款规定的提供信息和数据披露义务的，除应付费用外，还必须缴纳一笔定额费用以支付著作权集体管理组织的额外支出。定额费用的金额与应付费用相同。

发行权

第23条

（1）作者有自行发行并授权他人发行作品的专有权利。通过投入市场或要约投入市场，使公众能够获取作品的原件或复制件的，视为发行。

（2）发行行为包括转让著作权作品复制件的所有权、租赁作品复制件，以及为经营之目的进口作品复制件。占有人知道或在特定情况下已尽到合理注意义务且有合理理由知道作品是非法制作的，为商业目的保留非法作品复制件的行为侵犯发行权。❷

（3）发行权亦适用于向公众出借作品的复制件。作品包含在录音制品中的作者应根据第78条第（2）款行使权利。此外，电影作品作者只能通过权利集体管理组织行使这些权利，他们有权在应得份额的范围内放弃费用，且此类放弃只能在费用分配日期后生效。❸

（4）在建筑、实用艺术和工业设计中，通过租赁进行分配的权利仅涉及规划和设计。

（5）如果权利人或其他经正式获授权人通过出售或以其他任何方式转让作品所有权，从而将作品复制件投入欧洲经济区境内流通的，则不能再对上述投放市场的作品复制件行使发行权，但租赁、出借和进口权除外。❹

（6）如果作者将电影作品或录音制品中的作品的租赁权转让给录音制品或电影作品的制作者，或者作者以其他方式授权制作者行使该项权利的，作者仍有权要求录音制品制作者或电影作品制作人支付适当费用，作为通过租

---

❶ 根据2003年第102号法案第56条予以修订，应与颁布匈牙利加入欧盟条约的法案同时生效。根据2005年第165号法案第19条予以修订，自2006年1月1日起生效。可适用于此日期之后开始的诉讼程序。

❷ 根据2003年第102号法案57条第（1）款予以修订，应与颁布匈牙利加入欧盟条约的法案同时生效。

❸ 根据2008年第112号法案第3条予以设立，自2009年1月2日起生效。

❹ 根据2004年第69号法案第7条第（1）款予以设立，自2004年7月10日起生效。

赁方式发行作品的回报。尽管作者无权放弃此费用，但作者只能通过著作权集体管理组织行使其费用主张权利。❶

（7）已废除。❷

第 23A 条❸

（1）关于文学作品和以乐谱印刷的音乐作品是通过图书馆以公共借阅的方式发行的，作者和作曲家应根据借阅情况获得合理报酬。

（2）上述费用应由有资质的权利集体管理组织确定，并在年度使用费报表中公布，不得超过有关主管文化事务部部长（以下简称"部长"）控制预算的特别立法章节中规定的金额。

（3）作者有权仅通过其权利集体管理组织行使其报酬主张权利，并有权在应得金额范围内放弃费用，且放弃仅在费用分配日期后生效。

（4）图书馆应在次年首个日历季度末，向相关权利集体管理组织和部长提供第（1）款所述作品复制件的识别数据，以确定费用金额和费用分配，以及当年借阅的数量。计算和分配费用所需的数据类型以及需要遵守此规定的图书馆应在其他具体立法中规定。

（5）上述费用应根据借阅量进行分配，并应在下一日历年的 11 月 1 日支付。❹

公开表演权

第 24 条

（1）作者享有公开表演作品和授权他人公开表演作品的专有权利。表演指让在场的人感知到作品。

（2）表演具体包括以下内容：

a）以现场表演的方式向观众表演作品，如舞台表演、音乐会、朗诵和朗读（以下简称"现场表演"）；

---

❶ 根据 2011 年第 173 号法案第 43 条第（1）款予以修订，自 2012 年 1 月 1 日起生效。

❷ 根据 2008 年第 112 号法案第 30 条第（2）款予以废除，自 2009 年 1 月 2 日起不再生效。

❸ 根据 2008 年第 112 号法案第 4 条予以颁布，自 2009 年 1 月 2 日起生效。应在 2010 年 12 月 31 日之后支付关于作品公共借阅的费用。计算和分配费用所需的数据类型自 2011 年 1 月 1 日起收集，2012 年首次根据该数据进行分配费用。

❹ 根据 2012 年第 196 号法案第 5 条予以设立，自 2013 年 1 月 1 日起生效。

b）通过任何技术手段或方法使作品可被感知，如放映电影作品，或放大向观众广播或传播（在特定复制件上）的作品的声音，并在屏幕上放映。

（3）在公众可进入地点或除作者的家人、朋友和熟人以外其他人聚集的任何地方进行表演的，均被视为公开表演。❶

第 25 条

（1）公开表演之前出版的音乐或文学作品的授权以及由此支付的费用，应在使用人和代表作者、作曲者和作词者的权利集体管理组织签订的协议中确定，但权利人根据新著作权法第 18 条第（1）款规定提出异议的除外。❷

（2）已废除。❸

（3）第（1）款规定不适用于供舞台表演的文学作品和戏剧音乐作品的场景或章节，也不适用于技术文献或参考书目，以及范围更广的不适用于舞台表演的作品（如小说）。❹

（4）在第（1）款规定的情形下，使用人必须事先报告计划用途和已经开始的使用。第（1）款规定的著作权集体管理组织有权在现场检查使用情况。❺

（5）现场表演权的使用费（酒店行业音乐服务的使用费除外）必须在表演后 3 日内支付。在其他情况下，必须通过支付优先购买权费用，以提前获得至少一个季度的使用权，或在较短的季节性运营情况下，提前获得整个运营期间的使用权。

（6）如果使用人不履行第（4）款规定的报告义务，且著作权集体管理组织在检查过程中才了解其使用情况的，除应付费用外，还必须支付一笔定额费用以支付著作权集体管理组织产生的检查费用。该定额费用数额应与应付费用相同。

---

❶ 根据 2005 年第 165 号法案第 20 条予以设立，自 2006 年 1 月 1 日起生效。可适用于在此日期之后开始的程序。

❷ 根据 2016 年第 93 号法案第 178 条予以设立，自 2016 年 7 月 28 日起生效。

❸ 根据 2003 年第 102 法案第 89 条予以废除，不再生效。应与颁布匈牙利加入欧盟条约的法案同时生效。

❹ 根据 2003 年第 102 法案第 58 条第（2）款予以设立，应与颁布匈牙利加入欧盟条约的法案同时生效。

❺ 根据 2004 年第 69 号法案第 7 条第（2）款予以设立，自 2004 年 7 月 10 日起生效。

向公众传播作品的权利

第 26 条

（1）作者享有通过广播向公众传播其作品并授权他人传播的专有权利。广播是指在不通过电缆或其他类似手段的情况下传播声音、图像和声音或实现其技术表现形式，使作品在一定距离内为公众所感知。

（2）如果广播节目能被公众直接接收，卫星传播也被视为广播作品。如果节目信号在广播或电视组织负责并控制下被传输到卫星，然后不间断地传输回地球供公众接收的，通过卫星传播的节目被视为公众可以直接接收的节目。通过卫星向公众进行的传播行为应仅在欧洲经济区成员国进行，在该区域，在广播组织的控制和负责下，承载节目的信号被引入通向卫星和通向地球的不间断传播链中。就上述规定而言，在非欧洲经济区协定缔约方的国家通过卫星向公众传播的，应适用欧盟理事会第 93/83/EEC 号指令第 1 条第（2）款 d）项关于协调适用于卫星传播和电缆转播的著作权和邻接权的相关规定。❶

（3）广播也包括编码广播，只有根据与原始广播或电视组织签订的协议，通过从其获得的设备（解码器），或经过组织同意从他处获得的设备（解码器）启用节目信号后，才可被公众直接接收。原始广播或电视组织及使用解码器向公众传播的组织对该等使用承担连带责任。❷

（4）广播作品还包括以下情况：广播节目信号由向公众传输的组织进行编码，公众成员根据与该组织的单独协议，仅能通过从组织或组织许可的其他地方获得的解码器感知作品。

（5）每当节目信号以任何方式被修改，而将访问限制在更小的公众范围内，则该广播就是被编码的。

（5a）广播还应包括由广播或电视广播组织以外的组织（以下简称"可公开访问的组织"）向公众提供使用载有原始广播或电视广播组织的节目信号，其方式为广播或广播电视广播组织仅向可公开访问的组织开放其节目信号（以下简称"直接传输"），而不同时将该等节目信号直接提供给公众。此类使用应被解释为向公众传播的单一行为。除原始广播或电视组织外，可公

---

❶ 根据 2004 年第 69 号法案第 7 条第（2）款予以设立，自 2004 年 7 月 10 日起生效。
❷ 根据 2011 年第 173 号法案第 29 条予以设立，自 2012 年 1 月 1 日起生效。

开访问的组织也应获得向公众传播的使用权，前提是其不仅仅提供使用的技术手段。可公开访问组织仅提供使用的技术手段的，广播或电视广播组织应获得使用权。❶

（6）能够重复播放的录音需要获得作者的特别许可。每次使用录音都必须支付费用。

（7）有关广播的规定必须适当地适用于通过电缆或其他类似手段，或其他类似方式，向公众传输自有节目的行为。

（8）作者还享有以广播或第（7）款规定以外的方式向公众传播作品的专有权利，且享有授权他人从事上述行为的专有权利。该权利尤其适用于通过电缆或以任何其他手段，或以任何其他方式向公众提供作品的情形，公众成员可以自行决定访问作品的时间和地点。

（8a）如果广播或电视广播组织在辅助在线服务的范围内向公众提供广播节目、关于日常事件和时事问题的电视新闻节目、完全利用其自身资源制作的电视节目，则这种按需提供的方式以及提供节目所必需的复制行为应被解释为只在该组织有主要营业地的欧洲经济区成员国内进行。除广播组织的节目外，本款不适用于体育赛事和包含作品的节目。❷

（8b）第（8a）款规定的辅助在线服务是指实现第（8）款规定用途的在线服务，包括由广播或电视广播组织将其控制和负责的电视或广播节目，在由广播组织进行广播的同时或一段规定时间内向公众提供，以及在点播服务中向公众提供此类广播的辅助材料。❸

（9）在确定为第（8a）款所述用途授权许可的报酬时，应特别考虑额外的在线服务的所有特点，包括提供服务的时间、覆盖的受众和可用的语言版本。本规定不应排除根据广播组织的收入来计算报酬的方式。*

第 27 条❹

（1）授权广播已出版的音乐或文学作品，但不包括使用供舞台表演的文学作品和戏剧音乐作品或其场景和片段、技术文献或参考书目和范围更广的不用于舞台表演的作品（如小说），以及为该等用途支付的费用金额，应在使用者和

---

* 第 25 条第（9）款为匈牙利著作权法匈牙利语版本新增内容。——译者注
❶❷❸ 根据 2021 年第 37 号法案第 3 条第（1）款予以颁布，自 2021 年 6 月 1 日起生效。
❹ 根据 2003 年第 102 号法案第 60 条予以设立，应与颁布匈牙利加入欧盟条约的法案同时生效。

代表有关作者、作曲者和作词者的权利集体管理组织之间的协议中确定。❶

（2）如果通过卫星进行广播，则第（1）款应适用于以下情况：

a）通过同一广播或电视组织向公众同步播送地面广播；以及

b）权利人未根据新著作权法第18条第（1）款提出异议。❷

（3）授权使用已出版的非戏剧音乐作品及其歌词，但不包括戏剧音乐作品或其中的场景和片段，以及此类戏剧音乐作品中的场景［此类使用受第26条的规制，第（1）款和第（2）款中规定的除外］，为上述使用支付的费用，应在使用人与代表相关作曲者和作词者的权利集体管理组织所签订的协议中确定，除非权利人根据新著作权法第18条第（1）款之规定提出异议。❸

第28条

（1）就已经通过广播向公众传播的作品，作者享有转播（通过广播）及授权他人转播的专有权利。

（2）作者有权授权通过电缆或其他方式同时不加修改和不加删节地转播（由原作者以外的组织参与的）最初通过有线或其他方式传播的供公众接收的电视或广播节目，但转播必须在受控制的环境下进行，而且最初向公众传播的行为是通过公开的互联网接入以外的方式进行的。❹

（2a）在第（2）款中，受控制的环境，指转播服务运营商向授权用户提供安全转播的环境。❺

（3）权利人只能通过著作权集体管理来行使第（2）款所述之权利。其只有在应得份额范围内才有权放弃其费用，且放弃只能在费用分配之日后生效。费用由负责文学和音乐作品的著作权集体管理组织依照其他权利人所在的权利集体管理组织确定。传播组织应当向文学和音乐作品著作权集体管理组织支付费用。❻

（4）电影作品制片人有权获得扣除成本后剩余所收费用的13%；电影制作人有权获得19%；美术家、实用艺术家和摄影师有权获得3%；电影编剧

---

❶ 根据2016年第93号法案第179条第（1）款予以设立，自2016年7月28日起生效。

❷ 根据2016年第93号法案第179条第（2）款予以设立，自2016年7月28日起生效。

❸ 根据2016年第93号法案第179条第（3）款予以设立，自2016年7月28日起生效。

❹ 根据2021年第37号法案第4条第（1）款予以设立，自2021年6月1日起生效。

❺ 根据2021年第37号法案第4条第（2）款予以颁布，自2021年6月1日起生效。

❻ 根据2003年第102号法案第61条予以设立，应与颁布匈牙利加入欧盟条约的法案同时生效。

有权获得 14%；作曲者和作词者有权获得 15.5%；表演者有权获得 26.5%；录音制品制作者有权获得 9%，除非相关著作权集体管理组织在每年 3 月 31 日前另有协议。❶

（5）文学或音乐作品著作权集体管理组织将向权利人的著作权集体管理组织转给应付给其不代表的作品类型的作者和著作权所有人的费用，以及应付给表演者和录音制品制作者的费用。❷

（6）转播匈牙利公共媒体服务提供商（广播或电视组织）的节目中播送的作品，以及转播通过电缆或其他方式传播的作品所需支付的费用必须由媒体服务支持和资产管理基金支付，且应由基金管理者提供。❸

（7）第（3）款不适用于广播或电视广播组织的自有节目［第 80 条第（1）款］。❹

改编权

第 29 条

作者享有改编其作品并授权他人改编的专有权利。改编包括对作品的翻译、舞台或音乐改编以及电影改编；以及对电影作品的改编和对作品进行的任何形式的修改，由此产生了与原作不同的作品。

职务作品

第 30 条

（1）在无任何相反协议的情况下，如作品的准备工作是作者职务范围内的义务，则作为作者合法继受人的雇主在作品移交后即获得财产权。

（2）以雇主名义合法继受的，按照第（1）款规定获得的财产权将转让给雇主的合法继受人。

（3）如果雇主授权第三人使用作品或将与作品相关的财产权转让给第三人，作者有权获得适当的报酬。

（4）即使是在雇主获得权利的情况下，作者也有权获得根据本法转让使用权后应得的报酬。

（5）如果作品的准备工作是作者在其职务范围内的义务，交付作品应视

---

❶❷ 根据 2003 年第 102 号法案第 61 条予以设立，应与颁布匈牙利加入欧盟条约的法案同时生效。

❸ 根据 2010 年 185 号法案第 227 条第（11）款予以设立，自 2011 年 1 月 1 日起生效。

❹ 根据 2021 年第 37 号法案第 4 条第（3）款予以颁布，自 2021 年 6 月 1 日起生效。

为同意作品的出版。如果作者发表声明撤回作品（第11条），雇主有义务将作者的姓名从作品中删除。同时，如果雇主利用其作为雇主的权利修改作品，而作者不同意这些修改，则必须删除作者的姓名。❶

（6）作者就在其职务范围内，因履行其义务创作的职务作品所作的法律声明，必须以书面形式作出。

（7）如果作品是由从事公共服务、政府服务或公务员职务关系、税务和海关当局职务关系或服务法律关系中的任何人员创作，或由在准雇佣关系范围内雇用的合作社成员创作的，则应比照适用关于因作者在其雇佣范围内履行其义务而创作的雇佣作品的规定。❷

著作权保护期

第 31 条

（1）作者的著作权在其有生之年和死亡后70年内受到保护。

（2）70年的保护期从作者死亡后次年首日开始计算，如果是合作作品，则从最后一名作者死亡后次年首日开始计算。❸

（3）如果作者身份无法确认，著作权保护期应为70年，从作品首次公开的次年首日开始计算。但是，如果作者在此期间内表明了自己身份，则应按照第（2）款计算著作权保护期。

（4）如果作品分多个部分发表，则必须分别考虑每部分首次发表的年份。

（5）合作作品的著作权保护期为70年，自该作品首次发表后次年首日开始计算。

（6）电影作品的保护期应从以下最后死亡的人员死亡后次年首日开始计算，无论这些人是否被指定为共同作者：导演、剧本作者、台词作者和专为电影作品创作音乐的作曲者。❹

（7）如作品保护期无须从作者或最后死亡的合作作者死亡后次年首日开始计算，且作品未在创作次年首日起的70年内发表，则该作品此后不能获得著作权保护。

---

❶ 根据 2003 年第 102 号法案第 89 条予以修订，应与颁布匈牙利加入欧盟条约的法案同时生效。

❷ 根据 2016 年第 64 号法案第 40 条予以设立；根据 2018 年第 115 号法案第 32 条、2018 年第 125 号法案第 311 条和 2020 年第 152 号法案第 23 条予以修订。

❸ 根据 2013 年第 16 号法案第 36 条第（1）款予以设立，自 2013 年 1 月 11 日起生效。

❹ 根据 2013 年第 16 号法案第 36 条第（2）款予以设立，自 2013 年 1 月 11 日起生效。

第 32 条

任何人在著作权保护期或第 31 条第（7）款规定的期限届满后，合法发表以前未发表的作品，有权获得与作者的财产权相同的法律保护。该保护期为 25 年，自首次发表后次年首日开始计算。

第 4 章　免费使用和著作权限制
一般规定

第 33 条

（1）属于免费使用范围内的作品可以无偿使用，使用无须作者授权。只有已公开的作品才能根据本法的规定免费使用。

（2）即使根据有关免费使用的规定，仅在不影响作品的正常使用且未不合理地损害作者的合法权益的情况下，才允许无偿使用作品。此外，如果使用得体且使用目的与免费使用目的相一致，则允许免费使用。

（3）关于免费使用的规定不能作宽泛性解释。

（4）除非法律另有规定，任何排除或限制免费使用的合同或单方行为均为无效，包括就此种使用向作者提供了适当报酬的情况。❶

第 33A 条❷

（1）就本法而言：

1. "出于学术教育目的的使用"，指根据幼儿园、小学、中学教育，职业培训机构的专业教育，基础艺术学校或高等教育法涵盖的高等教育机构的高等教育课程或教学要求实施的使用；

2. "文化遗产机构"，指向公众开放的公共图书馆或博物馆、档案馆、图片和录音制品的公共收藏机构；

3. "教育机构"，指出于学术教育目的的使用作品的公共教育、职业培训和高等教育机构。

（2）就本章而言：

1. "安全电子网络"，指一种技术解决方案，旨在阻止学校教育工作者和

---

❶　根据 2021 年第 37 号法案第 5 条予以设立，自 2021 年 6 月 1 日起生效。
❷　根据 2021 年第 37 号法案第 6 条予以设立，自 2021 年 6 月 1 日起生效。

终端用户以外的其他人点播作品；

2. "研究组织"，指研究机构、大学（包括其图书馆），以及能够开展研究的实体（如研究实验室和医院），或任何以进行科学研究或开展涉及科学研究的教育活动的其他个人或组织（包括与研究组织签订合同的研究人员）：

a）以非营利为基础，或将其税后利润再投资于其科学研究；或

b）执行公共利益相关任务，

在此情况下，对该组织行使多数控制权的个人或组织不能优先获得此等科学研究产生的成果。

3. "文本和数据挖掘"，指任何旨在以数字形式分析文本和数据以获取信息的自动分析技术。

免费使用的情形

第 34 条

（1）任何人都有权在忠于原作的情况下，并接受作品的特点和目的所允许的范围内，引用作品的部分内容，但必须注明作品来源和作者。

（2）文学或音乐作品的某些部分、已公开发行的电影或此类性质的小型独立作品，美术作品、建筑作品、实用艺术和设计作品的图片，以及摄影作品，均可用于教育机构的教学中的插图和科学研究目的，但需注明来源和其中指定的作者且在合理范围内使用，所产生作品不得用于商业用途。任何作品在另一作品中的使用超过引用或引述的限度将构成借用。❶

（3）以下情况不需要作者授权：❷

a）用于复制和发表第（2）款所述的接受作品，如果接受作品根据相关法律被宣布为教科书或教师手册，且标题页上注明了学术目的；和/或❸

b）将第（2）款所述的接受作品用于学校教育［第33A条第（1）款第1点］，在教育场所以数字形式，通过电子手段或通过安全电子网络向公众提供。❶

（3a）第（3）款b）项下的使用应被解释为在接受教育机构所在成员国

---

❶ 根据 2008 年第 112 号法案第 5 条第（1）款予以设立，自 2009 年 1 月 2 日起生效。

❷ 根据 2020 年第 58 号法案第 324 条第（1）款予以设立，自 2020 年 6 月 18 日起生效。

❸ 根据 2021 年第 37 号法案第 32 条第 1 点予以修订。

❶ 根据 2021 年第 37 号法案第 32 条第 2 点予以修订。

发生的［第 33A 条第（1）款第 3 点］。❶

（3b）第（3）款 b）项不适用于乐谱的使用。❷

（4）作品可被改编为教学插图以供学校使用，包括通过安全电子网络使用。改编须经原始作品作者的授权，但在学校教育范围内的讲座和第（3）款 b）项所述用途除外。❸

第 34A 条❹

（1）任何人都可以使用作品：

a）出于批评或评论等目的，但须注明来源，包括作者姓名；和/或

b）出于引用、讽刺、戏仿或刻意模仿等目的，以表达幽默或嘲讽。

（2）就第（1）款所述的使用而言，引用原始作品应在达到目的的合理范围内，并受例外情况或限制的制约。

第 35 条

（1）任何自然人都有权为私人目的复制作品，如果此类活动既不直接也不间接产生更多的收入且只要相关作品是合法获取的。本条规定不适用于建筑作品、技术结构、软件、计算机操作的数据库以及在视频或音频媒体上录制作品的公开表演。即使在本条第（4）款 b）项至 d）项所述情况下，也不得出于私人目的通过复印［第 21 条第（1）款］的方式复制乐谱。❺

（2）已废除。❻

（3）已废除。❼

（4）如果文化遗产机构［第 33A 条第（1）款第 2 点］和教育机构［第 33A 条第（1）款第 3 点］不为营利活动或不以直接、间接产生更多收入为目的，则可复印作品，并且：❽

a）如果该复制件是科学研究或存档所必需的；

❶ 根据 2021 年第 37 号法案第 7 条第（1）款予以设立，自 2021 年 6 月 1 日起生效。
❷ 根据 2021 年第 37 号法案第 7 条第（2）款予以颁布，自 2021 年 6 月 1 日起生效。
❸ 根据 2020 年第 58 号法案第 324 条第（3）款予以设立；根据 2021 年第 37 号法案第 32 条第 3 款予以修订。
❹ 根据 2021 年第 37 号法案第 8 条予以设立，自 2021 年 6 月 1 日起生效。
❺ 根据 2021 年第 37 号法案第 9 条第（1）款予以设立，自 2021 年 6 月 1 日起生效。
❻❼ 根据 2021 年第 37 号法案第 33 条第 1 点予以废除，自 2021 年 6 月 1 日起生效。
❽ 根据 2021 年第 37 号法案第 9 条第（2）款予以设立，自 2021 年 6 月 1 日起生效。

b）如果该复制件是为公共图书馆所用或为第 38 条第（5）款所指明用途而制作的；

c）如果该复制件是以内部使用为目的，根据已经发表的作品或报纸、期刊文章的较小部分制作的；或

d）如果该复制件需要用于学术教育目的。

（4a）文化遗产机构可以自由分发：❶

a）为第（4）款 a）项所述之目的，为研究组织和其他文化遗产机构制作的复制件；

b）为第（4）款 d）项所述之目的，为教育机构制作的复制件［第 33A 条第（1）款 3 项］；

此种方式不为营利活动或不以直接、间接产生更多收入为目的。

（5）已发表为图书、报纸和期刊文章的部分，可出于教育目的进行复制，其复制数量需与同一组或一个班级的学生人数相当，并可用于公共教育、职业培训，和/或等教育的考试，且可向学生及相关学者分发，也可出于解释说明目的通过教育机构的安全电子网络向其提供。❷

（6）对作品的临时（辅助或暂时）复制被视为免费使用，前提是临时复制是为达到使用目的所需的技术过程中不可分割的一部分，且如果临时复制本身无经济意义，唯一目的是允许以下行为：❸

a）通过服务提供商的网络在其他人之间传输；或

b）经权利人同意或根据本法规定使用作品。

（7）免费使用包括广播或电视广播组织对作品进行的临时录制，以使作品可以合法用于播出自己的节目。除非广播权合同另有规定，否则该录制品必须在制作之日起 3 个月内被销毁或删除。但是，在这些录制品中，其他法律中规定的具有特殊文献价值的录音可在公共图片和录音档案机构中保存任意时长。❹

（8）第（1）款、第（4）款、第（5）款和第（7）款规定的免费使用

---

❶ 根据 2021 年第 37 号法案第 9 条第（3）款予以颁布，自 2021 年 6 月 1 日起生效。

❷ 根据 2020 年第 58 号法案第 325 条予以设立，自 2020 年 6 月 18 日起生效。

❸ 根据 2003 年第 102 号法案第 63 条第（3）款予以设立，应与颁布匈牙利加入欧盟条约的法案同时生效。

❹ 根据 2003 年第 102 号法案第 63 条第（4）款予以颁布，应与颁布匈牙利加入欧盟条约的法案同时生效。

情况不得影响第 20 条至第 22 条的适用。❶

第 35A 条❷

（1）免费使用应包括为对作品进行文本和数据挖掘而进行的复制，如果：

a）其有权合法使用作品；

b）权利人未明确反对以适当方式免费使用，例如在网上公开提供的内容中采取机读的方式使用；以及

c）文本和数据挖掘所需的复制件将根据挖掘的需要保存。

（2）免费使用应包括研究机构和文化遗产机构［第 33A 条第（1）款第 2 点］出于科学研究之目的，对作品进行文本和数据挖掘而制作复制件，前提是：

a）使用作品之人有权合法接触所使用的作品；

b）在免费使用的范围内，制作的作品复制件以适当安全级别存储；以及

c）可为科学研究目的而保存。

（3）经授权的用户可以提供对根据第（1）款和第（2）款复制的复制件的访问权：

a）在相关研究合作的范围内；或

b）对科学工作进行专业评估，按照要求，向封闭用户群体提供服务，前提是不用于营利活动或不直接或间接产生更多收入。仅可在本条规定的目的和期限内向公众传播。

第 36 条

（1）公开讲座和其他类似作品及政治演讲的部分内容可在为此目的的合理范围内免费用于信息服务。在这种情况下，除非证明不可能，否则必须注明来源和作者姓名。发表此类作品集应获得作者的同意。❸

（2）日常事件和当前经济或政治问题的文章，以及关于这些主题的广播作品，可在报道里免费引用并向公众传播，包括向公众开放［第 26 条第（8）

---

❶ 根据 2003 年第 102 号法案第 63 条第（4）款予以颁布，应与颁布匈牙利加入欧盟条约的法案同时生效。

❷ 根据 2021 年第 37 号法案第 10 条制定予以设立，自 2021 年 6 月 1 日起生效。

❸ 根据 2003 年第 102 号法案第 64 条第（1）款予以设立，应与颁布匈牙利加入欧盟条约的法案同时生效。

款], 但前提是作者未明确禁止此类使用。在此情况下, 必须注明来源和作者姓名。❶

(3) 任何类型的美术、摄影、建筑、实用艺术或工业设计作品都可以用作视听媒体服务中的布景或舞台设施。在此情况下, 注明作者姓名是非强制性的。❷

(4) 为在视听媒体服务中使用以布景或服装为目的创作的作品, 则必须有作者授权, 且注明作者姓名。❸

(5) 在有艺术品经销商参与的公开展览或出售有价值的原创艺术品的情况下, 如果此类活动不以任何方式或形式产生或增加收入为目的, 可以为宣传艺术作品的公开展览或出售而免费复制和分发有关艺术品, 但以宣传活动的所需程度为限。第 70 条第 (2) 款和第 (3) 款应适用于艺术品原件和艺术品经销商的定义。❹

第 37 条❺

只要注明来源, 包括作者姓名, 就可以获取信息为目的免费使用时事报道, 除非证明不可能注明来源及作者姓名。

第 38 条

(1) 如果表演不以产生或增加收入为目的, 即使是间接收入, 且参与者未获得报酬, 则可以在以下情况表演作品:

a) 业余艺术团体根据已发表的剧本或合法使用的手稿表演戏剧作品, 前提是不违反任何国际条约;

b) 用于教育目的和用于学校庆祝活动;

c) 属于社会关怀和照顾老人的范围内;

d) 已废除;❻

---

❶ 根据 2003 年第 102 号法案第 64 条第 (2) 款予以设立, 应与颁布匈牙利加入欧盟条约的法案同时生效。

❷❸ 根据 2003 年第 102 号法案第 64 款第 (2) 款编号修订, 应与颁布匈牙利加入欧盟条约的法案同时生效; 根据 2010 年第 185 号法案第 226 条第 (5) 款 2 项予以修订, 自 2011 年 1 月 1 日起生效。

❹ 根据 2011 年第 173 号法案第 30 条予以颁布, 自 2012 年 1 月 1 日起生效。

❺ 根据 2003 年第 102 号法案第 65 条予以设立, 应与颁布匈牙利加入欧盟条约的法案同时生效。

❻ 根据 2013 年第 159 号法案第 27 条 a) 项予以废除, 自 2013 年 10 月 25 日起不再生效。

e）在宗教团体的宗教仪式和教会庆典上；❶

f）供私人使用或偶尔在私人活动中使用。

（1a）如果表演不以产生或增加收入为目的，即使是间接收入，可在国家法定假日举行的庆祝活动期间表演作品。❷

（2）对使用人（例如商店、娱乐机构）而言，作品的使用可增加经常光顾该场所的人数，或者可用于招待来访顾客以及其他顾客的，则使用旨在增加收入。特别要将入场费视为创收，即使它有不同的名称。超过与演出相关的实际和担保成本的补偿被视为报酬。

（3）已废除。❸

（4）经济组织或事实上的经济组织专门为其成员、官员和雇员举行的会议被视为私人会议。

（5）在没有相反使用协议的情况下，文化遗产机构［第33A条第（1）款第2点］收藏的作品和教育机构［第33A条第（1）款第3点］的作品可在此类机构内安装和操作的计算机终端屏幕上显示，供公众进行科学研究或学习，并可按照其他法律规定的方式和条件，为此目的向上述公众免费传播，包括向社会公众开放，条件是不得用于营利活动或直接或间接产生更多收入。❹

第39条❺

国家图书馆有权不受限制地出借作品。本规定不适用于软件和计算机操作的数据库。

第40条❻

在免费使用范围内复制的复制件（除馆际交换外，也不包括第36条第（5）款所规定的复制件）未经作者授权不得发行。

第41条

（1）免费使用的范围应当包括专门为残障人士的利益，与残障人士直接

---

❶ 根据2013年第133号法案第85条予以设立，自2013年1月8日起生效。
❷ 根据2013年第159号法案第15条予以颁布，自2013年10月25日起生效。
❸ 根据2011年第133号法案第43条第（2）款予以废除，自2012年1月1日起不再生效。
❹ 根据2021年第37号法案第11条予以设立，自2021年6月1日起生效。
❺ 根据2008年第112号法案第7条予以设立，自2009年1月2日起生效。
❻ 根据2011年第173号法案第31条予以设立，自2012年1月1日起生效。

相关且非商业性质的使用，但应符合特定残障人士的要求。❶

（1a）第（1）款规定的免费使用特别包括以下情况：❷

a）作品的无障碍格式复制件专门为有阅读障碍的受益人使用而制作，无论是为受益人自己或代表受益人的个人或获授权的实体使用，前提是无障碍格式复制件的制作人合法获得作品；

b）获授权实体为有阅读障碍的受益人或其他获授权实体之利益，将无障碍格式复制件向公众发行、传播或提供，包括使公众可在个人选择的地点和时间获取这些复制件。

（1b）在匈牙利设立的获授权实体可以为有阅读障碍的受益人或在欧盟任何成员国设立的其他获授权实体免费实施第（1a）款 b）项提及的行为。❸

（1c）在匈牙利设立的获授权实体和有阅读障碍的受益人可从在欧盟任何成员国设立的其他获授权实体免费获得无障碍格式复制件。❹

（1d）第（1a）款至第（1c）款所述的免费使用应适用于以书面形式或其他形式的注释［第（1）款 a）项和第18条第（2）款］在任何媒体上（包括音频形式和数字形式）发表的任何作品，包括相关插图。❺

（1e）第（1）款至第（1d）款规定的排除或限制免费使用的合同条款应视为无效。❻

（1f）制作无障碍格式复制件且使其实现无障碍所需的更改，不得超过预期目的的合理范围。❼

（1g）第（1a）款至第（1c）款所述获授权实体和有阅读障碍受益人的定义，以及关于无障碍格式作品免费使用的详细规定，以及维护授权实体、无障碍格式作品和受相关权利保护客体的登记册并向欧盟委员会提供信息的中间机构的指定和职责，应由政府颁布。❽

（2）作品可以适当的方式和程度，基于证据提供之目的在法院、行政和其他官方程序中使用。❾

（3）出于立法原因，议会和议员可以符合目的的方式和程度，在开展相关活动时使用作品，前提是此类使用不以营利活动为目的，不以任何方式或

---

❶ 根据 2018 年第 56 号法案第 1 条第（1）款予以设立，自 2018 年 10 月 10 日起生效。

❷❸❹❺❻❼❽ 根据 2018 年第 56 号法案第 1 条第（2）款予以颁布，自 2018 年 10 月 10 日起生效。

❾ 根据 2009 年第 56 号法案第 207 条予以修订，自 2009 年 1 月 10 日起生效。此更改不影响英语版本。

形式产生或增加收入。❶

第4A 章❷ 孤儿作品的使用❸
一般规定❹

第41A 条❺

（1）如果不能确定作品或相关权利保护客体的权利人，或者即使确定了其中的一个或多个权利人，尽管已经进行勤勉检索也没有找到权利人，则该作品或相关权利保护客体（在本章中称为"客体"）应被视为孤儿作品。

（2）在进行勤勉检索权利人时，至少应根据作品类别或题材，酌情使用法令中关于孤儿作品使用细则规定的信息来源。如果进行的检索显然无法提供定位相关权利人可能需要的额外信息，则可以排除特定信息来源。❻

（3）勤勉检索应在作品或客体首次公开的国家进行。❼

（4）作为对第（3）款的补充，对电影或视听作品进行的勤勉检索，应在制片人的总部所在地或经常居住地的国家进行。

（5）在第41F 条第（3）款所述的情况下，对权利人勤勉检索的工作应在匈牙利进行。

（6）如果对权利人的勤勉检索显示，在另一个国家也可以找到关于权利人的基本信息，检索也应参照该国可获得的信息来源进行。

（7）如果一件作品或客体中有多个权利人，但并非所有权利人均已识别，或即使已识别但未能找到，则该作品或客体可在得到这些权利人授权的情况下使用。

（8）作品或客体的权利人可随时终止孤儿作品状态，并有权就进一步使用行使其权利。

（9）本章规定不适用于与许可相关的权利属于权利集体管理范围的情况。❽

---

❶ 根据 2014 年第 14 号法案第 83 条予以颁布，自 2014 年 3 月 4 日起生效。
❷❸❹❺ 根据 2013 年第 159 号法案第 16 条予以颁布，自 2014 年 10 月 29 日起生效。
❻ 根据 2021 年第 37 号法案第 12 条第（1）款予以设立，自 2021 年 6 月 1 日起生效。
❼ 根据 2018 年第 134 号法案第 11 条予以修订。
❽ 根据 2021 年第 37 号法案第 12 条第（2）款予以设立，自 2021 年 6 月 1 日起生效。

孤儿作品使用授权❶

第 41B 条❷

（1）匈牙利知识产权局（以下简称"知识产权局"）应为使用孤儿作品授权许可，并应根据使用方式和程度确定合理报酬。使用许可的最长期限为 5 年，适用于匈牙利全境是非排他性的，不可转让，且无权授予额外许可或改编相关作品（第 29 条）。

（1a）第（1）款所述请求由建筑物的所有者提交的构成建筑作品：❸

a）许可证还可涵盖有关建筑作品的改编（第 29 条）；

b）在合理的情况下，许可证可以延长一次，延长期限为原许可证的期限，但不超过 5 年。

（1b）使用权授权申请应包含：❹

a）申请人及代表（如适用）的姓名、家庭住址或注册登记地；

b）以电子方式以外的方式保持通信的，由申请人或申请人代表签字；

c）用于识别作品或客体的信息，具体是：❺

ca）作品或客体的名称、作者姓名；

cb）作品或客体首次发表的年份；

cc）如果可能，作者的出生和死亡年份；和

cd）权利人或所有权利人（如果有多个权利人）的姓名和家庭住址或经常居住地；

d）申请人和代表（如适用）的电子邮件地址或电话号码。

（1c）如果申请人或其代表需要以电子方式与主管部门保持沟通或希望以电子方式保持沟通，除第（1b）款规定的详情外，申请还应包含：❻

a）是自然人的，申请人和代表（如适用）的出生地址和出生日期以及母亲的姓名；

b）不是自然人的，申请人和代表的税号（如适用）。

（1d）主管部门有权获取和处理个人数据，这些数据包含在为识别或确定权利人而进行的勤勉检索所获得的证据中，并由申请人随申请附上，以及与

---

❶❷ 根据 2013 年第 159 号法案第 16 条予以颁布，自 2014 年 10 月 29 日起生效。

❸ 根据 2018 年第 134 号法案第 8 条予以颁布，自 2019 年 1 月 1 日起生效。

❹❻ 根据 2019 年第 34 号法案第 44 条第（1）款予以颁布，自 2019 年 4 月 26 日起生效。

❺ 根据 2018 年第 37 号法案第 13 条第（1）款予以设立，自 2021 年 6 月 1 日起生效。

已识别的权利人签订的使用合同。在其他方面，应当按照政府令关于孤儿作品使用的详细规定提交使用权授权申请。❶

（2）如果此类使用并非用于营利活动或没有以任何方式产生或增加收入，则第（1）款所述的费用应在识别或确定权利人后支付。如果此类使用用于营利活动，或以任何方式产生或增加收入，费用应存放在主管部门。费用必须在开始使用之前存入。

（3）如果权利人在使用许可期限内已被识别或确定，则主管部门应根据权利人或使用人的要求撤销该许可，自权利人被识别或确定之日起生效，前提是在许可期限届满后的剩余期间内，使用可持续至识别或确定权利人之日，但不得超过识别或确定权利人之日起一年。

（3a）撤销使用权的申请应包含：❷

a）申请人和代表（如适用）的姓名、家庭住址或登记注册地；

b）以电子方式以外的方式保持通信的，由申请人或申请人代表签字；

c）主管部门在使用许可中规定并存入的许可费金额与撤回决定中指明的金额之间的差额的退还信息。

（3b）如果申请人或其代表需要以电子方式与主管部门保持沟通或希望以电子方式保持沟通，除第（3a）款规定的详情外，申请还应包含：❸

a）是自然人的，申请人和代表（如适用）的出生地址和出生日期以及母亲的姓名；

b）不是自然人的，申请人和代表的税号（如适用）。

（4）第（3）款所述规定也适用于在识别或确定权利人之日已经作出充足和有效准备的情况，但在这种情况下，使用可以在确认或找到权利人之日存在的准备范围内开始并继续进行。

（5）权利人有权在使用许可终止时或撤销使用许可决议生效之日起5年内向使用人要求支付报酬；如果报酬已存入主管部门，则有权要求主管部门支付报酬。5年期满后，主管部门应将费用转交给管理与孤儿作品相关的其他权利的权利集体管理组织，如果没有此类机构，则转交给国家文化部。如果与孤儿作品有关的其他权利由一个以上的权利集体管理组织管理，它们应从费用中获得同等份额。国家文化部应分配其收到的使用费的份额，以改善文

---

❶ 根据2019年第34号法案第44条第（1）款予以颁布，自2019年4月26日起生效。

❷❸ 根据2019年第34号法案第44条第（2）款予以颁布，自2019年4月26日起生效。

化财产的使用。

（6）权利人对第（3）款至第（5）款规定的使用费数额有异议的，按照著作权法通过司法程序强制执行。

（7）根据第（1）款的要求启动的诉讼程序，须缴纳行政服务费。❶

（8）有关孤儿作品使用许可的详细规定，应在政府法令中规定。❷

第41C条❸

（1）根据本法所述的增减条款，第41B条规定的主管部门的相关程序应遵守一般公共行政程序法和电子交易信托服务一般规则法。❹

（2）一般公共行政程序法应适用于以下增减条款：❺

a）主管部门应根据申请人的陈述和介绍，审查申请范围内的事实，但可两次要求申请人纠正缺陷或作出解释；❻

b）不得在一站式政府窗口提交申请；

c）一般公共行政程序法第26条不适用；

d）一般公共行政程序法中有关宣布决议、诉讼管理人、简易程序、费用豁免和执行的规定不适用；

e）检察官不得根据检察机关法对主管部门的决定进行干预和采取行动；该主管部门的决定及其根据一般公共行政程序法独立上诉的裁决应由法院在第41D条规定的非诉讼程序中进行审查。

（3）除要求和提供信息、查阅文件外，在第41B条规定的诉讼程序中，所有通信均应以书面形式或通过电子方式进行，但须在身份验证前进行，条件是：从其他主管部门收到的客户资料变更通知不应视为书面要求，不得以短信方式索取或提供信息。在诉讼程序中，不允许通过短信进行通信。主管部门应提供查阅文件的机会，该等文件可根据请求进行检查，但须遵守实际在场的义务。

（4）主管检察官也可以援引审查主管部门的决定；布达佩斯首席检察官办公室对此类程序的启动享有专属管辖权。该主管部门也应将其决定送达布

---

❶❷ 根据2021年第37号法案第13条第（2）款予以设立，自2021年6月1日起生效。

❸ 根据2016年第121号法案第34条第（1）款予以设立，自2017年1月1日起生效。

❹ 根据2017年第50号法案第176条第a）款予以修订。

❺ 根据2017年第50号法案第175条第（1）款予以设立，自2018年1月1日起生效。

❻ 根据2018年第56号法案第2条予以修订，自2018年10月10日起生效。

达佩斯首席检察官办公室。

第 41D 条❶

（1）根据第 41C 条第（2）款 e）项的要求启动非诉讼程序的申请书应在决定送达后 30 日内提交给主管部门，主管部门应在 15 日内连同案件的文件转交给法院，但第（2）款适用的情况除外。❷

（2）申请书涉及基本法律问题的，应当在 30 日内提交书面陈述，连同申请书和案件材料一并提交法院。

（3）以下应在第（1）款所述申请的导言部分中说明：❸

a）受理法院的名称；

b）第 41B 条第（1b）款中指定的申请人身份资料，以及对方当事人的已知身份数据资料（如有）；和❹

c）第 41B 条第（1b）款至第（1c）款中指定的申请人法律顾问的身份资料，以及其注册送达地址。❺

（3a）申请书的正文部分应该说明以下事项：❻

a）申请所涉及决定的编号，以及申请所涉及决定的条款或内容；

b）明确要求法院对有争议的决定进行司法审查；和

c）撤销决定的原因，并阐明证实该请求的证据以及指明法律依据。

（3b）以下应在申请的结尾部分注明：❼

a）法院的权限和管辖权所依据的事实和具体的法律规定；

b）已缴纳的税款和支付方式，或在未支付部分诉讼费用的情况下，申请费用补贴；此外，如果根据法律免除关税，应列明基本事实和具体的法律规定；

c）授权代表的代理权所依据的事实和具体的法律规定；和

d）支持结尾部分所含事实的证据。

（4）如果第（1）款所述申请超过规定的期限提交，法院有权就任何延续申请作出决定。

---

❶ 根据 2013 年第 159 号法案第 16 条予以颁布，自 2014 年 10 月 29 日起生效。
❷ 根据 2017 年第 50 号法案第 176 条第 b）款、2018 年第 56 号法案第 7 条第 c）款予以修订。
❸ 根据 2017 年第 130 号法案第 42 条第（1）款予以设立，自 2018 年 1 月 1 日起生效。
❹❺ 根据 2019 年第 34 号法案第 44 条第（3）款予以设立，自 2019 年 4 月 26 日起生效。
❻❼ 根据 2017 年第 130 号法案第 42 条第（2）款予以颁布，自 2018 年 1 月 1 日起生效。

（5）在第 41C 条第（2）款 e）项规定的非诉讼程序中，作为对本法未作规定的程序性问题，适用 2016 年民事诉讼法（第 130 号法律）关于非诉讼性司法民事诉讼的规定。但须遵守源于非诉讼程序特殊性的例外规定，以及非诉讼民事诉讼适用规则法和非诉讼法庭诉讼法的一般规定。❶

（6）已废除。❷

（7）对主管部门的决定进行审查的程序应属于布达佩斯大都会法院专属管辖。❸

（8）除民事诉讼法所列案件外，下列各方不得参与案件和担任法官：❹

a）参与主管部门决定的人；

b）根据民法典的定义，是 a）项所述人员的近亲属。❺

（9）第（8）款的规定也适用于会议记录保管人和专家的资格丧失。

（10）申请人应作为当事人参加法庭程序。

（11）如在主管部门之前进行的任何法律程序中涉及第三方当事人，则须针对该第三方提起诉讼。

（12）如诉讼程序涉及第三方当事人，诉讼费用的预付款或者诉讼费用的承担比照适用诉讼费用的规定。在单方面情况下，申请人应预付并承担费用。

（13）如果该主管部门已根据第（2）款提交说明书，主审法官须就该说明书以书面通知当事人。❻

（13a）法院须按照民事诉讼法的规定取证，并须按照民事诉讼法关于案情的听证规定进行听证。此类诉讼程序不得中止。❼

（14）依据文件可以裁定案件的，法院可以不经听证作出裁决，但当事人提出要求的，应当准许其陈述案情。

（15）法院不经听证而作出裁决的，在诉讼过程中认为需要听证的，可以随时安排听证。

（15a）如申请人未能出席听证，或双方均未出席听证，或任何一方未能

---

❶ 根据 2017 年第 130 号法案第 42 条第（3）款予以设立，自 2018 年 1 月 1 日起生效。

❷ 根据 2017 年第 50 号法案第 177 条予以废除，自 2018 年 1 月 1 日起生效。

❸ 根据 2017 年第 130 号法案第 42 条第（4）款予以设立，自 2018 年 1 月 1 日起生效。

❹ 根据 2017 年第 130 号法案第 44 条第 a）款予以修订。

❺ 根据 2017 年第 130 号法案第 44 条第 b）款予以修订。

❻ 根据 2016 年第 93 号法案第 182 条予以设立，自 2016 年 7 月 28 日起生效。

❼ 根据 2017 年第 130 号法案第 42 条第（5）款予以颁布，自 2018 年 1 月 1 日起生效。

在规定时限内接收法院传票，法院应根据其所掌握的信息对申诉作出裁决。❶

（16）不允许在法庭诉讼过程中达成和解协议。

（17）法院应通过裁决的方式对案件的是非曲直和其他情况作出裁判。如果法院认定主管部门的决定不合法，法院应撤销该决定，但违反程序规则而不影响案件实质的情况除外，并应在其认为必要时命令主管部门重新审理案件。

（18）如果在申请递交后，主管部门撤回其任何决定，法院应终止诉讼程序。如果主管部门修改了其决定，则法院只能针对未决问题继续进行诉讼程序。

（19）在法院的诉讼程序中，法律代理是强制性的，包括补救程序。❷

第 41E 条❸

（1）主管部门应保存一份公众可以通过电子方式访问的孤儿作品的使用授权登记册。

（2）登记册应包括：

a）孤儿作品的备案号；

b）使用人和代表（如适用）的姓名、家庭住址或注册登记地；

c）用于识别作品或客体的信息；

d）权利人或所有权利人（如可能有多个权利人）的姓名；

e）有关作品或客体的许可使用范围的详细信息；

f）许可费的数额和存入日期；

g）在适用的情况下，撤回使用权的授权，包括其生效日期；

h）在适用的情况下，与作品或客体相关的任何未决诉讼程序，包括其目的。

（3）凡第（2）款所述孤儿作品数据发生任何改变的，主管部门应立即更新登记册，并注明改变日期。

受益组织对孤儿作品的使用❹

第 41F 条❺

（1）第 38 条第（5）款所指的机构和公共媒体广播或电视广播组织（以

---

❶ 根据 2017 年第 130 号法案第 42 条第（6）款予以颁布，自 2018 年 1 月 1 日起生效。
❷ 根据 2017 年第 130 号法案第 42 条第（7）款予以颁布，自 2018 年 1 月 1 日起生效。
❸ 根据 2019 年第 34 号法案第 44 条第（4）款予以设立，自 2019 年 4 月 26 日起生效。
❹❺ 根据 2013 年第 159 号法案第 16 条予以颁布，自 2014 年 10 月 29 日起生效。

下简称"受益组织")可以在下列情况下使用其馆藏或档案中的孤儿作品：

a）向公众提供孤儿作品，公众可以从个人选定的地点和时间获得这些作品；

b）以数字化为目的的复制行为，根据 a）项提供孤儿作品、编制索引、汇编、保存或修复。

（2）第（1）款适用于：

a）文学作品；

b）电影和其他视听作品；

c）录音制品；和

d）公共媒体广播或电视广播组织在 2002 年 12 月 31 日（含该日）之前制作并保存在档案中的录音制品、电影和其他视听作品；

在欧洲经济区内首次发表或在没有发表的情况下首次播出的作品。

（3）2014 年 10 月 29 日前经权利人同意交存于受益组织，且从未发表或传播过的孤儿作品，该受益机构可以按照第（1）款的规定使用，但须符合以下条件：可以合理地假设权利人不会反对这种使用。

（4）第（1）款亦应适用于嵌入或包含在第（2）款至第（3）款所述作品或录音制品中，或构成其组成部分的作品和其他受保护的客体。

第 41G 条❶

（1）受益组织应当保存勤勉检索的记录，并应当以电子方式向主管部门提供以下信息：

a）勤勉检索的结果；

b）有关使用的信息；

c）孤儿作品状态的任何变化（第 41A 条第（8）款）；

d）有关组织的相关联系方式。

（2）主管部门应立即将第（1）款所述信息转发给欧盟知识产权局，以便将此类信息记录在由其设立和管理的单一可公开访问的在线数据库中。❷

（3）在第（2）款所述的数据库中进行记录是开始使用的先决条件。

---

❶ 根据 2013 年第 159 号法案第 16 条予以颁布，自 2014 年 10 月 29 日起生效。

❷ 根据 2016 年第 93 号法案第 192 条予以修订。

第 41H 条❶

（1）根据欧洲议会和理事会 2012 年 10 月 25 日关于在欧洲经济区任何成员国中孤儿作品特定许可使用的第 2012/28/EU 号指令，被视为孤儿作品的作品或录音制品应在匈牙利也被视为孤儿作品。应允许受益组织根据第 41F 条使用记录在第 41G 条第（2）款所述数据库中的孤儿作品，而无须勤勉检索权利人，前提是该作品包含在其收藏或档案中。如果在第 41G 条第（2）款所述的数据库中记录的孤儿作品有多个权利人，则应适用第 41A 条第（7）款的规定。

（2）在根据第（1）款使用的情况下，受益组织应向主管部门提交第 41G 条第（1）款 b）项至 d）项规定的信息。

第 41I 条❷

（1）如果孤儿作品的权利人按照第 41A 条第（8）款的规定确定，只有在获得上述权利人授权的情况下，受益组织才能继续使用受影响的孤儿作品。

（2）根据第 41F 条，权利人有权要求对其作品或其他受保护客体的使用获得合理补偿。

第 41J 条❸

受益组织应将其在第 41F 条规定的使用过程中产生的收入，专门用于支付在实施此类使用过程中产生的费用。

第 41K 条❹

有关受益组织使用孤儿作品的详细规定以及根据第 41I 条第（2）款获得合理补偿的条件应在政府法令中规定。

第 4B 章❺　非商业作品❻

解释性条款❼

第 41L 条❽

（1）在本章中：

---

❶❷❸❹　根据 2013 年第 159 号法案第 16 条予以颁布，自 2014 年 10 月 29 日起生效。
❺❻❼❽　根据 2021 年第 37 号法案第 14 条予以设立，自 2021 年 6 月 1 日起生效。

1. "第三国",指除欧洲经济区成员国以外的任何国家;

2. "非商业作品",指著作权和相关权利保护的作品或客体,在作出合理的努力以确定是否可供公众使用之后,可以善意推定该作品或客体无法通过惯常的商业渠道向公众提供。如果受著作权和相关权利保护的作品或客体有不同版本(不包括改编版本),则其不应被视为非商业作品。

(2)作品集合也可被视为非商业作品,除非在合理努力确定其可用性的基础上,且有证据表明构成此类作品集合的组成部分包括:

a)首次在第三国发表的作品;

b)电影或视听作品制作者的总部或经常居住地在第三国;或

c)第三国国民的作品,根据 a)项和 b)项无法确定成员国或第三国。

(3)在第(2)款的情况下,如果考虑这些作品集合的组成部分,集体管理组织在第 41M 条第(1)款的意义上足以代表相关第三国权利人,作品集合也可以被视为非商业作品。

(4)就本章而言,非商业作品应包括 1999 年 8 月 31 日或之前在匈牙利境内最后发表的文学作品。自最后一次发表之日起 8 年内发表的文学作品,不应视为非商业作品。

非商业作品的使用❶

第 41M 条❷

(1)授权复制、发行、向公众传播和永久收藏在文化遗产机构的非商业作品的合同[第 33A 条第(1)款第 2 点],包括应缴纳的费用数额,由集体管理组织代表作者和著作权及相关权利人与文化遗产机构协商确定,除非作者或著作权及相关权利人根据本条第(2)款的规定提出异议。

(2)对于第(1)款规定的使用,作者或著作权及相关权的权利人可以随时,包括在相关使用开始后,对在权利集体管理范围内的使用授权提出异议。对上述使用类型提出的异议应适用于新著作权法第 18 条第(1)款的规定,但权利人有权对其特定作品提出异议。

(3)第(1)款规定的使用权也可能适用于在欧洲经济区其他成员国的使用。

(4)非商业作品的复制和向公众传播,或软件的改编和发行,以便文化

---

❶❷ 根据 2021 年第 37 号法案第 14 条予以设立,自 2021 年 6 月 1 日起生效。

遗产机构提供永久收藏的非商业作品，不需要作者或著作权及相关权利人的授权，条件是：

a) 如有可能，注明作者或著作权及相关权利人的姓名；

b) 在非商业网站上向公众传播；和

c) 关于与所使用作品类型相关的专有权利，不存在被许可行使第（1）款规定的权利且具有资格的代表性集体管理组织。

（5）第（4）款规定的免费使用应解释为在文化遗产机构所在的成员国内适用。

（6）对于第（4）款规定的使用，作者或著作权及相关权利人可以随时，包括在相关使用开始后，对使用授权提出异议。在此情况下，任何正在进行的使用都应在异议提出后的合理期限内终止。在此之前，作者或著作权及相关权利人无权因第（4）款所述的使用而获得报酬。

（7）作品通过惯常渠道的可用性由申请使用权的文化遗产机构进行评估（可用性检查）。在可用性检查中，文化遗产机构应尽合理的努力来确定作品可否供公众使用。

（8）就本条而言，文化遗产机构应将第（1）款和第（4）款规定的使用收入，专门用于支付为使用权支付的许可费用以及将许可所涵盖的非商业作品进行数字化和传播的费用。

第 41N 条❶

（1）文化遗产机构［第 33A 条第（1）款第 2 点］应根据第 41M 条第（1）款和第（4）款保存其使用记录，并应通过电子方式向主管部门报告：

a) 能够识别非商业作品的信息；

b) 有关使用合同当事人的相关信息；

c) 有关使用权地域范围的信息；和

d) 有关许可使用的信息。

（2）主管部门应将本条第（1）款中所述的信息，连同根据第 41M 条第（6）款所述的可能提出异议的信息，立即递交给欧盟知识产权局，以便将此类信息记录在由其设立和管理的单一可公开访问的在线数据库中。

（3）在欧盟知识产权局提供第（2）款所述信息之日起 6 个月后，可以进

---

❶ 根据 2021 年第 37 号法案第 14 条予以设立，自 2021 年 6 月 1 日起生效。

行使用。

（4）为提供信息，主管部门应将第（1）款规定的细节登记在册，并应在其网站上发布。主管部门对由此发布的信息不承担责任。

（5）主管部门、根据第41M条规定的使用的机构和获得许可的集体管理组织，应在其网站上以英文和匈牙利文发布根据第41M条许可的使用细节的一般信息。该信息应涵盖集体管理组织根据第41M条许可作品的资格、第41M条第（4）款规定的免费使用的详细信息，以及权利人根据第41M条第（2）款和第（6）款提出异议的可选选项。

（6）承担使用的机构应披露与本章规定的使用相关的信息，即任何特定使用都是根据适用于非商业作品的规定进行的。

第5章 使用合同
使用合同一般规定

第42条

（1）作者在使用合同的基础上授予其作品的使用许可，使用人有义务支付报酬作为回报。

（2）各方当事人可以自行决定使用合同的内容。经双方同意，当事人可以不遵守有关使用合同的规定，但本法或其他法律禁止的除外。

（3）如果使用合同的内容不能被明确解释的，必须采纳对作者最有利的解释。

第43条

（1）使用合同仅在明确说明的情况下才授予专有权利。只有被许可人有权根据独占使用许可使用作品。作者无权授予他人额外的使用权，甚至作者也只有在合同中有约定的情况下才有保留使用其作品的权利。

（2）除非作者与被许可人签订的合同中另有约定，否则在签订包含独占使用许可合同前已授予的非独占使用许可将继续有效。

（3）作品使用许可可以限于特定的区域、期限、使用方式和使用范围。

（4）没有相反的法律或合同规定的，使用作品的许可包括匈牙利领土，其期限将基于为使用与合同标的作品相似的作品而签订合同中的惯例期限。❶

---

❶ 根据2011年第173号法案第42条予以修订，自2012年1月1日起生效。

（5）合同未标明许可涉及的使用方式或许可使用范围的，则许可将限于为实现合同目的所必要的使用方式和使用范围。

第 44 条

（1）作者授予未来不确定数量作品使用许可的使用合同无效。

（2）对订立合同时未知的使用方式，不能有效地授予许可。但是，在合同订立后产生的使用方法，如果只是为了使以前已知的使用方法能够更有效地、在更有利的条件下，或以更好的质量实施，则不应视为在订立合同时未知的使用方法。

第 45 条

（1）除本法另有规定外，使用合同应采用书面形式。

（2）有以下情况的，使用合同无须以书面形式订立：❶

a）拟在新闻、报纸或期刊上发表而订立的；

b）为许可第 26 条第（8）款 2 句所述非排他性免费使用权而订立的；

c）为许可作品集合的软件和数据库的非独占使用权而订立的；或

d）通过接受作者提议，为不特定或不确定数量的人授予非排他性免费使用权而订立的。

（3）如果集体管理组织和使用人事先作出法律声明规定使用电子方式订立，且使用合同通过该法律声明指定的电子方式订立的，则集体管理组织和使用人之间的使用合同可以通过电子方式订立。如此签署的使用合同应视为以书面形式订立的。❷

第 46 条

（1）使用人只有在获得作者明确授权的情况下，才能向第三方转让或授予进一步的许可以使用作品。

（2）作为使用人的经济组织终止或相关组织单位从公司分离的，作品的使用许可应无须作者授权转让给合法继受人。

（3）使用人未经作者授权转让其权利或授予二次许可，或未经作者授权转让作品使用许可的，使用人和被许可人共同承担履行使用合同的责任。

---

❶❷ 根据 2021 年第 37 号法案第 15 条予以设立，自 2021 年 6 月 1 日起生效。

第 46A 条❶

（1）为了许可通过直接传输方式向公众传播，及行使相关获取报酬权利，权利人有权选择在与广播或电视广播组织订立的使用合同中设置一项条款，以涵盖可能参与向公众传播节目承载信号的公共组织的活动。

（2）在需要核实根据第（1）款定义的使用合同所支付的许可费是否符合规定时，参与使用的广播或电视广播组织以及除广播或电视广播组织以外的组织应同样有责任向权利人提供信息，以检查与相关使用有关的许可费的支付情况。如果受信息披露影响的提供者提出要求，权利人应尊重由此获得的信息的商业机密性，且不得将其用于履行行政或其他监管程序中产生的数据披露义务以外的目的。

第 47 条

（1）只有在明确规定的情况下，使用作品的许可才包括对作品的改编。

（2）只有在明确规定的情况下，复制作品的许可才允许使用人将作品固定在录像或录音制品中，或通过计算机或电子数据媒体进行复制。

（3）只有在明确规定的情况下，发行作品的许可证才允许使用人进口作品的复制件，以进行发行或销售。

（4）在约定不明情况下，复制作品的许可应包括该作品复制件的发行。这不涉及将作品复制件进口到该国以进行发行或销售。

第 48 条❷

（1）若在订立合同后，由于使用作品的需求显著增加，双方的服务价值差异变得相当大，根据民法的一般规则，法院有权修改使用合同，即使该行为侵犯了作者按比例分享使用收入的合法利益。

（2）第（1）款规定不适用于集体管理组织和独立管理实体与使用人根据新著作权法订立的合同，亦不适用于行使报酬权的集体管理组织与有义务支付该报酬的一方签订的协议。

---

❶ 根据 2021 年第 37 号法案第 16 条予以颁布，自 2021 年 6 月 1 日起生效。
❷ 根据 2021 年第 37 号法案第 17 条予以颁布，自 2021 年 6 月 1 日起生效。

第 49 条

（1）根据未来创作的作品的合同，使用人有义务在作品交付之日起 2 个月内对交付的作品作出是否接受的声明。使用人将作品返还给作者进行更正或修改的，期限自更正或修改后的作品交付之日起计算。如果使用人在此期限内未作出任何声明的，作品视为已接受。

（2）对未来创作的作品订立合同的，使用人在有正当理由的情况下，有权将完成的作品返还给作者（并规定适当的期限）进行修改或更正。

（3）如果作者无正当理由拒绝修改或更正，或者未在规定的期限内修改或更正的，使用人可以解除合同且无须支付费用。

（4）如果作品经修改后仍不适合使用的，只能减少作者的报酬。

第 50 条

如果作者许可他人使用其作品，其有义务对使用的该作品进行明显必要且不可或缺的非实质性修改。作者拒绝或无法履行此义务的，使用人有权在未经作者授权的情况下进行修改。

第 50A 条❶

（1）根据使用合同，使用人应至少每年一次向作者提供以下详细信息：

a）作品的使用情况；

b）使用方式和范围；

c）使用其作品所产生的收入，按使用类型分别列明；以及

d）应付的报酬。

（2）根据第（1）款提供信息的义务不包括作者放弃报酬的使用合同。

（3）在电影和视听作品的使用合同中，当事人可以规定第（1）款项下的信息提供义务，仅适用于作者以书面或电子方式向使用人提出信息要求的情形。

（4）如果原使用人并无相关信息的，在授予使用权〔第 46 条第（1）款〕或转让使用权〔第 46 条第（2）款〕时被确认为使用人本人或其继受人，应作者明确要求，应根据第（1）款规定提供信息。

（5）作者可通过其合同伙伴要求提供第（4）款所述信息。

---

❶ 根据 2021 年第 37 号法案第 18 条予以颁布，自 2021 年 6 月 1 日起生效。

（6）如果使用合同中未规定第（1）款所述提供信息的义务，且该义务会对使用人造成相对于使用所产生的收入而言不合理的开支和行政负担的，则应在合理范围内履行提供信息的义务。

（7）第（1）款至第（6）款适用于使用合同的终止，但有一点例外，即提供信息的义务应在合同终止之日起 30 日内履行。

（8）第（1）款规定的提供信息的义务不应适用于作者就整个作品而言的贡献并不重要的情况，除非作者证明其需要该等信息才可行使第 48 条第（1）款规定的权利，并为此目的要求提供信息。

（9）有关提供信息的规则可以在集体使用合同中规定，前提是这些规则符合第（1）款至第（8）款所规定的标准。集体使用合同，是指由作者和由组织章程授权订立使用合同的代表组织与受影响的用户之间签订的合同，旨在为涉及作者作品的使用设定一般条件。

（10）第（1）款至第（9）款不适用于：

a）在其他类似关系中订立的雇佣合同、劳动合同或表演合同（第 30 条）；以及

b）集体管理组织和独立管理实体与使用人订立的使用合同，以及集体管理组织与应支付报酬的当事人就行使报酬权所签订的协议。

第 50B 条❶

已纳入使用人与作者之间合同的任何违背第 48 条、第 50A 条或第 102 条的合同条款，均属无效。在选择外国法的情况下，应适用第 48 条、50A 条第（1）款至第（9）款和第 102 条的规定，以取代被废止的条款，而不是外国法的减损条款。仅可为有利于作者而援引无效性条款。

第 51 条

（1）在下列情况下，作者可以解除包含独占使用许可的合同：

a）如果使用人未在合同规定的期限内或在特定情况下可合理预期的期限内开始使用作品；或

b）如果使用人以明显不适合实现合同目标的方式或以不符合预期目的的方式行使通过合同获得的权利。

---

❶ 根据 2021 年第 37 号法案第 18 条予以颁布，自 2021 年 6 月 1 日起生效。

（2）如果使用合同是无限期或期限超过 5 年的，作者自合同订立之日起 2 年内无权行使第（1）款所述的解除权。

（3）作者只有在为使用人设定了履行合同条款和条件的合理期限，且期限届满而没有结果后，才有权行使解除权。

（4）作者无权事先放弃第（1）款所述的解除权。该做法只能在合同订立或作品交付（如果交付发生在合同订立后）后不超过 5 年的期限内通过合同予以排除。

（5）若不解除合同，作者可以终止许可的排他性，并同时按比例减少向其支付的使用报酬。

第 52 条

（1）如果对未来创作的作品订立的使用合同仅注明未来作品的体裁或类型的，任何一方可在 5 年期满后及此后每 5 年提前 6 个月通知解除合同。

（2）作者不得事先放弃第（1）款所述的解除权。

第 53 条

（1）如果作者撤销向公众传播其作品的许可，或禁止进一步使用已经向公众传播的作品的，作者可基于充足理由解除使用合同。

（2）行使解除权的条件是，作者必须提供附带担保，以补偿在作出声明之前可能发生的任何损失。

（3）在以第（1）款规定的理由解除使用合同后，如果作者再次希望授权向公众传播或继续使用其作品的，原使用人享有优先权。

（4）有关优先购买权的规定，适用于上述优先购买权。

第 54 条

使用合同在合同约定的期限届满、合同规定的情形发生或著作权保护期限届满时失效。

第 55 条❶

（1）第 16 条第（4）款和第（6）款至第（7）款以及有关使用合同的规

---

❶ 根据 2021 年第 16 号法案第 37 条予以颁布，自 2013 年 11 月 1 日起生效。

定，亦适用于作者财产权的转让合同，以及除第（2）款至第（3）款规定的例外情况外，适用于与表演者权利和表演者财产权转让相关的合同许可。❶

（2）录音制品合法发行 50 年后，或未合法发行的录音制品合法向公众传播 50 年后，录音制品制作者或经该录音制品制作者授权的其他人未提供足够数量的录音制品以供出售，或未通过有线或无线方式向公众提供录音制品以供公众可以在其个人选定的地点和时间获取的，表演者可以终止表演者将其表演的录制权转移或转让给录音制品制作者的合同。

（3）如果制作者在收到表演者通知其终止合同的意向后一年内未实施上述两项利用行为的，可以行使第（2）款所述终止合同的权利。

（4）表演者不得放弃第（2）款规定的终止合同的权利。

出版合同

第 56 条

（1）根据出版合同，作者有义务向出版商提供其作品，出版商有权出版和销售该作品，有义务向作者支付报酬。

（2）在有任何疑问的情况下，出版权涉及以匈牙利语出版作品。根据合同行使的出版权是排他性的，但为收藏品、报纸和期刊制作的作品除外。

第 57 条

（1）在出版的文学作品中使用图片的，应获得作者授权。

（2）如果作者已授权在其作品出版中使用图片（插图）的，他可出于正当理由拒绝授权使用特定图片。

适用于内容共享服务提供者的规定❷

第 57A 条❸

在本法中，内容共享服务提供者，指 2001 年电子商务和信息社会服务法案（第 108 号法律，ISSA）第 2 条第 k）款规定的服务提供者，其主要目的或主要目的之一是：

a）存储；

---

❶ 根据 2021 年第 37 号法案第 32 条第 4 款予以修订。

❷ 根据 2021 年第 37 号法案第 19 条予以颁布，自 2021 年 6 月 1 日起生效。

❸ 根据 2021 年第 37 号法案第 19 条予以设立，自 2021 年 6 月 1 日起生效。

b）向公众传播，包括使公众获取；以及

c）以营利为目的，组织和推介其用户上传的大量受著作权保护的作品或其他客体。

第 57B 条❶

当内容共享服务提供者使公众访问由使用该服务的人上传的受著作权保护的作品或其他受保护的邻接权客体时，即该服务提供者就实施了向公众传播的行为或向公众提供的行为。

第 57C 条❷

如果内容共享服务提供者获得授权向公众传播受保护的作品或其他邻接权客体，亦应涵盖使用服务的用户为提供内容共享服务而实施的非商业行为或者其未产生商业规模收入的行为。如果向公众传播的授权授予服务用户的，亦应在给予用户使用权的范围内适用于内容共享服务提供者。

第 57D 条❸

电子商务和信息社会服务法案第 10 条规定的责任限制，不适用于内容共享服务提供者根据第 57B 条进行的使用。

第 57E 条❹

（1）内容共享服务提供者应对用户未经授权向公众传播作品或邻接权保护的客体的行为负责。

（2）内容共享服务提供者能够证明存在下列情况的，可免于承担责任：

a）已根据情况在合理范围内尽最大努力获得使用授权；

b）已根据较高行业标准的专业注意义务，在合理范围内尽最大努力，确保权利人向服务提供者提供了相关和必要的识别信息的特定作品和其他邻接权客体无法获得；且

c）在收到权利人发出的有充分证据的关于未经授权使用的通知后，迅速采取行动，停止访问或从其网站中删除被通知的作品或其他邻接权客体，并在合理范围内尽最大努力阻止随后对通知中指明的作品或其他邻接权客体的获取。

---

❶❷❸❹ 根据 2021 年第 37 号法案第 19 条予以颁布，自 2021 年 6 月 1 日起生效。

（3）本条第（2）款 c）项规定的程序应适用于电子商务和信息社会服务法案第 13 条的程序规定，但条件是在电子商务和信息社会服务法案第 13 条中，服务提供者应被解释为内容共享服务提供者。

（4）内容共享服务提供者实施第（2）款规定的措施，不应阻碍合法使用。

（5）确定内容共享服务提供者是否符合第（2）款规定的条件，按照比例原则，应当特别考虑以下因素：

a）内容共享服务提供者提供的服务的规模和类型，也包括其用户的规模和类型；

b）在内容共享服务提供者的服务范围内使用服务的人访问的作品或邻接权客体的类型；和

c）内容共享服务提供者用于遵守第（2）款的适当和有效手段的可用性，以及服务提供者实施该等手段的成本。

（6）本条的适用不应导致任何一般审查义务。

第 57F 条❶

（1）符合下列条件的新的在线内容共享服务提供者：

a）在欧洲经济区成员国境内向公众提供服务的时间不足 3 年；且

b）根据第 2003/361/EC 号委员会建议计算，年营业额低于 1000 万欧元，
　　为免除责任应遵守第 57E 条第（2）款 a）项中规定的责任免除条件，并应在收到有充分证据的通知后迅速采取行动，根据第 57E 条第（2）款 c）项的规定，停止对被通知的作品或其他邻接权客体的访问，或将该等作品或其他客体从其服务范围中移除。

（2）如果第（1）款规定的内容共享服务提供者按上一日历年计算的月平均独立访问量超过 500 万次的，内容共享服务提供者还应证明其已在合理情况下尽最大努力，阻止今后对通知中指明的作品和其他邻接权客体的访问。

第 57G 条❷

（1）内容共享服务提供者应建立有效且迅速的投诉和申诉机制，以便其服务的用户在因无法访问或移除作品或其他客体而发生争议时，行使相关权利。

（2）因禁止访问或移除特定作品或其他邻接权客体而提出的投诉，应充

---

❶❷　根据 2021 年第 37 号法案第 19 条予以颁布，自 2021 年 6 月 1 日起生效。

分说明理由。

（3）内容共享服务提供者应及时处理服务的用户提交有正当理由的投诉，不得无故拖延。与投诉有关的决定应接受人工审查。

（4）本条规定的投诉程序不应影响诉诸司法补救措施的权利或使用替代性争议解决机制的可能性。

（5）内容共享服务提供者对于服务的用户根据本条提出投诉而再次提供的内容，无须承担法律责任。

第 57H 条❶

（1）在线内容共享服务提供者应在其条款和条件中告知其用户可以自行使用作品和其他邻接权客体。

（2）应权利人的要求，内容共享服务提供者应提供其根据第 57E 条第（2）款进行的诉讼信息，以及在授权下实施的向公众传播行为的信息。

第 2 部分　具体类型相关规定

第 6 章　软件程序开发

第 58 条

（1）软件界面的设计思想、原理、概念、程序、操作方法或数学运算，适用第 1 条第（6）款的规定。

（2）将原始程序设计语言改写为另一种程序设计语言的，适用第 4 条第（2）款的规定。

（3）软件相关财产权，可以转让。

（4）作为职务作品开发的软件，不适用第 30 条第（3）款至第（4）款的规定。

第 59 条

（1）除另有约定外，作者的专有权利不包括对软件的复制、修改、改编、翻译或任何其他修改（包括对错误的纠正）以及对该等行为结果的复制，只要被授权获取软件的人按照软件的预期目的实施该等行为。

---

❶　根据 2021 年第 37 号法案第 19 条予以颁布，自 2021 年 6 月 1 日起生效。

（2）使用合同不得禁止使用人在必要时制作软件的安全复制件。

（3）被授权使用软件复制件的人有权在未经作者授权的情况下，观察和研究软件的运行情况，并在其输入、在显示器上显示、运行、传输或存储过程中对其进行试用，以了解软件任何组成部分的设计思想或原理。

第60条

（1）复制或翻译对于获得独立开发的软件与另一软件联合运行所必需的信息来说是不可或缺的代码，无须作者授权，但应符合下列条件：

a）该等使用行为由授权使用人或其他有权使用该软件复制件的人或由本项所述的人安排其负责履行该等行为的人进行；

b）本款 a）项所述人员尚不能随意获得联合运行的必要信息；

c）使用行为仅限于软件中为许可联合运行所必需的部分。

（2）通过适用本条第（1）款规定取得的信息，不得用于下列用途：

a）用于与独立开发的软件联合运行以外的用途；

b）向他人传播，但为了与独立开发的软件联合运行而必须传播给他人的除外；

c）开发、制作和发行表达形式基本相似的另一软件，或用于任何其他著作权侵权行为。

（3）本条第（1）款至第（2）款规定的行为，明确适用第33条第（2）款的规定。

（4）软件不适用第16条第（4）款、第34条第（2）款、第38条第（1）款、第48条、第50A条、第51条、第55条第（1）款，以及第102条规定。第49条第（1）款规定的期限，就软件而言为4个月。❶

（5）已废除。❷

第7章　数据库❸

第60A条❹

（1）在本法中，"数据库"，指按照特定顺序或方法排列、可以通过电子

---

❶ 根据2021年第37号法案第20条予以设立，自2021年6月1日起生效。

❷ 根据2021年第37号法案第33条第2点予以废除，自2021年6月1日起生效。

❸ 根据2001年第77号法案第12条予以修订，自2002年1月1日起生效。

❹ 根据2001年第77号法案第4条予以颁布，自2002年1月1日起生效。可适用于之后订立的授权协议。

或其他方式单独访问的独立作品、数据或其他资料的集合。

（2）运行数据库或访问数据库内容所需的文件，适用数据库相关规定。

（3）创建或运行以电子方式访问的数据库所使用的软件，不适用数据库相关规定。

第 61 条

（1）数据库确认为作品集（第 7 条）的，受著作权保护。❶

（2）数据库相关财产权，可以转让。❷

（3）作者创建的数据库属于职务作品的，不适用第 30 条第（3）款至第（4）款的规定。❸

第 62 条

（1）经授权的数据库用户实施访问数据库内容及合理使用数据库内容所必要的行为，无须作者授权。❶

（2）仅获得数据库部分使用权的，该部分数据库适用本条第（1）款规定。

（3）本条第（1）款至第（2）款规定的行为，适用第 33 条第（2）款规定。

（4）授权协议的条款违反本条第（1）款和第（2）款规定的，均属无效。❺

（5）已废除。❻

第 8 章　用于广告的订购作品

第 63 条

（1）用于广告的订购作品的财产权，可以转让给使用人。

（2）订立财产权转让合同时的主要事项包括使用方法、范围、受影响地

---

❶　根据 2001 年第 77 号法案第 5 条予以颁布，自 2002 年 1 月 1 日起生效。可适用于之后订立的授权协议。

❷❸❹　根据 2001 年第 77 号法案第 12 条予以修订，自 2002 年 1 月 1 日起生效。

❺　根据 2001 年第 77 号法案第 6 条予以颁布，自 2002 年 1 月 1 日起生效。可适用于之后订立的授权协议。

❻　根据 2021 年第 37 号法案第 33 条第 3 点予以废除，自 2021 年 6 月 1 日起生效。

理区域、相关期间、广告媒体的确定以及作者报酬。

（3）此类作品不纳入权利集体管理中。

（4）将既存作品用于广告的，作者和使用人可约定，仅就适用本条第（1）款至第（3）款的规定和在广告中使用而言，将该作品视为用于广告的订购作品。前述协议仅在作者以书面形式通知权利集体管理组织后，方对该组织生效。❶

第 9 章　电影和其他视听作品

一般规定

第 64 条

（1）电影是由一系列按预定顺序排列的图片以及伴音（如有）表达的作品，无论作品是采用何种媒介录制的。为电影放映而制作的专题片、电视片、宣传片和纪录片，以及卡通片和教育片，均视为电影作品。

（2）电影作品的作者，指为电影创作的文学和音乐作品的作者、电影的导演以及所有对电影制作作出创造性贡献的其他人。本条规定不影响电影作品制作中所使用其他作品的作者的权利。

（3）电影制片人（以下简称"制片人"），指以自己名义发起和组织电影创作，并提供必要资金和其他条件的自然人或法人。❷

第 65 条

（1）如果电影作品的最终版本为作者和制片人所验收，则该电影作品即告完成。作品一旦完成，任何一方均无权对最终版本进行任何单方面的修改。

（2）通过增删、替换或其他方式对已完成影片进行修改，须经作者和制片人授权。

（3）除作者之间另有约定外，应由导演代表其他作者行使本条第（1）款至第（2）款规定的权利。

（4）除本条第（1）款至第（2）款规定的权利外，制片人可以采取措施保护作者的人身权。

（5）电影作品不受关于职务作品（第 30 条）一般规定的约束。

---

❶ 根据 2011 年第 173 号法案第 43 条第（1）款予以修订，自 2012 年 1 月 1 日起生效。
❷ 根据 2016 年第 93 号法案第 184 条予以设立，自 2016 年 7 月 28 日起生效。

电影合同

第 66 条

（1）作者（有歌词或无歌词音乐作品的作曲家除外）根据电影作品制作合同（以下简称"电影合同"），将电影作品的使用权和使用许可权转让给制片人，但有相反规定的除外。

（2）使用许可权的转让不包括第 20 条、第 23 条第（3）款和第（6）款以及第 28 条规定的财产权。❶

（3）应按每种使用方式分别向作者支付报酬。制片人因制作电影而获得的援助被视为与使用有关的收入。制片人有义务支付报酬。

（4）制片人可以与本国或者外国的自然人或法人共同行使其根据合同应享有的权利。

（5）已废除。❷

（6）自接受作品之日起 4 年内制片人未开始拍摄的，或作品已开始拍摄但未在合理期限内完成的，作者有权解除合同，并要求支付合理报酬。在该情况下，作者有权保留已收到的预付款，并可自由处置其作品。

（7）如果签订了关于未来为电影而创作作品的合同，制片人有义务在作品交付后 6 个月内书面通知作者接收作品或要求修改。作品退回给作者修改的，应规定适当的修改期限。制片人有义务在收到修改作品之日起 3 个月内告知作者是否接收修改后的作品。制片人未履行作品或修改作品接收告知义务的，视为接收该作品。

（8）未经制片人同意，作者不得在制作结束后 10 年内就同一作品签订新的电影合同。该限制同样适用于动画片或木偶片中的典型人物；如果双方同意，还应适用于作者创作的与电影制作所用作品主题相同的其他作品。

第 10 章 美术、摄影、建筑和实用艺术作品以及工业设计和技术结构设计

人身权

第 67 条

（1）未经作者授权，对建筑作品或者技术结构的设计进行任何修改，如

---

❶ 根据经 2008 年第 112 号法案第 9 条予以设立，自 2009 年 2 月 1 日起生效。

❷ 根据经 2021 年第 37 号法案第 33 条第 4 点予以废除，自 2021 年 6 月 1 日起生效。

影响作品外观、预期用途或者运作的，属于对作品未经授权的修改。

（2）设计者有权决定在建筑和技术结构上注明其姓名和设计日期的位置和方式。但该权利的行使不得对所有者、使用人和运行者的权利和合法利益造成不相称和不必要的损害。

（3）如果视觉呈现的目的是展示特定美术、建筑或实用艺术作品，或者工业设计或技术结构的，必须注明作者姓名。此类作品用于科学和教育讲座和课堂教学展示的，也必须注明作者的姓名［第33A条第（1）款第1点］。❶

（4）对建筑和技术设计进行新的、不加改变的使用，以及重新使用标准设计的情况下，仅需注明原始设计的作者姓名。

（5）已废除。❷

（6）作品的使用人必须容许在不侵犯其合理利益的情况下展示和拍摄作品。

免费使用的情形

第68条

（1）在户外公共场所永久性矗立的美术、建筑和实用艺术作品，制作和使用其视觉呈现，可以不经作者同意，不向其支付报酬。

（2）美术、建筑和实用艺术作品的图片，以及工业设计的图片和摄影作品，用于科学讲座，可以不经作者同意，不向其支付报酬。❸

（3）为修复建筑物，复制建筑作品或相关设计、建筑图纸及相关作品，可以不经作者同意，不向其支付报酬，并可应公众要求提供。❹

（4）在本条中，修复应包括在保留建筑物、建筑分区的原始建筑设计理念的前提下进行的重建，以及为确保建筑作品的安全合理使用进行的改建。❺

展览权

第69条

（1）作者行使其权利时，美术、摄影或实用艺术作品的所有者有义务将作品暂时提供给作者，但作者不得侵犯所有者的公平利益。

（2）展出美术、摄影、建筑和实用艺术作品的，须经作者许可。在公共

---

❶ 根据2021年第37号法案第32条第5点予以修订。
❷ 根据2021年第37号法案第33条第5点予以废除，自2021年6月1日起生效。
❸ 根据2020年第58号法案第326条予以设立，自2020年6月18日起生效。
❹❺ 根据2018年第134号法案第9条予以颁布，自2019年1月1日起生效。

收藏品中展示作品的，可以不经作者同意，不向其支付报酬。

（3）作品展览应当注明作者姓名。

后续权利

第 70 条❶

（1）在艺术经销商参与的情况下，以有价对价转让艺术作品原件所有权的，必须支付使用费。本规定仅在作者首次转让艺术作品所有权后适用。此类报酬不得放弃。

（2）在本条中，"艺术作品原件"，指图形艺术作品（如图片、拼贴画、绘画、线描、雕刻、版画、平版印刷画、雕塑等）和造型艺术作品（如挂毯、陶瓷制品、玻璃器皿等）以及照片，但前提是作品由艺术家本人制作或者被认为是艺术作品原件的复制件。艺术家本人或者根据艺术家授权制作的数量有限的艺术作品的复制件，应视为艺术作品原件。该等复制件通常由艺术家编号、签名或以其他方式正式授权。

（3）在本条中，"艺术经销商"，指从事艺术作品交易的自然人或者法人。❷

（4）使用费应根据规定的艺术作品价值或者以货币表示的艺术作品价值（以下简称"销售价格"）按以下费率设定，不含税和其他公共费用：❸

a）销售价格不超过 50000 欧元或等值福林的，按 4% 支付使用费；❹

b）销售价格为 50000.01 至 200000 欧元或等值福林的，按 3% 支付使用费；

c）销售价格为 200000.01 至 350000 欧元或等值福林的，按 1% 支付使用费；

d）销售价格为 350000.01 至 500000 欧元或等值福林的，按 0.5% 支付使用费；

e）销售价格超过 500000 欧元或等值福林的，按 0.25% 支付使用费。

（4a）在确定第（4）款所述销售价格时，除税款和其他未缴公共费用外，不得从作品应支付对价中扣除任何其他款项。❺

---

❶ 根据 2005 年第 108 号法案第 1 条予以设立，自 2006 年 1 月 1 日起生效。

❷ 根据 2016 年第 93 号法案第 185 条予以设立，自 2006 年 1 月 1 日起生效。

❸ 根据 2011 年第 173 号法案第 43 条第（3）款予以设立，自 2012 年 1 月 1 日起生效。

❹ 根据 2011 年第 173 号法案第 34 条予以设立，自 2012 年 1 月 1 日起生效。

❺ 根据 2021 年第 37 号法案第 21 条予以颁布，自 2021 年 6 月 1 日起生效。

（5）使用费总额不得超过 12500 欧元或等值福林。

（6）不包括税款和其他公共费用（如文化捐助）的销售价格低于 5000 福林的，第（1）款所述转让应免除支付使用费的义务。

（7）销售价格应根据匈牙利国家银行在转让交易日历季度首日的官方汇率换算成福林。

（8）博物馆从艺术市场专业人士以外的自然人处获得艺术品原创作品所有权的，无须支付第（1）款所述使用费，前提是博物馆的活动不是为了直接或间接经济或商业利益而进行的。❶

（9）艺术品经销商应向提供图形和造型艺术品著作权集体管理组织支付使用费。多个艺术品经销商参与所有权转让交易的，经销商共同承担使用费的支付责任。在该情况下，义务由卖方承担，但所涉艺术品经销商之间另有协议的除外。参与交易的艺术品经销商均未作为卖方参与的，则义务由买方承担，但艺术品经销商之间另有约定的除外。

（10）艺术品经销商应在每季度后一个月的 20 日前，按季度向提供图形和造型艺术作品著作权集体管理组织针对该季度完成的交易支付使用费。支付使用费时，应针对每项作品单独注明作者姓名（但证明无法注明的除外）、作品名称、售价和使用费金额。著作权集体管理组织应将其收取的使用费支付给著作权人或者权利继承人。

（11）著作权集体管理组织有权要求艺术品经销商在本条第（1）款所述买卖合同签订之日起 3 年内披露可能为收取使用费所必需的所有数据。

（12）第（1）款至第（11）款所含规定适用于：

a）属于欧洲经济区任何成员国国民的任何作者或其所有权继承人；以及

b）未加入欧洲经济区协定缔约方的任何国家的国民，但作者或其继承人的国籍国的法律赋予作者或其权利继承人与欧洲经济区成员国相似的权利；或

c）非欧洲经济区任何成员国国民，但在匈牙利境内有经常居住地的作者或其所有权继承人。❷

（13）对于第（12）款 b）项，应遵守主管司法系统的部长的意见。对于受欧洲议会和理事会 2001 年 9 月 27 日关于原创艺术作品作者利益的转售权的

---

❶ 根据 2021 年第 37 号法案第 32 条第 6 点予以修订。

❷ 根据 2011 年第 173 号法案第 42 条予以修订，自 2012 年 1 月 1 日起生效。

指令（第2001/84/EC号指令）所规定的任何艺术作品，负责司法系统的部长应在适当参考欧盟委员会公布的清单后提出意见。❶

其他规定

第71条

对于用于工业生产的工业设计和室内设计作品而言：

a）尽管有本法规定，可以通过法律或合同规定署名的权利；

b）使用人在合同范围内拥有独占使用权和修改权，但在进行任何修改前必须咨询设计者；并且

c）合同必须约定使用人是否有使用创作的时间限制。

第72条

对于按要求制作的肖像而言，需要得到肖像权人同意方可行使著作权。

第3部分　邻接权❷

第11章　邻接权保护

表演者权

第73条

（1）除非法律另有规定，实施下列行为应获得表演者的授权：

a）固定其未固定的表演；

b）向公众播放其未固定的表演或以其他方式向公众传播，除非向公众播放或以其他方式传播的表演本身就是广播表演；

c）复制其固定的表演；

d）发行其固定的表演；

e）通过电缆或任何其他设备或以任何其他方式向公众提供其表演，使公众可以在其个人选定的地点和时间获得作品。

---

❶ 根据2006年第109号法案第170条第（5）款i）项予以修订，自2007年1月1日起生效。

❷ 根据2001年第77号法案第8条第（1）款予以设立，自2002年1月1日起生效。可适用于随后签订的授权协议。

（2）团体表演的，团体成员可以通过其代表的代理行使第（1）款所述权利。

（3）授权在电影作品中录制表演的表演者，除非另有规定，表演者可以通过授权将第（1）款 [第 64 条第（3）款] 所述财产权转让给该电影的制片人。本规定不影响表演者根据第 20 条和第 28 条要求获得报酬。第 23 条第（6）款必须适当地适用于表演者。

第 74 条

（1）除非本法另有规定，应针对第 73 条第（1）款所述使用向表演者支付报酬。

（2）第 27 条第（3）款关于行使第 73 条第（1）款 e）项规定权利以及为向公众广播或传播而录制表演的费用 [第 26 条第（6）款] 的规定，适用于表演者及其权利集体管理组织。❶

（3）表演者的集体管理组织不得从为向公众广播或传播而录制表演广播节目的后续广播（首次广播之后）收取的使用费中扣除管理费，应向权利人全额支付使用费，但法律、法院裁决或监管决定规定的支付义务除外。❷

第 74A 条❸

（1）与录音制品制作者签订的固定表演的合同赋予表演者主张非经常性报酬权利的，表演者有权在录音制品合法发表 50 年后的每一整年从录音制品制作者处获取年度补充报酬。或该录音制品未发表的，在录音制品合法向公众传播 50 年后的每一整年，获取年度补充报酬。表演者不得放弃获得该年度补充报酬的权利。表演者只有通过权利集体管理组织，才能行使要求补充报酬的权利。

（2）第（1）款所述向权利集体管理组织支付的报酬，自相关录音制品合法发表之日起满 50 年，或者未发表的情况下，自其合法向公众传播之日起满 50 年，应相当于前述报酬支付年份的前一年相关录音制品的复制、发行和提供使用所获得收入的 20% [第 76 条第（1）款 c 项]。录音制品制作者应

---

❶ 根据 2003 年第 102 号法案第 69 条予以设立，应与颁布匈牙利加入欧盟条约的法案同时生效；根据 2011 年第 173 号法案第 43 条第（1）款予以修订，自 2012 年 1 月 1 日起生效。

❷ 根据 2019 年第 63 号法案第 1 条予以颁布，自 2019 年 8 月 1 日起生效。

❸ 根据 2013 年第 16 法案第 40 条予以颁布，自 2013 年 1 月 11 日起生效。

向有权获得补充报酬的表演者和权利集体管理组织提供获取该报酬所需的所有信息。

（3）表演者有权根据与录音制品制作者签订的固定其表演的合同获得与使用其表演所得收入相应的定期报酬的，表演者应在从录音制品合法发表次年首日开始计算的第 50 年后，或未发表的，从该录音制品合法向公众传播后第 50 年后，获得报酬。任何关于预付款扣减的规定或任何合同规定的扣减均属无效。

第 75 条

（1）对于第 73 条第（1）款所述使用而言，表演者拥有根据使用性质并以与其一致的方式注明其姓名的人身权。对于表演团体而言，此项权利适用于注明该团体的名称、该团体的负责人和主要表演者的姓名。

（2）对表演者的表演进行任何形式的歪曲和诽谤，或以任何方式进行修改，或以任何形式滥用，损害表演者的人格或声誉，均应视为侵犯了表演者的人身权。❶

录音制品制作者的保护

第 76 条

（1）除非法律另有规定，针对录音制品实施下列行为的，应获得录音制品制作者的授权：

a）复制；

b）发行；或

c）通过电缆或任何其他手段或以任何其他方式向公众提供，使公众可以在个人选定的地点和时间获取。

（2）除非法律另有规定，录音制品制作者有权就第（1）款所述使用获得报酬。

第 77 条

（1）播放出于商业目的发行的录音制品或其复制件，或以任何其他方式向公众传播该录音制品或其复制件的，除针对使用受著作权保护的作品支付使用费外，使用人必须支付额外报酬，录音制品制作者和表演者应在平等基

---

❶ 根据 2021 年第 37 号法案第 22 条予以设立，自 2021 年 6 月 1 日起生效。

础上获得报酬，但权利人另有约定的除外。

（2）就第（1）款而言，以第73条第（1）款e）项和第76条第（1）款c）项规定的方式向公众提供录音制品的，该录音制品应被视为出于商业目的的发行。就本条第（1）款和第73条第（1）款b）项而言，受第28条第（2）款调整的使用亦应视为向公众传播。此外，在上述第（1）款适用范围内，向听众传送录音制品［第24条第（2）款b）项］亦应视为向公众传播。❶

（3）权利人只能通过其权利集体管理组织行使其报酬请求权，并且只能在报酬支付日期后并在应向其支付的金额范围内放弃其报酬。❷

第78条

（1）公开出借和出租已发行的录音制品，除获得录音制品所包含的作品的作者授权、表演者（如为表演的录音制品）的授权外，还应获得录音制品制作者的授权。

（2）第（1）款中确定的使用应支付报酬，该报酬应在权利人之间平等分配，但各方另有约定的除外。作者和表演者可以通过其权利集体管理组织行使其报酬请求权，并且只能在报酬支付日期后并在应向其支付的金额范围内放弃其报酬。❸

第78A条❶

表演者根据第55条第（2）款至第（3）款规定与录音制品制作者终止表演录制合同的，录音制品制作者对录音制品的所有权利即告终止。

第79条

录音制品制作者有权在录音制品的复制件上注明其姓名。

对广播和电视组织的保护

第80条

（1）除非法律另有规定，针对广播或电视组织的节目实施下列行为的，

---

❶ 由2003年第102号法案第69条予以修订，应与颁布匈牙利加入欧盟条约的法案同时生效。

❷❸ 根据2011年第173号法案第43条第（1）款予以修订，自2012年1月1日起生效。

❶ 根据2013年第16号法案第41条予以颁布，自2013年1月11日起生效。

应获得广播和电视组织的授权：

a）由其他广播或电视组织或通过电缆向公众传播的运营商广播或传播给公众；

b）固定（广播或电视组织的节目）；

c）在固定后复制，如果固定未经其授权进行，或者固定是根据第 83 条第（2）款进行，且复制目的并非与第 83 条第（2）款相关。

d）通过有线或无线方式向公众提供，使公众可以从个人选定的地点和时间获取节目。❶

（2）除非法律另有规定，在公众支付入场费即可观看节目的场所向公众传播节目的，必须获得电视组织的授权。

（3）除非法律另有规定，对第（1）款至第（2）款所述使用必须支付报酬。

（4）第（1）款至第（3）款规定必须适用于通过电缆向公众传播自制的节目［第 26 条第（7）款］的情形。

第 81 条

对于第 80 条所述使用而言，广播、电视组织和运营商通过电缆向公众传播其节目的载体的，有权注明其名称。

对电影制片人的保护

第 82 条

（1）对电影实施下列行为的，应获得电影制片人的授权［第 64 条第（3）款］：

a）复制；

b）发行，包括出租给公众；

c）通过电缆或任何其他方式向公众提供，以便公众可以从个人选定的地点和时间获取电影作品。

（2）除非法规另有规定，必须为第（1）款所述的使用支付报酬。

（3）根据本法第 2 条提供的保护适用于电影制片人。

---

❶ 根据 2003 年第 102 号法案第 71 条予以颁布，应与颁布匈牙利加入欧盟条约的法案同时生效。

对新闻出版物出版者的保护❶

第82A条❷

（1）在本条中，"新闻出版物"，指主要由具有新闻性质的文学作品组成的集合，但也可以包括其他作品或其他邻接权客体，并且：

a）以单一标题构成期刊或定期更新出版物中的单个项目；

b）以向公众提供与新闻或其他主题相关的信息为目的；以及

c）在服务提供者的选题、编辑责任和控制下在任何新闻产品中发布。

（2）为科学目的出版的期刊不是新闻出版物。

第82B条❸

（1）对新闻出版物实施下列行为的，必须经新闻出版物出版者授权：

a）通过电缆或任何其他方式向公众提供，以便公众可以从其个人选定的地点和时间获取新闻出版物；以及

b）为a）项规定的目的以电子方式复制，

如果使用是由电子商务和信息社会服务法第2条第k）款所述的服务提供者实施的话。

（2）除法律另有规定外，新闻出版物出版者应就第（1）款所述的使用获得报酬。

（3）新闻出版物出版者应将因第（1）款所述使用而获得收入的适当份额提供给纳入新闻出版物的作品的作者。

第82C条❹

实施下列行为的，无须获得新闻出版物出版者的同意：

a）使用新闻出版物的超链接；

b）使用新闻出版物的个别文字或简短摘录；或

c）个人用户将新闻出版物用于私人或非商业用途。

著作权与邻接权的关系

第83条

（1）本章规定的权利保护不影响文学、科学和艺术作品著作权的保护。

---

❶ 根据2021年第37号法案第23条予以颁布，自2021年6月1日起生效。

❷❸❹ 根据2021年第37号法案第23条予以颁布，自2021年6月1日起生效。

（2）在法律不要求著作权作品作者授权的情况下，不需要邻接权人的授权。依本法邻接权人应得报酬的，第16条第（4）款至第（5）款的第一句有关报酬比例的规定也适用于邻接权人。

著作权的保护期限

第 84 条❶

（1）除本条第（2）款规定的例外情况外，本章规定的权利保护期限如下：

a）对于未固定的表演而言，自该表演次年首日起计算，为期50年；

b）对于通过录音制品以外的方式固定表演的权利而言，自该录音制品首次发行次年首日起计算，为期50年；或该录音制品未发行的，自该录音制品制作次年首日起计算，为期50年；

c）对于录音制品和其中固定的表演的权利而言，自该录音制品首次发行次年首日起计算，为期70年；或该录音制品未发行的，自该录音制品制作次年首日起计算，为期50年；

d）对于录音制品的权利而言，自该录音制品首次发行次年首日起计算，为期70年，或该录音制品未发行的，自该录音制品制作次年首日起50年；

e）对于广播节目或通过电缆向公众传输的自制节目的权利而言，自首次广播或传输发生次年首日起计算，为期50年；

f）对电影的权利而言，自电影发行次年首日起计算，为期50年；或电影在该期间未发行的，自电影制作完成次年首日起计算，为期50年；❷

g）新闻出版物首次出版次年首日起计算，为期2年。❸

（2）第（1）款b）项和f）项规定的50年期限，以及第（1）款c）项规定的70年期限，应自首次向公众传播作品次年首日起适用，如果其自完成之日起50年内未发行，但已向公众传播，或在发行之日前已向公众传播的话。就录音制品而言，第（1）款d）项规定的70年期限应从首次向公众传播次年首日起适用，尽管录音制品在50年内未向公众发行，但已向公众传播。

---

❶ 根据2013年第16号法案第42条予以设立，自2013年1月11日起生效。
❷ 根据2021年第37号法案第24条第（1）款予以设立，自2021年6月1日起生效。
❸ 根据2021年第37号法案第24条第（2）款予以颁布，自2021年6月1日起生效。

第 11A 章❶ 数据库作者的保护

第 84A 条❷

（1）除非法律另有规定，实施下列行为的，应获得数据库作者的同意（第 60A 条）：

a）进行任何复制［第 18 条第（1）款 b）项］（以下简称"摘录"）；

b）通过发行复制件或根据第 26 条第（8）款规定的向公众传播的方式，向公众提供其数据库的全部或大部分内容（以下简称"再利用"）。

（2）第（1）款 b）项所指的发行包括以下发行形式：通过销售或其他方式转让所有权进行营销，以营销和租赁为目的的进口。第 23 条第（5）款规定的条款也适用于数据库作者的权利。

（3）未经作者同意，不允许多次和系统地摘录和/或再利用数据库内容的非实质性部分，这是与该数据库的正常利用相冲突或不合理地损害数据库制作者的合法利益的行为。

（4）除非法律另有规定，根据第（1）款至第（3）款进行的任何使用均须支付报酬。

（5）如果获取、核实或展示数据库的内容需要投入大量的资金和/或时间、努力和精力，数据库的作者有权享有第（1）款至第（3）款规定的权利。

（6）第（1）至第（3）款所规定的权利可供作为数据库作者的自然人或法人使用，该自然人或法人以自己的名义主动承担建立数据库的风险并提供必要的投资。❸

（7）数据库作者应受第（1）款至第（3）款所述权利的保护，无论该数据库是否受著作权或任何其他类型的法律保护。即使数据库的各个部分和组成内容不受著作权或任何其他类型的法律保护，数据库的作者也有权享有这些权利。

（8）数据库作者的权利不影响纳入数据库的、其他材料作者的权利以及与数据库某些部分内容相关的其他权利。

---

❶❷ 根据 2001 年第 77 号法案第 8 条第（2）款予以颁布，自 2002 年 1 月 1 日起生效。参见 2001 年第 77 号法案第 13 条第（2）款至第（6）款。

❸ 根据 2016 年第 93 号法案第 186 条第（1）款予以设立，自 2016 年 7 月 28 日起生效。

（9）除非国际协议另有规定，数据库作者有权根据本法获得保护：❶

a）如果作者是欧洲经济区成员国的公民，或者经常居住地在欧洲经济区内；

b）如果就法人而言，作者在欧洲经济区成员国注册，并且如果注册地址、总部或主要营业地点（如章程所示）位于欧洲经济区境内。❷

（10）在第（9）款b）项所述的情况下，只有当法人的业务活动事实上与任何成员国的经济经常有联系时，才会根据本法向注册办事处位于欧洲经济区境内（如章程所示）的法人提供保护。❸

第 84B 条❹

（1）合法用户（多次或系统性地）摘录或者再利用数据库内容的非实质性部分，不需要获得向公众提供的数据库作者的同意。

（2）如果合法用户仅被授权使用数据库的一部分，则第（1）款的规定仅适用于该部分。

（3）向公众提供的数据库的合法用户不得实施与数据库的正常利用相冲突的行为，不得不合理地损害数据库制作者的合法利益。

（4）第（1）款和第（2）款的规定应不影响纳入数据库其他材料的作者的权利和与数据库内容的某些部分有关的邻接权。

（5）授权协议中任何违反第（1）款至第（4）款规定的条款均属无效。

第 84C 条❺

（1）数据库的大部分内容可以为私人目的而被摘录，但不得以任何方式或形式用于营利或任何其他牟利的目的进行此类操作。本规定不适用于电子数据库。

（2）数据库的大部分内容可以为教学或科学研究的目的而被摘录，但要明确来源，并以必要的方式和程度进行，但此类操作不得以任何方式或形式用于营利或任何其他牟利目的。

（3）数据库的大部分内容为了司法、行政或其他监管程序的目的，可以

---

❶ 根据 2004 年第 69 号法案第 7 条第 3 款予以设立，自 2004 年 7 月 10 日起生效。

❷ 根据 2016 年第 93 号法案第 186 条第（2）款予以设立，自 2016 年 7 月 28 日起生效。

❸ 根据 2016 年第 93 号法案第 186 条第（3）款予以设立，自 2016 年 7 月 28 日起生效。

❹❺ 根据 2001 年第 77 号法案第 8 条第（2）款予以颁布，自 2002 年 1 月 1 日起生效。参见 2001 年第 77 号法案第 13 条第（2）款至第（6）款。

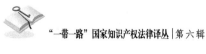

以必要的方式和程度而被摘录和/或再利用。

（3a）根据第 41 条第（1a）款至第（1g）款，利用完全是为了其中定义的、与残疾直接相关的残障人士的利益，并且不超过特定残疾所要求的范围，则可以为非商业目的自由摘录或再利用。❶

（4）已废除。❷

第 84D 条❸

（1）根据第 84A 条第（1）款至第（3）款使用数据库，如果文化遗产机构［第 33A 条第（1）款第 2 点］根据第 26 条第（8）款对永久收藏的非商业作品的使用产生影响，则不需要数据库作者的许可，但条件是：

a）如果可能，应注明数据库制作者的姓名；

b）在非商业网站上使用；以及

c）在与要使用的数据库相关的专有权利方面，不存在具有代表性的集体管理组织。

（2）如按照第 35A 条第（1）款的规定进行，免费使用应包括为文本及数据挖掘目的而对数据库（第 84A 条第（1）款 a 项）进行的摘录。

（3）如果按照第 35A 条第（2）款的规定进行，免费使用应包括研究组织和文化遗产机构为科学研究而对数据库进行文本和数据挖掘而进行的摘录［第 33A 条第（1）款第 2 点］。

第 84E 条❹

第 33 条的规定也适用于第 84C 条和第 84D 条规定的免费获取的情况。

第 84F 条❺

（1）本章所述权利的保护期限如下：自该数据库首次向公众提供的次年首日起计 15 年，如果该数据库在此期间没有向公众提供，则自该数据库创建次年首日起计 15 年。

（2）根据第（1）款计算的数据库的保护期，在数据库的内容作出任何重

---

❶ 根据 2018 年第 56 号法案第 3 条予以颁布，自 2018 年 10 月 10 日起生效。

❷ 根据 2021 年第 37 号法案第 33 条第 6 点予以废除，自 2021 年 6 月 1 日起生效。

❸❹ 根据 2021 年第 37 号法案第 25 条予以设立，自 2021 年 6 月 1 日起生效。

❺ 根据 2021 年第 37 号法案第 26 条予以颁布，自 2021 年 6 月 1 日起生效。

大改变时，由此产生的数据本身被认为是一项重大的新投资，则该保护期须重新开始计算。数据库内容的重大变化可能来自连续添加、删除或修改的累积。

第84G 条❶

（1）第83 条第（1）款的规定适用于本章定义的权利。

（2）本法对数据库制作者规定报酬的，第16 条第（4）款第一句关于报酬比例的规定，也适用于数据库作者。

（3）其他立法中所称的"邻接权"，也指数据库作者各自的权利，除非法律另有规定，以及颁布国际协议的法律除外。

第4 部分　权利集体管理与侵害权利的后果

第12 章❷　著作权和邻接权的集体管理❸

权利集体管理❹

第85 条至第92P 条❺

已废除。

第13 章　侵犯著作权的后果

根据民法产生的后果

第94 条❻

（1）作者的权利受到侵犯的，作者可以根据案情提出以下民事诉讼请求：

a）请求法院作出裁决，存在侵权行为；

b）请求停止侵权，并责令侵权人停止任何进一步的侵权行为；

c）请求侵权人对其行为进行赔偿（通过声明或其他适当的方式），且如有必要，该赔偿行为应适当公开并由侵权人承担费用；

d）请求侵权人提供参与与受侵权行为相关的商品制造和销售或提供服务

---

❶　根据2021 年第37 号法案第26 条予以颁布，自2021 年6 月1 日起生效。

❷❸❹　根据2011 年第173 号法案第35 条予以设立，自2012 年1 月1 日起生效。

❺　根据2016 年第93 号法案第193 条第b）款予以废除，自2016 年7 月28 日起生效。

❻　根据2005 年第165 号法案第23 条予以设立，自2006 年4 月15 日起生效。

的各方信息，以及关于为侵权人使用而确立的商业关系的信息；

e）可以要求返还因侵权而取得的经济收益；

f）请求停止侵权、恢复原状、没收专门或主要用于侵权的资产和材料，以及侵权的商品，或要求交付给指定的人，召回并最终从商业流通中撤回或销毁。

（2）在侵犯著作权的情况下，作者亦可根据民事责任的规定要求损害赔偿。如果本法规定的个人权利受到任何侵犯，权利人亦可根据民法的一般规则要求赔偿。❶

（3）作者可以针对因侵害著作权而使用其服务的人寻求第（1）款 b）项所述补救措施。

（4）作者可针对以下人员寻求第（1）款 d）项所述补救措施：

a）被发现以商业规模占有侵权商品；

b）被发现以商业规模使用侵权服务；

c）被发现以商业规模提供用于侵权活动的服务；

d）由 a）项至 c）项所述的人表明参与商品的生产、制造、发行或服务的提供。

（5）在适用第（4）款 a）项至 c）项时，以商业规模实施的行为，指所涉商品或服务的性质和数量明确表明为直接或间接经济或商业利益而实施的行为。在提出相反证据之前，以商业规模实施的行为的定义通常会不包括消费者出于善意而实施的行为。

（6）根据第（1）款 d）项和第（4）款，侵权人或第（4）款所述的人可能被强制提供以下信息：

a）涉及侵害著作权的商品或服务的生产商、制造商、经销商、供应商和其他先前持有人，以及预期的批发商和零售商或实际涉及的人的名称和地址；

b）有关生产、制造、交付、接收或订购的数量以及为相关商品或服务支付或接收的价格的信息。

（7）经作者请求，法院可以责令扣押或者召回并撤回商业流通的资产、材料、商品和包装材料，无法移走的，予以销毁。法院在有正当理由的情况下，也可以按照司法强制执行的规定，责令变卖而不是销毁被扣押的资产和材料，在这种情况下，法院应决定变卖所得收益的处置。

---

❶ 根据 2013 年第 52 号法案第 102 条第（2）款予以设立，自 2014 年 3 月 15 日起生效。

（8）如果侵犯著作权所使用的资产、材料以及侵犯权利的商品、包装材料不为侵权人所有，但商品的所有人知道侵权或以适当的谨慎意识到可能有侵权行为，也可以予以扣押。

（9）法院须命令执行第（1）款f）项和第（7）款所述措施，费用由侵权人承担，除非援引特别理由无法实施。法院对侵权商品的召回、撤回商业渠道或者销毁侵权商品的裁定，应当考虑第三方的利益，并根据侵权的轻重程度按比例处理。

（10）法院可应作者的请求判令侵权人承担费用，命令采取适当措施公布有关裁决。公布方式由法院决定。公布应包括在全国性报纸上发表或在互联网上展示。

（11）根据第35条第（8）款规定，当权利人采取行动，强制执行第（1）款e）项或第（2）款下的任何索赔，在裁定不正当利润的范围或损害赔偿额时，应考虑与用于复制的空白视频和音频媒体有关的应付使用费。❶

第94A条❷

（1）在侵犯著作权的诉讼中，除非有其他证据证明，否则在民事诉讼法第103条第（1）款d）项规定的特殊情况下，申请人能够推定证明该作品是受著作权保护的，并且其是作者、作者的法定继承人或该作品的许可使用人，或者一个著作权集体管理组织有权以其自己的名义因侵权而提起法院诉讼的，应认为有必要采取临时措施。❸

（2）侵害著作权的行为是在6个月前开始的，或自请求人知道该项侵犯著作权的行为及知道侵犯著作权人的身份起已经超过60日的，第（1）款不适用。

（3）即使在提交申请书之前没有民事诉讼法就临时措施规定的附加条件，也可以就侵犯著作权或紧急的侵犯著作权的情况提出临时措施请求。关于临时措施的非诉讼程序，除本法另有规定外，应适用民事诉讼法的规定，但因非诉讼程序的特殊性而有所减损，适用非诉讼民事诉讼法关于非诉讼民事诉讼的适用规则和关于非诉讼司法民事诉讼的非诉讼法院程序的一般规定。如果申请人已根据第（7）款就侵犯著作权提起诉讼，除为非诉讼程序支付的费

---

❶ 根据2008年第112号法案第18条予以颁布，自2009年2月1日起生效。
❷ 根据2005年第165号法案第24条予以颁布，自2006年4月15日起生效。
❸ 根据2017年第130号法案第43条第（1）款予以设立，自2018年1月1日起生效。

用外，还应支付司法诉讼费用。❶

（4）作者除了与侵权有关的民事索赔，可以请求法院在适用于临时措施的条件下命令：

a）根据司法执行法规定采取保护措施，如果能够证实任何后续因侵犯著作权或支付损害赔偿而试图追回经济利益的行为处于危险之中，并且侵权是以商业规模实施的［第 94 条第（5）款］；

b）侵权人通知并出示银行、金融或商业信息和文件，以便命令采取 a）项所述的保护措施；

c）提供反担保，如果作为要求终止侵权行为的替代，作者同意侵权人继续诉称的侵权行为。❷

（5）在作者没有任何请求的情况下，法院可以命令提供第（4）款 c）项所述的反担保，前提是作者已经提出终止侵权行为的指控，并且被法院驳回。❸

（6）法院最迟应在提出要求采取临时措施的申请后 15 日内，就优先程序中的临时措施作出裁定。二审法院最迟在提出上诉之日起 15 日内，对不服优先程序中临时措施裁定的上诉作出裁决。❹

（7）作者未在裁决送达后 15 日内就临时措施所保障的损害提起著作权侵权诉讼的，法院应根据对方当事人的请求，撤销其对提交损害赔偿申请书之前提交的临时措施［包括第（4）款和第（5）款规定的措施］申请所作的裁决。❺

（8）著作权侵权诉讼中的作者已在合理程度上证实其陈述，法院可应提供证据的一方的要求，要求对方当事人：❻

a）出示并允许审查其所拥有的文件和其他物证；

b）如果侵权是以商业规模实施的，则通知并出示其涉及的银行、财务或商业信息和文件［第 94 条第（5）款］。

（9）如果作者已经在合理程度上证实了侵权行为或侵权行为的潜在威胁，则可在提起法院诉讼之前进行初步证据听证会。对不予初步取证的裁定，可

---

❶ 根据 2017 年第 130 号法案第 43 条第（2）款予以设立，自 2018 年 1 月 1 日起生效。

❷ 根据 2017 年第 130 号法案第 44 条第 c）款予以修订。

❸ 根据 2017 年第 130 号法案第 44 条第 d）款予以修订。

❹❺ 根据 2017 年第 130 号法案第 43 条第（3）款予以设立，自 2018 年 1 月 1 日起生效。

❻ 根据 2017 年第 130 号法案第 44 条第 e）款予以修订。

以上诉；二审法院应在优先程序中对此类上诉作出裁定，最迟应在提出上诉之日起 15 日内作出裁定。在提起诉讼之前，可以通过申请人的居住所在地普通管辖法院或在最适当地进行取证的普通法院请求初步取证。❶

（10）如果作者未在作出的初步取证裁定送达之日起 15 日内提起著作权侵权诉讼的，法院应根据对方当事人的请求，撤销其初步取证的裁定。法院最迟应在提出申请之日起 15 日内作出关于撤销优先程序中的初步取证裁定的裁定。❷

（11）如因听取对方当事人关于下令采取临时措施〔包括第（4）款和第（5）款规定的措施〕的意见而造成任何延误，可能造成无法弥补的损害，则可在不听取对方当事人意见的情况下下令采取临时措施。如因听取对方当事人关于命令初步取证的意见而造成任何延误，可能会造成不可挽回的损害，或如证据有被销毁的明显危险，则可根据民事诉讼法第 337 条第（1）款 b）项的规定，在不听取对方当事人意见的情况下下令进行初步取证。如果法院决定不听取对方当事人的意见，裁定命令、采取临时措施或者初步取证的裁定执行后，应当及时送达对方当事人。对方当事人接到裁定通知后，可以要求听证，并可以要求变更或者撤销命令采取临时措施或者初步取证的裁定。临时措施申请或者初步取证申请被驳回的，法院应当将临时措施申请或者初步取证申请连同驳回裁定一并送交对方当事人。❸

（12）应对方当事人的请求，法院可要求提供与初步取证有关的担保，以及命令采取临时措施〔第（4）款 c）项和第（5）款除外〕。❹

（13）关于第（4）款 c）项、第（5）款和第（12）款所规定的担保或反担保的解除或返还，应适用民事诉讼法关于担保的规定，但条件是法院（除裁决外）可选择在关于废除或确定就初步取证和/或临时措施通过的裁定到期时规定解除或返还担保或反担保。❺

第 94B 条❻

（1）在没有相反证据的情况下，作者的名字以通常方式出现在作品上就足以被视为作者。

（2）在第（1）款不适用的情况下，在有相反证据之前，匈牙利知识产

---

❶❷❸❹❺ 根据 2017 年第 130 号法案第 43 条第（4）款予以设立，自 2018 年 1 月 1 日起生效。
❻ 根据 2005 年第 165 号法案第 24 条予以颁布，自 2006 年 4 月 15 日起生效。

权局以其名义在作品自愿登记簿上登记作品的人，如果能够以公共文件证实，应被视为作者。注册登记需缴纳行政服务费。❶

（3）在第（2）款不适用的情况下，在向国家提供证明之前，应由权利集体管理组织根据包含作品、附属权利下的表演和权利集体管理下权利人数据库发布的，具有充分证明力的非公开文件予以证实作者的身份。这些非公开文件由权利集体管理组织在自愿的基础上，根据其成员的要求、章程发布给其成员。❷

（4）在第（3）款不适用的情况下，在有相反证据之前，首先发表作品的人应被视为作者。

（5）已废除。❸

第 94C 条❹

（1）在进入作品自愿登记簿的程序中，主管部门应根据电子交易信托服务通则法和本法的规定保持电子通信。

（2）在根据本条规定的法律程序中，除要求提供资料及查阅文件外，电子通信须以待识别身份的电子方式进行，但不得以短信方式要求或提供资料。主管部门应提供查阅文件的机会，可应要求查阅这些文件，但必须亲自到场。

（3）申请登记的作品不能以电子方式复制，或者该作品电子副本的大小超过有关部长命令规定限制的，不允许进行电子通信。

第 94D 条❺

（1）作品自愿登记申请、作品自愿登记证明撤销申请、作品原作者登记人从作品自愿登记簿中除名申请应包含：

a）申请人和代表（如适用）的姓名、家庭住址或注册登记地；

b）以电子方式以外的方式保持通信的，申请人或申请人代表的签字；

c）申请人和代表（如适用）的电子邮件地址或电话号码。

（2）申请人或其代表需要以电子方式与主管部门保持沟通或希望以电子

---

❶ 根据 2013 年第 159 号法案第 22 条予以设立，自 2013 年 10 月 25 日起生效。

❷ 根据 2011 年第 173 号法案第 43 条第（4）款予以修订，自 2012 年 1 月 1 日起生效。

❸ 根据 2020 年第 30 号法案第 14 条予以废除，自 2020 年 5 月 29 日起生效。

❹ 根据 2016 年第 121 号法案第 34 条第（2）款予以颁布，自 2017 年 1 月 1 日起生效。

❺ 根据 2019 年第 34 号法案第 44 条第（5）款予以颁布，自 2019 年 4 月 26 日起生效。

方式保持沟通，除第（1）款规定的详情外，申请还应包括：

a）是自然人的，申请人和代表（如适用）的出生地址和日期以及母亲的姓名；

b）不是自然人的，申请人的税号和代表的税号（如适用）。

（3）在其他方面，应根据关于作品自愿登记详细规定的部长命令规定的要求，起草作品自愿登记申请、作品自愿登记证明撤销申请和作品原作者登记人从作品自愿登记簿中除名申请。

第 95 条　防止规避技术措施的保护措施❶

（1）侵犯著作权的后果应适用于所有促成或协助非法规避提供著作权保护的有效技术措施的行为，前提是实施上述行为的人知道或在特定情况下尽合理注意后，有合理理由知道该等行为的目的是规避技术措施。

（2）侵犯著作权的后果适用于所有行为，例如制造、进口、发行、销售、租赁、为销售或租赁做广告，或为商业目的占有设备、产品或组件，或提供服务，这些行为：

a）以规避任何有效技术保护为目的进行推广、广告或营销；

b）除了规避有效的技术保护外，仅具有有限的商业目的或用途；或

c）主要是为了实现或协助有效技术保护的规避而设计、生产、改造或实施的。

（3）就第（1）款和第（2）款而言，"技术措施"，指在正常运行过程中旨在防止或限制行为且未经著作权人授权的任何技术、装置或组件。如果权利人通过应用访问控制或保护过程（例如对作品进行加密、加扰或作品的其他转换）或实现保护客体的复制控制机制来控制受保护作品的使用，则技术措施应被视为"有效"。

（4）第（1）款和第（2）款的规定应在不影响第 59 条和第 60 条第（1）款至第（3）款的情况下适用。对于软件，第（2）款仅适用与设备、产品或组件的销售有关的情形，或为商业目的而占有设备、产品或组件，其唯一目的是允许或协助未经授权的移除或规避为保护软件而安装的技术手段。

---

❶ 根据 2003 年第 102 号法案第 78 条予以设立，应与匈牙利加入欧盟条约的法案同时生效。

第 95A 条❶

(1) 关于通过复制［第 21 条第 (1) 款］为私人目的复制［第 35 条第 (1) 款］，以及第 34 条第 (2) 款、第 35 条第 (4) 款和第 (7) 款、第 35A 条第 (2) 款、第 41 条、第 41M 条第 (4) 款、第 84D 条第 (1) 款和第 84D 条第 (3) 款所述的免费使用情形，被授予免费使用权的人可以要求权利人提供免费使用，允许对第 95 条规定的保护技术措施进行例外处理，前提是免费使用的受益人可以合法访问相关作品。当事人之间未就免费使用条件达成协议的，任何一方均可根据第 105A 条提出诉讼请求。❷

(2) 除第 41 条第 (1) 款至第 (1c) 款规定的免费使用情况外，第 (1) 款不适用于根据合同向公众提供的任何作品，其方式是公众可以从个人选定的地点和时间获取作品，尤其是第 26 条第 (8) 款、第 73 条第 (1) 款 e) 项、第 76 条第 (1) 款 c) 项、第 80 条第 (1) 款 d) 项和第 82 条第 (1) 款 c) 项所述的情况。❸

权利管理数据保护

第 96 条

(1) 侵犯著作权的后果必须适用于未经授权删除或更改权利管理数据，以及未经授权发行、为发行而进口、广播或以其他方式向公众传播权利管理数据或未经授权更改该等数据的作品，前提是上述行为所提及的任何行为人知道或在特定情况下尽合理注意后，有合理理由知道该行为非法促成或协助侵犯著作权或诱使他人实施该侵权。❹

(2) 权利管理数据是由权利人提供附在作品的复制件上或在将作品传播给公众时可感知的用以识别作品、作品作者、作品中任何权利人或提供使用作品的条款和条件的所有细节，包括代表此类信息的任何数字或代码。

---

❶ 根据 2019 年第 34 号法案第 44 条第 (5) 款予以设立，应与匈牙利加入欧盟条约的法案同时生效。

❷ 根据 2021 年第 37 号法案第 32 条第 7 款予以修订。

❸ 根据 2018 年第 56 号法案第 4 条予以设立，自 2018 年 10 月 10 日起生效。

❹ 根据 2003 年第 102 号法案第 80 条予以设立，应与颁布匈牙利加入欧盟条约的法案同时生效。

根据海关法侵犯著作权的后果

第 97 条❶

在侵犯著作权的情况下，作者可以参照特别制定法的规定，要求海关采取措施，阻止受侵权影响的应纳税货物进入流通领域。

许可使用的法律后果

第 98 条

（1）如果作者的财产权受到侵犯，根据第 43 条第（1）款的规定获得专有权利的著作权人可以建议作者采取必要措施阻止侵权。如果作者在收到该建议之日起 30 日内未提起诉讼的，上述权利人可以自行阻止侵权。❷

（2）在非独占使用许可的情况下，被许可人只有在使用合同中有明确约定的情况下，才能根据第（1）款提起诉讼。

侵犯著作权相关权利的后果❸

第 99 条❹

在违反第 11 章和第 11A 章的规定以及保护这些章规定的技术措施和权利管理数据时，必须适当适用第 94 条至第 98 条的规定。就第 11A 章而言，第 95A 条第（1）款规定的免费使用情况应解释为指第 84 条第（1）款提及的通过复制［第 21 条第（1）款］的方式为私人目的复制，以及第 84C 条第（2）款和第（3）款所述的免费使用情况。

---

❶ 根据 2003 年第 102 号法案第 89 条予以修订，应与颁布匈牙利加入欧盟条约的法案同时生效。

❷ 根据 2005 年第 165 号法案第 25 条予以修订，自 2006 年 1 月 1 日起生效。可适用于此日期之后开始的程序。

❸ 根据 2001 年第 77 号法案第 10 条予以设立，自 2002 年 1 月 1 日起生效。可适用于随后达成的授权协议。

❹ 根据 2003 年第 102 号法案第 81 条予以修订，应与颁布匈牙利加入欧盟条约的法案同时生效；根据 2005 年第 165 号法案第 26 条予以修订，自 2006 年 1 月 1 日起生效。可适用于此日期之后开始的诉讼程序。

第 5 部分　杂项和结束规定

第 14 章　著作权保护期限届满后的缴费情况

第 100 条

（1）著作权保护期限届满后，在艺术品经销商的合作下转让艺术品原件所有权时，必须支付费用。❶

（2）费用金额为销售价格的 4%，不包括税款和其他公共税费。第 70 条规定也适用于确定艺术品原创作品的范围和售价，以及应缴纳费用的人、费用金额、收缴和减免，但权利集体管理组织将使用收到的费用来支持创作活动并为创作艺术家的社会福利作出贡献除外。❷

（3）原创艺术作品的所有权由博物馆取得或从博物馆取得的，无须就转让该所有权支付任何费用。❸

（4）权利集体管理组织有义务在单独的项目下记录和管理作为费用收集的金额。❹

（5）权利集体管理组织应每年通过主管部门的官方公报向公众公示费用的数额和用途，并应在其所属年度的第二季度末之前将相关通知提交给主管部门。❺

第 15 章　合作解决著作权相关法律纠纷的组织

著作权委员会

第 101 条

（1）法院和其他政府部门就著作权相关的诉讼中出现的问题可咨询主管部门附属的著作权专家委员会。著作权专家委员会的成员由负责司法系统的部长与负责文化事务的部长协商任命，任期 5 年。❻

---

❶ 根据 2005 年第 108 号法案第 2 条予以设立，自 2006 年 1 月 1 日起生效。

❷ 根据 2011 年第 173 号法案第 36 条予以设立，自 2012 年 1 月 1 日起生效。

❸ 根据 2005 年第 108 号法案第 2 条予以颁布，自 2006 年 1 月 1 日起生效。

❹ 根据 2005 年第 108 号法案第 2 条予以编号修正，自 2006 年 1 月 1 日起生效。

❺ 根据 2016 年第 93 号法案第 187 条予以设立，自 2016 年 7 月 28 日起生效。

❻ 根据 2021 年第 37 号法案第 27 条第（1）款予以设立，自 2021 年 6 月 1 日起生效。

（2）废除。❶

（3）著作权专家委员会还可应要求在庭外程序中就与行使使用权相关的问题提供咨询意见。❷

（4）法院或任何其他机构要求咨询著作权专家委员会意见的，应同时向著作权专家委员会提供一份判决书的副本。❸

（5）著作权专家委员会的具体组织和运作规则将由单独的法规另行规定。❹

（6）主管部门应将根据第（1）款和第（3）款准备的专家意见归入公众可通过电子方式自由访问的数据库。数据库中的专家意见不得载有当事人姓名或其他可供识别的案件事实。❺

（7）如果当事人在第（3）款规定的请求中，要求对案件和著作权专家委员会的意见保密的，数据库应只包含案件编号和案件主题，以及与行使使用权有关的结论摘录。❻

（8）即使当事人要求根据第（7）款进行保密，著作权专家委员会代理分委员会的成员仍可在必要的范围内获得载有第（6）款所述数据的专家意见。❼

仲裁委员会

第 102 条❽

如果使用人与权利人之间，或使用人或其代表组织与权利人的集体管理组织之间没有就使用费用和其他使用条件达成协议，以及集体管理组织、集体管理组织成员、权利人或使用人之间在权利集体管理方面有任何争议，根据第 48 条和第 50A 条，任何一方均可将案件提交给根据第 103 条设立的调解机构。

---

❶ 根据 2011 年第 173 号法案第 43 条第（5）款予以废除，自 2012 年 1 月 1 日起不再生效。

❷ 根据 2021 年第 37 号法案第 32 条第 8 款予以修订。

❸ 根据 2003 年第 102 号法案第 82 条予以颁布；根据 2017 年第 37 号法案第 32 条第 9 点和第 10 点予以修订。

❹ 根据 2003 年第 102 号法案第 82 条予以修订；根据 2021 年第 37 号法案第 32 条第 11 点予以修订。

❺❻❼ 根据 2021 年第 37 号法案第 27 条第（2）款予以颁布，自 2021 年 6 月 1 日起生效。

❽ 根据 2021 年第 37 号法案第 28 条予以设立，自 2021 年 6 月 1 日起生效。

第 103 条

（1）仲裁法关于仲裁小组组成的规定应适用于调解机构的设立，组成调解机构的成员应从著作权专家委员会的成员中任命。❶

（2）仲裁委员会在著作权专家委员会内运作。❷

第 104 条

（1）调解机构的程序旨在协助当事人在与关于使用费用和其他使用条件或权利集体管理的协议有关的争端中达成协议。调解机构应立即通知负责司法系统的部长、负责文化事务的部长和主管部门，其与有代表性的集体管理组织就确定的收费有关的争端进行的任何程序。❸

（2）当事人协商不成的，由仲裁委员会拟定有关协议内容的提案，并书面通知各方当事人。

（3）当事人可以明示或默示接受该协议。如果双方当事人对协议书自送达之日起 3 个月内未向仲裁委员会提出异议的，视为接受。

（4）如果仲裁委员会违反第 105 条的规定进行仲裁程序的，遭受损害的一方可以在仲裁委员会裁决生效后 3 个月内针对仲裁委员会裁决确定的协议向法院提起诉讼。

（5）第（4）款所述的诉讼应属于布达佩斯大都会法院的权限和专属管辖权范围。❹

第 105 条

（1）仲裁委员会审理过程中必须对当事人一视同仁，当事人均有陈述观点的机会。除非当事人同意，仲裁委员会不得强迫双方当事人参与审理程序，不得强迫他们开始审理行为。至于其他事项，仲裁委员会自行制定程序规则［在第（2）款所述章程范围内］，并确定其收费标准。

（2）仲裁委员会章程由著作权专家委员会制定，并由主管司法系统的部

---

❶ 根据 2021 年第 37 号法案第 29 条予以设立，自 2021 年 6 月 1 日起生效。

❷ 根据 2021 年第 37 号法案第 32 条第 12 点予以修订。

❸ 根据 2021 年第 37 号法案第 189 条予以设立，自 2016 年 7 月 28 日起生效。

❹ 根据 2003 年第 102 号法案第 84 条第（2）款予以颁布，应与颁布匈牙利加入欧盟条约的法案同时生效；通过 2011 年第 201 号法案第 184 条第 c）款予以修订，自 2012 年 1 月 1 日起生效。

长批准。批准前，应征求主管部门的负责人和主管文化事务的部长的意见。❶

第 105A 条❷

（1）免费使用的受益人与权利人未能就技术措施（第 95 条）提供保护的例外条件（第 95A 条）达成协议的，任何一方当事人均可将案件提交仲裁委员会。

（2）第（1）款所述程序也可由受益人代表组织发起，在该情况下，除非另有规定，根据仲裁委员会决定缔结的协议只适用于受益于该协议所涉及免费使用的代表组织成员。

（3）仲裁委员会应根据第 103 条的规定组成。如果各方当事人在审理开始之日起 8 日内未能就仲裁委员会成员的委派达成一致，则由著作权专家委员会主席指定仲裁委员会成员。❸

（4）第 104 条第（1）款和第（2）款及第 105 条第（2）款所述规定，适用于仲裁委员会的程序。

（5）当事人可以明示或默示接受拟议的协议。当事人对拟议协议自送达之日起 30 日内未向仲裁委员会提出异议的，视为接受。

（6）如果仲裁委员会违反第 105 条的规定进行仲裁，遭受损害的一方可以在根据仲裁委员会的建议缔结的协议被执行之日起 30 日内向法院提起诉讼。❹

（7）如果没有根据第（5）款达成协议的，免费使用的受益人可以在第（5）款规定的期限起 15 日内向法院提起诉讼，请求法院作出裁决，命令权利人在诉讼主张规定的条件下允许免费使用。❺

（8）受益人代表组织也可以在同一期限内根据第（6）款和第（7）款提起诉讼，最终决定适用于该等组织的所有成员，即本法意义上的受益人。

（9）布达佩斯大都会法院对审理根据本条提起的诉讼拥有专属管辖权。❻

（10）根据本条达成协议或通过的最终决定实施的技术措施应符合第 95

---

❶ 根据 2008 年第 112 号法案第 22 条予以设立；根据 2010 年第 148 法案第 151 条、第 152 条第（1）款、2013 年第 16 号法案第 54 条第 b）款和 2021 年第 37 号法案第 32 条第 13 点予以修订。

❷ 根据 2003 年第 102 号法案第 85 条予以颁布，应与颁布匈牙利加入欧盟条约的法案同时生效。

❸ 根据 2021 年第 37 号法案第 32 条第 13 款予以修订。

❹ 根据 2021 年第 37 号法案第 32 条第 14 款予以修订。

❺ 根据 2021 年第 37 号法案第 32 条第 15 款予以修订。

❻ 根据 2011 年第 201 号法案第 184 条第 c）款予以修订，自 2012 年 1 月 1 日起生效。

条规定，但该技术措施须符合第95条第（3）款规定的条件。

第16章 结束规定

其他著作权人

第106条

（1）凡在本法中提及"作者"之处，应解释为包括作者的法定继承人或继受人以及其他著作权人。

（2）如果死者的遗产包括著作权的，公证人应将遗嘱认证的启动事宜通知与死者作品有关的权利集体管理组织。如果有关权利集体管理组织无法确定的，或者作品不属于权利集体管理范围的，应根据著作权法第20条第（1）款规定的权利，向文学和音乐作品权利集体管理组织发出通知。❶

（3）在适当地适用第（2）款时，公证人将遗嘱认证的节略文本发送给相关权利集体管理组织，法院将最终判决节略文本发送给相关权利集体管理组织，通知该组织已将构成遗产一部分的著作权转让给继承人。

（4）有关遗嘱认证和最终判决的规则适用于节略的遗嘱认证和最终判决，但该等节略文本仅可包括有关将构成遗产一部分的著作权转让给继承人的信息。

（5）第（3）款所述节略遗嘱认证和节略版最终判决书的授予，除第（4）款规定的内容外，还包括"节略"的名称及其使用目的。

（6）即使遗嘱认证除第（4）款规定外并无其他规定，仍有必要根据第（5）款进行。

（7）有关权利集体管理组织有义务备存继承人的记录，并在法律规定的保护个人资料的范围内向用户披露其数据。

（8）第（1）款至第（7）款的规定应适当地适用于邻接权和邻接权人。❷

第106/A条❸

本法关于保护被确认为汇编作品的数据库的制作者和数据库作者的著作

---

❶ 根据2016年第93号法案第190条予以设立，自2016年7月28日起生效。

❷ 根据2005年第165号法案第27条予以设立，自2006年1月1日起生效。可适用于此日期之后开始的诉讼。

❸ 根据2001年第77号法案第11条予以颁布，自2002年1月1日起生效。应适用于随后达成的授权协议。

权，以及根据第 11A 章对其进行保护的规定，不应妨碍关于保护个人数据和获取公共利益信息的立法。

本法和调整临时性规定的条例的生效

第 107 条

（1）本法自 1999 年 7 月 1 日生效。本法生效后订立的使用合同适用本法规定。

（2）本法第 21 条和第 22 条有关复制设备的规定自 2000 年 9 月 1 日起适用。

（3）已废除。❶

第 108 条

（1）除其他事项外，第 31 条的规定必须适用于根据先前生效的规定计算的著作权保护期限，在 1994 年关于修订若干著作权和工业权利保护立法的法案（第 7 号法案）生效前已到期的作品。

（2）本法规定的权利属于表演者、录音制品制作者、广播和电视组织以及通过电缆向公众传输节目的运营者，即使从第 84 条所述年度年底起计算的 20 年期限在 1994 年第 7 号法案生效时已到期。

（3）如果与作者的财产权和与著作权相关附属权利有关的著作权保护期限在 1994 年第 7 号法案生效时已到期，在到期至本法生效时进行的使用视为免费使用，无论该等权利在本法生效后是否再次受到保护。

（4）第（3）款规定的使用可在本法生效后持续 1 年，但仅限于生效时存在的范围。在经济活动范围内进行使用的权利只能与获授权经济组织或其进行使用的内部单位共同转让。即使在本法生效后，权利人仍有权针对使用获得合理报酬。

（5）即使在本法颁布日期前已为使用作了大量准备，也必须适当适用第（4）款规定，条件是在该情况下，可以在本法颁布时存在的准备工作范围内开始和继续使用。

（6）在第（3）款所述期间内进行修改、改编和翻译的，视为已获得作者授权。

---

❶ 根据 2021 年第 37 号法案第 33 条第 7 点予以废除，自 2021 年 6 月 1 日起生效。

（7）在本法生效后使用第（6）款所述修改、改编和翻译的，应向相关行为所依据的作品的著作权人支付合理报酬。

（8）关于根据第（3）款和第（7）款规定视为到期应付报酬的任何争议，必须通过司法途径解决。

（9）通过在1994年第7号法案生效前签订合同获得的使用权，在本法生效后根据使用合同的条款和条件在著作权保护的整个期限内或无期限期间均归使用人所有，如果著作权或与著作权相关的从属权利再次根据本法受到保护的话。

第108A条❶

（1）除2001年第77号法案第13条第（7）款第一句所述例外情况外，第31条和第84条的规定应适用于截至1995年7月1日仍在欧洲经济区至少一个成员国受到保护的作品和其他客体。❷

（2）第108条第（3）款至第（9）款的规定比照适用于第（1）款所述作品，但例外的是，1994年第7号法案和本法的生效和颁布，就第（1）款而言，应理解为颁布匈牙利加入欧盟条约的法案的生效和颁布。

第109条❸

2013年关于修订若干知识产权相关法律的法案（第16号法案）确立的本法第31条第（6）款，如不会导致根据本法生效前有效的规定计算的保护期缩短，应予以适用。关于修订若干2013年知识产权相关法律的法案（第16号法案）确立的本法第31条第（6）款，亦适用于在本法生效前其保护期限已到期的电影作品。第108条第（3）款至第（9）款亦应适用于该情况，但本法的生效必须解释为1994年第7号法案的生效。

第109A条❹

已废除。

---

❶ 根据2003年第102号法案第86条予以颁布，应与颁布匈牙利加入欧盟条约的法案同时生效。
❷ 根据2004年第69号法案第7条第（4）款予以设立，自2004年7月10日起生效。
❸ 根据2013年第16法案第50条予以设立，自2013年1月11日起生效。
❹ 根据2021年第37号法案第33条第8点予以废除，自2021年6月1日起生效。

第 110 条❶

已废除。

第 111 条❷

（1）2001 年关于修订 1999 年著作权法（第 76 号法案）的法案（第 77 号法案）所确立的本法关于保护数据库制作者的规定，也应适用于 1982 年 12 月 31 日至 2002 年 1 月 1 日期间建立的数据库，但该等数据库在 2002 年 1 月 1 日满足关于修订 1999 年著作权法（第 76 号法案）的法案所确立的第 11A 章规定的保护条件。自 2002 年 1 月 1 日至 2013 年 1 月 1 日，该等数据库制作者的权利应得到保护。

（2）关于第（1）款所述数据库的使用，根据 2002 年 1 月 1 日前与该等数据库制作者订立的合同所实施的行为，应受相关合同订立时生效的本法规定管辖，2002 年 1 月 1 日之后亦如此。

（3）2001 年关于修订 1999 年著作权法（第 76 号法案）的法案（第 77 号法案）所确立的本法第 84 条第（2）款，不适用于根据先前有效的法规计算的保护期已到期的录音制品。本规定不影响第 108 条的效力。

第 111A 条❸

2003 年关于修订工业产权和著作权的法案（第 102 号法律）确立的本法规定，除 2004 年 5 月 1 日之前实施的行为和由此获得的权利外，适用于 2002 年 12 月 22 日根据欧盟成员国法律受保护的或符合欧洲议会和理事会 2001 年 5 月 22 日关于协调信息社会中著作权和邻接权的第 2001/29/EC 号指令第 1 条第（2）款规定保护标准的所有作品、邻接权客体和数据库。

第 111B 条❹

2005 年关于修订 1999 年著作权法（第 76 号法案）的法案（第 108 法案）确定的本法规定，在顾及欧洲议会和理事会关于原创艺术作品作者的转售权的指令（第 2001/84/EC 号指令，2001 年 9 月 27 日）规定情况下，适用

---

❶ 根据 2021 年第 37 号法案第 33 条第 9 点予以废除，自 2021 年 6 月 1 日起生效。

❷ 根据 2012 年第 76 号法案第 50 条予以设立，自 2012 年 6 月 27 日起生效。

❸❹ 根据 2012 年第 76 号法案第 50 条予以颁布，自 2012 年 6 月 27 日起生效。

2006 年 1 月 1 日后订立的合同。

第 111C 条❶

（1）2008 年关于修订 1999 年著作权法（第 76 号法案）的法案（第 112 号法案）确立的本法第 19 条第（1）款，适用于 2009 年 2 月 1 日后授予的使用权。

（2）第 23A 条规定的作者报酬应针对 2010 年 12 月 31 日后行使的公众借阅权到期支付。第 23A 条规定的作者报酬应基于 2011 年 1 月 1 日后根据第 23A 条第（4）款披露的信息于 2012 年首次分配。

第 111D 条❷

（1）2013 年关于修订若干知识产权相关法律的法案（第 16 号法案）确立的本法第 55 条第（2）款和第（3）款、第 74A 条第（1）款至第（3）款、第 78A 条、第 84 条第（1）款 b）项至 d）项和第（2）款规定，亦适用于在 2013 年 11 月 1 日之前根据第 84 条计算的 50 年保护期尚未到期的录音制品和其中固定的表演，以及此后制作的录音制品和其中固定的表演。

（2）在没有明确相反合同说明的情况下，2013 年 11 月 1 日前与录音制品制作者签订的表演固定合同应根据第（1）款规定的 50 年保护期限届满后继续生效。

（3）2013 年 11 月 1 日前与录音制品制作者签订、使表演者有权获得定期付款的表演固定合同［第 74A 条第（3）款］，可在录音制品合法发行后第 50 年后予以修改；未合法发行的，在录音制品合法向公众传播并使表演者受益的次年首日起的第 50 年予以修改，即使双方最初排除该可能性。录音制品制作者和表演者之间没有达成协议的，任何一方均可经双方同意将案件提交根据第 103 条设立的调解机构。

第 111E 条❸

根据 2013 年关于修订若干知识产权相关法律的法案（第 16 号法案）确立的本法第 55 条第（2）款规定的终止权，仅可以书面形式针对本法生效前订立的合同行使。

---

❶ 根据 2012 年第 76 号法案第 50 条予以颁布，自 2012 年 6 月 27 日起生效。
❷ 根据 2012 年第 76 号法案第 51 条予以颁布，自 2013 年 11 月 1 日起生效。
❸ 根据 2012 年第 76 号法案第 52 条予以颁布，自 2013 年 11 月 1 日起生效。

第 111F 条❶

已废除。

第 111G 条❷

关于 2013 年修订相关知识产权法律的法案（第 159 号法案）确立的本法第 41F 条至 41K 条，适用于在 2014 年 10 月 29 日或之后根据本法获得保护的作品和录音制品。

第 111H 条❸

匈牙利知识产权局在 2018 年 1 月 1 日前未同意根据 2015 年关于电子交易信托服务一般规则的法律（第 222 号法案）第 108 条第（2）款进行电子传播的，在 2017 年 12 月 31 日前，本法于 2016 年 12 月 31 日生效的规定适用电子传播。

第 111I 条❹

2017 年关于修订实施一般公共行政程序法和行政程序法的法案（第 50 号法案）（以下简称"行政修订法"）确立的本法规定，适用于行政修订法生效后提起的程序和重新提起的案件。

第 111J 条❺

（1）新闻出版物于 2019 年 6 月 6 日或之后出版的，第 82B 条规定的专有权利也应适用于新闻出版物的出版者，该条由 2021 年关于修订 1999 年著作权法（第 76 号法案）的法案（第 37 号法案）和 2016 年著作权和邻接权集体管理法（第 93 号法案）确立。新闻出版物的出版者仅可针对 2021 年 6 月 1 日或之后的使用行使上述专有权利。

（2）2021 年 7 月 1 日，匈牙利知识产权局应将第 26 条第（5a）款所述

---

❶ 根据 2021 年第 37 号法案第 33 条第 10 点予以废除，自 2021 年 6 月 1 日起生效。
❷ 根据 2013 年第 159 号法案第 24 条予以颁布，自 2014 年 10 月 29 日起生效。
❸ 根据 2016 年第 121 号法案第 34 条第（3）款予以颁布，自 2017 年 1 月 1 日起生效。
❹ 根据 2017 年第 50 号法案第 175 条第（2）款予以颁布，自 2018 年 1 月 1 日起生效。
❺ 根据 2021 年第 37 号法案第 30 条予以颁布，自 2021 年 6 月 1 日起生效。

财产权记入有权基于知识产权局记录于 2021 年 6 月 1 日行使第 26 条第（3）款规定权利或根据第 77 条第（1）款要求报酬的集体管理组织的许可或登记，无须遵守特定程序，除非该组织在 2021 年 6 月 30 日之前要求知识产权局采取其他行动。知识产权局根据本款记入登记簿不应被视为根据新著作权法第 33 条第（2）款获得许可。

（3）任何具有代表性的集体管理组织，如果其授权涵盖第 26 条第（5a）款所指的财产权，即使只有不到 6 个月的时间来申请费用标准，也可以请求启动新著作权法第 147 条第（1）款所规定的批准程序。

（4）新著作权法第 147 条第（2）款不适用于本条第（3）款规定的程序。2021 年 11 月 1 日可作为提议适用期的最早日期，费用标准适用期必须在 2022 年 12 月 31 日结束。

（5）根据本条第（3）款至第（4）款所述特别程序批准费用标准的代表性集体管理组织，在 2021 年无权就新著作权法第 26 条第（5a）款规定的财产权启动第 146 条规定的费用标准批准程序。

（6）对于 2021 年 6 月 1 日仍在进行关于孤儿作品使用许可的程序（第 41B 条），适用 2021 年第 37 号法案确定的本法第 41A 条第（2）款、第（9）款，第 41B 条第（1b）款 c）项、第（7）款和第（8）款以及第（9）款。

（7）2021 年 6 月 1 日前签订并按合同约定履行的使用合同，如果符合 2021 年第 37 号法案确定的本法第 45 条第（2）款和第（3）款的形式要求，则视为有效。

（8）对于 2022 年 1 月 1 日或之后的使用，使用者应遵守 2021 年第 37 号法案确定的本法第 50A 条规定的信息义务。

（9）第 57F 条第（1）款 a）项自 2023 年 1 月 1 日起适用。

授　权

第 112 条❶

（1）与受影响的代表组织协商后，政府有权决定复制设备的范围。

（2）特此授权政府颁布管理著作权专家小组的组成与运作的详细规则和条例。❷

---

❶ 根据 2018 年第 56 号法案第 5 条予以设立，自 2018 年 10 月 10 日起生效。
❷ 根据 2021 年第 37 号法案第 32 条第 16 点予以修订。

（3）特此授权政府根据本法第 38 条第（5）款，颁布向公众免费使用作品的传播方式和条件，包括向公众提供这些作品的时间。

（4）特此授权政府颁布关于使用孤儿作品的详细规则、权利人有权获得合理补偿的条件、与使用孤儿作品有关诉讼所收取的行政服务费用的数额，包括支付和退还此类费用的条款和条件，以及备存孤儿作品使用许可记录的详细规定。

（5）特此授权主管司法系统的部长颁布法令：

a）在与主管部门主席协商并与文化事务部部长达成一致后，制定关于由主管部门备存作品自愿登记簿的详细条例；及

b）在与主管部门主席协商并与负责税务的部长、负责文化事务的部长和监督主管部门的部长达成一致后，针对自愿登记作品程序应付的行政服务费的数额，包括收取和退还的方式。

（6）主管司法系统的部长在与匈牙利知识产权局局长协商后，经税务部部长、文化事务部部长和监督匈牙利知识产权局的部长同意，特此授权其针对权利集体管理组织登记相关程序的行政服务费的数额颁布相关规定，包括此类费用的支付和退还费用的条款和条件。

（7）授权文化事务部部长与负责司法系统的部长达成一致后，颁布计算本法第 23A 条第（4）款颁布法令，所述公共借阅应支付给作者的费用及分配该等费用所需的数据类型，并确定需遵守数据披露要求的图书馆。

（8）特此授权政府颁布与第 41 条第（1a）款至第（1f）款规定的免费使用有关的详细规定，第 41 条第（1a）款至第（1c）款所述无障碍格式复制件、授权实体和阅读障碍受益人的详细规定，有关无障碍格式作品和邻接权客体的免费使用的详细规定，以及维护授权实体、无障碍格式作品和邻接权客体登记簿的中间机构的指定与职责并向欧盟委员会提供信息。

需要遵守的欧盟法律❶

第 113 条❷

（1）本法旨在遵守欧盟的下列立法：❸

---

❶ 根据 2005 年第 165 号法案第 29 条第（1）款予以设立，自 2006 年 4 月 15 日起生效。

❷ 根据 2018 年第 56 号法案第 6 条予以设立，自 2018 年 10 月 10 日起生效。

❸ 根据 2020 年第 58 号法案第 327 条予以设立，自 2020 年 6 月 18 日起生效。

a）2009 年 4 月 23 日欧洲议会和理事会关于计算机程序法律保护的第 2009/24/EC 号指令；

b）1993 年 9 月 27 日理事会关于协调适用于卫星传播和电缆转播的著作权和与著作权有关的权利相关规则的第 93/83/EEC 号指令；

c）1996 年 3 月 11 日欧洲议会和理事会关于数据库法律保护的第 96/9/EC 号指令；

d）2001 年 5 月 22 日欧洲议会和理事会关于协调信息社会著作权和相关权利某些方面的第 2001/29/EC 号指令；

e）2001 年 9 月 27 日欧洲议会和理事会关于使原创艺术作品作者获益的转售权的第 2001/84/EC 号指令；

f）2004 年 4 月 29 日欧洲议会和理事会关于知识产权执行的第 2004/48/EC 号指令；

g）2006 年 12 月 12 日欧洲议会和理事会关于租赁权和出借权以及知识产权领域与著作权有关的某些权利的第 2006/115/EC 号指令；

h）关于著作权和某些相关权利保护期限的第 2006/116/EC 号指令以及欧洲议会和理事会 2011 年 9 月 27 日修订的第 2011/77/EU 号指令；

i）2006 年 8 月 24 日委员会关于文化材料的数字化、在线获取以及数字化保护的第 2006/585/EC 号指令中的第 6 条第（a）点和第（c）点；

j）2012 年 10 月 25 日欧洲议会和理事会关于允许使用孤儿作品的第 2012/28/EU 号指令；

k）2017 年 9 月 13 日欧洲议会和理事会颁布的关于为盲人、视障者或其他印刷障碍者的利益，允许使用受著作权和相关权利保护的某些作品和其他客体的第（EU）2017/1564 号指令，并修订关于在信息社会中协调著作权和相关权利的某些方面的第 2001/29/EC 号指令；

l）2019 年 4 月 17 日欧洲议会和理事会关于数字单一市场中的著作权和相关权利的第（EU）2019/790 号指令以及修订第 96/9/EC 号指令和第 2001/29/EC 号指令；❶

m）欧洲议会和理事会 2019 年 4 月 17 日颁布的第（EU）2019/789 号指令，规定了适用于某些广播组织在线传输以及电视和广播节目转播的著作权及相关权利的行使规则，并修订了第 93/83/EEC 号指令。

---

❶ 根据 2021 年第 37 号法案第 31 条第（1）款予以设立，自 2021 年 6 月 1 日起生效。

（2）本法包括执行欧洲议会和理事会 2017 年 9 月 13 日颁布的第（EU）2017/1563 号指令的规定，该条例涉及欧盟和第三国之间基于盲人、视障者或印刷品阅读障碍者的利益而跨境交换受著作权和相关权利保护的某些作品和其他客体的无障碍格式副本。❶

---

❶ 根据 2021 年第 37 号法案第 31 条第（2）款予以颁布，自 2021 年 6 月 1 日起生效。